职业教育·道路运输类专业教材

Chengshi Jiaotong Gailun
城市交通概论

郝瑞娜　主编

人民交通出版社股份有限公司
China Communications Press Co.,Ltd.

内 容 提 要

本书为职业教育·道路运输类专业教材。编者依据实际教学需求和专业岗位技能要求，从六大方面全面分析了城市交通系统。全书共分六个项目，主要介绍城市交通系统的组成、交通要素的特性、道路系统、交通管理的方法策略、交通安全问题和交通环境保护，以及智能交通系统的发展应用等，帮助读者建立城市交通系统的知识架构，熟悉城市交通系统的基本知识，掌握分析交通问题的相关技能。

本书可作为职业院校城市交通信息技术应用专业、交通运输等相关专业教材，同时可供相关专业人员自学参考。

本书配有多媒体课件，读者可通过加入职教路桥教学研讨群（QQ:561416324）获取。

图书在版编目（CIP）数据

城市交通概论 / 郝瑞娜主编. —北京：人民交通出版社股份有限公司，2017.8

高等职业教育规划教材

ISBN 978-7-114-14009-9

Ⅰ. ①城… Ⅱ. ①郝… Ⅲ. ①城市交通—概论—高等职业教育—教材 Ⅳ. ①U12

中国版本图书馆 CIP 数据核字(2017)第 214637 号

职业教育·道路运输类专业教材

书　　名：城市交通概论
著 作 者：郝瑞娜
责任编辑：任雪莲
出版发行：人民交通出版社股份有限公司
地　　址：(100011)北京市朝阳区安定门外外馆斜街 3 号
网　　址：http://www.ccpress.com.cn
销售电话：(010)59757973
总 经 销：人民交通出版社股份有限公司发行部
经　　销：各地新华书店
印　　刷：北京虎彩文化传播有限公司
开　　本：787 × 1092　1/16
印　　张：10.75
字　　数：242 千
版　　次：2017 年 8 月　第 1 版
印　　次：2022 年 7 月　第 2 次印刷
书　　号：ISBN 978-7-114-14009-9
定　　价：32.00 元

前　言

本书依据城市交通信息技术应用专业教学标准编写，编写模式突破传统的以学科为主线的课程体系，以实际应用为目的，以必需、够用为度，围绕职业能力的形成组织课程内容。全书以项目为中心整合相应的知识、技能，并由项目引领，实现课程体系的改革。

城市交通概论是城市交通相关专业的专业基础课程，是了解城市交通、城市公共交通和城市道路交通系统的必修课程。全书共分六个项目，内容涵盖城市交通系统、交通特性、城市道路系统、交通管理、交通安全与道路交通环境保护，以及智能交通系统。全书内容遵循学生认知规律，做到由浅入深、难易结合；编写过程充分考虑教学需求和学生特点，将交通知识与生活实际相联系，把最新交通发展纳入其中，并在知识链接和思考练习中注重学生知识的拓展和能力的培养。

本书由上海市公用事业学校郝瑞娜主编，在编写过程中，上海市交通运输协会褚永森高级工程师和上海中安电子信息科技有限公司周建武高级工程师给予了中肯的建议和无私的帮助，上海市公用事业学校智能交通教研组给予了大力的支持，在此一并表示感谢。同时，教材编写中参考了大量的书籍、文献和电子资料，这里谨向文献作者表示崇高的敬意和衷心的感谢！

由于编者水平有限，书中难免存在错误和疏漏之处，恳请读者给予批评指正。

编　者

2017 年 6 月

目　录

项目1 城市交通系统

知识要求

1. 熟悉交通运输系统的概念,理解其功能;
2. 熟知城市内部交通方式和城市交通结构类型;
3. 会辨析城市公共交通不同方式各自的特点;
4. 熟悉私人交通方式,了解社会客运交通。

技能要求

1. 给定具体城市,能够分析其合理的交通结构;
2. 能够比较分析公共交通不同方式的特点。

课题1 交通运输系统

一、交通运输系统的概念和特征

1. 交通运输系统及交通运输网络

系统在自然界和人类社会中普遍存在,交通运输系统是人类社会经济诸多系统中一个重要的子系统。交通运输系统是由铁路、公路、水路、航空和管道五种运输方式组成的一个综合系统。

该系统的研究框架如图1-1所示。

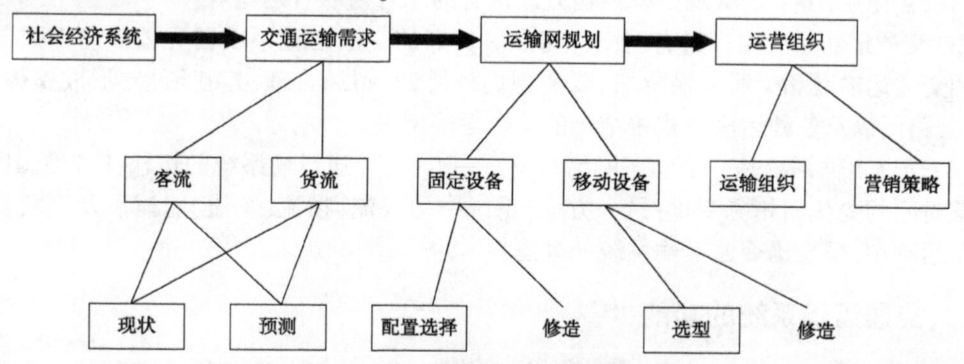

图1-1 交通运输系统研究框架

客货运输通常由若干种运输方式共同完成,旅客旅行的起讫点、货物的始发地和终到地遍及全球。因此,必须有一个干支相连、互相衔接的交通运输网与之相适应,这个网络即交通运输网络。

2. 交通运输系统的特征

交通运输系统作为人类社会经济诸多系统的一个重要的子系统,具有一般系统特性、大系统特性和交通运输特性为一体的综合特性。

1)交通运输系统的特性

交通运输系统具有如下五大特征。

(1)交通运输系统具有明确的目的性,其目的在于完成社会、企业以及个人的运输任务。

(2)交通运输系统是一个整体,这个整体必须相互协调才能形成适应国民经济发展需要的客货运输能力。

(3)交通运输系统的层次性十分突出,如按全国交通运输网络来看,首先是交通网线,在网络线中有干线、支线和联络线;就网络来分,有国家交通网、区域交通网、地方交通网和乡镇交通网;按功能来分,有骨干线路(连接全国重要工矿区、大城市、各大经济区等的主干线路)、开发线路(骨干线路向边疆和新开发区的延长线路)、给养线路(运送给养物资的线路)、腹地线路(分布在广大农村和工矿区内部的交通线)、企业线路(为工矿企业服务的交通线)等。这些线路共同形成结构完善、分布合理的交通网络,以实现交通运输系统网最大的功能。交通网络还包括第二部分,即交通运输枢纽,这些枢纽把线路连接成网,为此它在交通运输网络中具有重要功能;就枢纽来看,其又可分为综合交通枢纽和各运输方式的枢纽。

(4)综合交通运输系统组成中有铁路、公路、水运(包括河海运输)、航空和管道等子系统,其中每个子系统又由许多子系统(二级子系统)组成,它们彼此间都必须是相关和协调的,它们之间以相互衔接、相互关联的形式存在。

(5)交通运输系统的生成、发展和建设必须与其社会经济环境、自然环境等相适应,环境变化必然影响交通运输系统的运营和生产。

2)交通运输系统的独特性

除了具有上述系统特性外,交通运输系统还有以下与其他系统不同的特性。

(1)交通运输系统生产是一个连续性过程。其连续性表现为运输生产过程的连续性和运输生产时间的连续性,通过运输生产过程实现旅客和货物的位移。

(2)交通运输系统具有多环节、多功能和超区域的特点。其运输生产过程表现为多环节之间的联合作业,多个区域及多种运输方式结合的综合与联合运输等。

(3)交通运输系统生产具有网络性特点。良好的交通运输系统首先要具备布局与结构合理的交通运输网和交通运输枢纽,要实现内外协调、布局合理、相互衔接、形成整体,如铁路网、公路网以及各种运输方式相结合的综合运输网等。

(4)交通运输系统是一个动态网络系统。一方面,交通运输系统的运输任务因国民经济系统随时间的变化而相应变化;另一方面,系统中的人流、物流、车流、船流以及飞机流等经常处于运动中,呈现出交通运输系统的动态性。

二、交通运输系统的功能

任何一个社会经济大系统都有其自身的独特功能,交通运输系统也不例外。作为一个融各种运输方式为一体的综合运输系统,其具有以下独特功能。

(1)生产功能。交通运输系统虽然没有“实物产品”,但运输生产过程是社会生产所必需的,是社会经济发展的必要条件,交通运输系统已成为社会再生产系统经济循环中的重要组成部分。

(2)服务功能,即提供运输服务,满足客货运输需求。这是交通运输系统的基本功能之一，它直接关系到社会的生产、工作、生活和国际交往等各个领域。

(3)交通运输系统具有保证国民经济系统的循环功能。交通运输系统将国民经济的物质生产、流通、消费领域联系起来，把城市与城市、城市与农村连接起来，从而保证国民经济、人民生活以及工农业生产的正常运行。

(4)国际交流功能。通过交通运输系统，可以把国内外的经济发展联系起来，进行经济、技术、文化等各方面的国际交流。

(5)国防功能。交通运输系统可以为国家的安全提供保证，尤其是在战争期间这种功能更为显著。

想一想

交通运输系统生产的产品是什么？

要了解交通运输系统生产的产品是什么，就得先了解运输生产过程。运输生产过程是指以一定的生产关系联系起来的具有劳动技能的人们使用劳动工具(如交通线路、车船和飞机等运载工具及其他主要技术装备)和劳动对象(旅客和货物)进行生产，并创造产品(客、货位移)的生产过程。运输业的产品，即客、货的空间位移，并以运输量和周转量进行计量。

三、完成交通运输任务的三个必要物质条件

交通运输由固定设备(包括线路、航道、桥梁、隧道、港口、码头、车站以及航空港等)和移动设备(机车、车辆、船舶、汽车、飞机等)通过相应的运输组织工作实现其运输功能。交通运输作为一个系统对象，只有将其内部环节(部件)协调与组合起来进行整体运转，才能实现运输功能。交通运输系统完成运输任务所需要的三个基本的必要物质条件为路线、载运工具和站点，其中路线又分为实有路线和虚有路线；载运工具主要是指常见的车、船、飞机及特殊场合下应用的管道、传送带、缆车等；站点根据其规模和作用，又有大型站、小型站和非正式站之分，如图 1-2 所示。

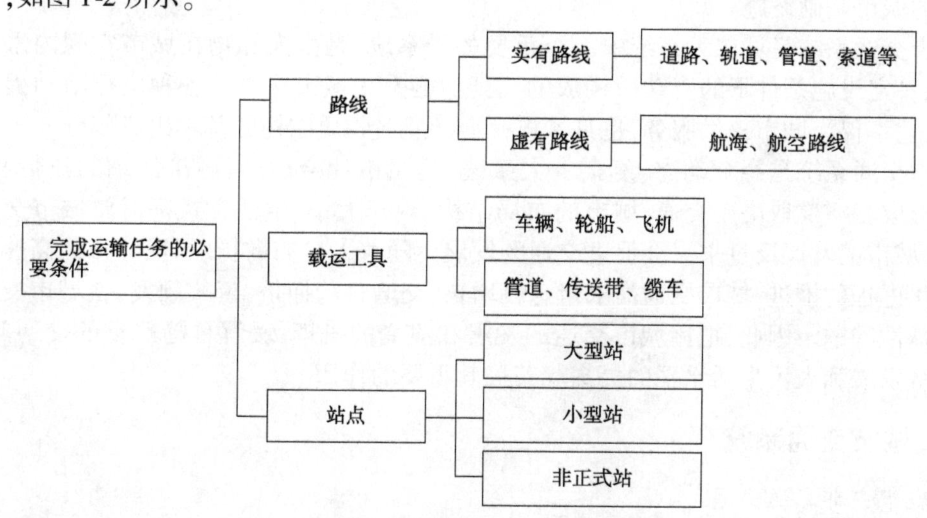

图 1-2　完成交通运输任务的三个必要物质条件

四、不同交通运输方式的比较

交通运输系统由铁路、公路、水路、航空和管道五种运输方式组成，这五大运输方式各有特点，从不同的方面进行评价，则其排序不同。一般，对运输方式进行评价常用的指标包括便捷程度、服务水平和成本效益等。下面通过常用的评价指标对铁路、公路、水路、航空和管道五大运输方式进行比较，见表1-1。

五种运输方式的比较　　表1-1

方　式	优　点	缺　点
铁路运输	当代最重要的运输方式之一；运量大，速度快，运费较低，受自然因素影响小，连续性好	修筑铁路造价高，消耗金属材料多，占地面积广，短途运输成本高
公路运输	发展最快，应用最广，地位日趋重要的运输方式，机动灵活，周转速度快，装卸方便，对各种自然条件适应性强	运量小，耗能多，成本高，运费较贵
水路运输	历史最悠久的运输方式，运量大，投资少，成本低	速度慢，灵活性和连续性差，受航道水文状况和气象等自然条件影响大
航空运输	飞行速度快，运输效率高，是最快捷的现代化运输方式	运量小，能耗大，运费高，且设备投资大，技术要求严格
管道运输	运输工具与线路合二为一的新型运输方式；用管道运输货物(主要是原油和成品油、天然气、煤浆以及其他矿浆)，气体不挥发、液体不外流，损耗小，连续性强，平稳安全，管理方便，而且可以昼夜不停地运输，运量很大	要铺设专门管道，设备投资大，灵活性强

课题2　城市交通系统

一、城市交通系统的概念和功能

城市交通是实现人流、物流和部分信息载体的空间位移并到达一定目的地的基本手段，是重要的城市基础设施。

城市交通系统是城市大系统中一个重要的子系统，是由人和物在城市空间内采用一定方式、在一定设施条件下的流动所构成的。其功能是为城市居民的各种出行活动提供必要的条件，它不仅为城市提供服务，也是城市社会、经济、物质结构的基本组成部分。

城市交通系统是一个动态、复杂的大系统，是城市社会活动、经济活动的纽带和动脉。城市的形成和演变取决于交通，城市的布局结构、规模大小、生活方式都需要城市交通系统的支撑，城市的发展反过来又会促进交通的发展。随着人口的增长、国民经济的高速发展以及城市化进程的推进，城市交通需求量急剧增长，交通日趋拥挤，事故频发，使城市交通问题成为全球性问题。因此，把握城市交通的发展和演变的机理，缓解日趋严重的交通问题，对城市经济发展和人民生活水平的提高起着极其重要的作用。

二、城市交通系统

1.城市内部客运交通

从交通方式的角度，城市客运交通分为行人交通、自行车交通、摩托车交通、小汽车交通、公共汽车交通、轨道交通、出租汽车以及作为公共交通补充的各类班车等，以上各种交通方式又可以概括为公共交通和私人交通两大体系，如图1-3所示。

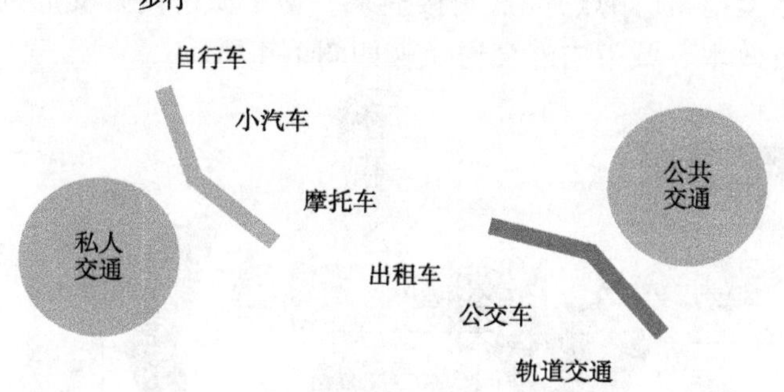

图1-3　城市内部交通方式

1）城市公共交通

城市公共交通是指按规定路线、一定站距及一定发车频率行驶的公共汽车、无轨电车、有轨电车、地铁、轻轨交通等；也有按固定路线和不固定路线行驶、随上随下的小公共汽车及出租汽车交通等；有水域交通的城市，旅客轮渡与城市短程客航，也属于城市公共交通的范畴。各种公共交通方式之间相互配合，为乘客在速度、价格、舒适度等方面提供更多的选择，更好地满足城市社会经济活动的交通需求。

城市公共交通运输效率高，是满足城市居民出行需求最有效的方式，且在城市的整个交通结构中，公共交通所占比重越大，城市道路系统的畅通运行越能够得到保障，因此城市公共交通应成为大中城市所倡导的交通方式，予以优先发展。

2）私人交通

私人交通是指各种小汽车、摩托车、电动自行车、自行车等服务于家庭或个人出行的交通方式。因为私人交通服务于个人或家庭，为私人所有，所以在出行过程中就可以根据出行者需求安排时间、路线和起讫点，在灵活自由方面具有明显的优势，且比较适合短距离出行。但在城市交通结构中，私人交通所占比重越大，就会占用更多的道路资源，易引起交通的拥堵。

2.城市对外交通

对于城市交通系统，除了内部的各种交通方式之外，还要考虑城市的对外交通，即连接城市与外界的客运方式。这些方式主要包括铁路、公路、水路和航空。

（1）铁路。铁路受自然条件影响小，运输能力大，运输成本低、能耗较小、速度较快，通用性好，是中、长途客货运输的主力。

（2）公路。公路投资省、建设周期短、机动灵活，可以对城乡广大地区实现门到门直达运输，是短途客货运输的中坚力量。

（3）水路。水路中，沿海、内河水运系统的投资省、运输能力大、占地少、干线运输成本和能耗低。

（4）航空。航空的成本和能耗高，具有建设周期短、运输速度最快、受地形限制较小等特点；在长途客运和精密仪器、易腐货物运输中有明显优势。

3.城市交通系统的换乘

城市交通系统中，客运枢纽（站点）是不同交通方式的衔接点，同时也是大城市客流集散点。城市对外的铁路、公路、水路和航空与城市内部的各种交通方式之间通过客运枢纽（站点）实现连接，这些客运枢纽（站点）包括各种长短途汽车站、火车站、航站楼和港口码头，城市内外客流在这些点完成中转换乘，进一步与城市中心区域实现联系。而城市内部的各种交通方式之间也在客运枢纽（站点）完成衔接换乘。整个城市内外交通的换乘效率直接影响城市交通的整体运行效率。城市内外交通换乘如图 1-4 所示。

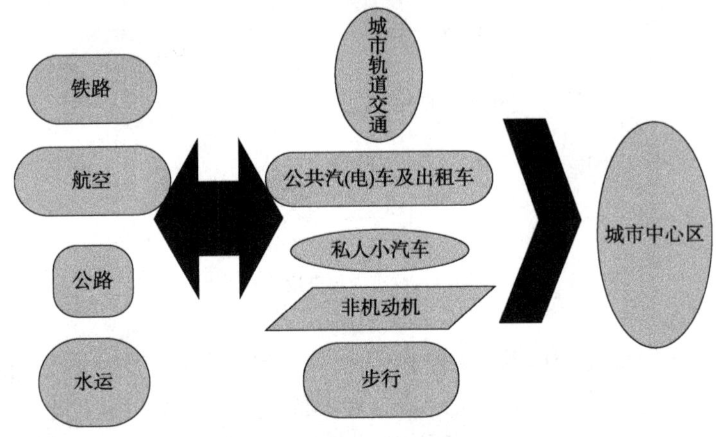

图 1-4　城市内外交通换乘示意图

三、中国城市交通结构的发展方向

1. 世界城市交通结构的类型

城市交通结构随着科技的进步而在不断地变化发展。交通工具从古代社会的马、马车到现代社会的公共汽车、各类电车、小汽车及采用双轨、独轨、导轨、磁悬浮轨道的各类列车，交通网络从地面道路网扩展到地下轨道网络、地上高架道路、高架轨道，形成立体综合客运交通系统。不同城市的客运交通虽然各有不同，但可概括为如下两大类型。

第一类是以运量大的公共交通作为主要客运交通工具的类型。公共交通在这类城市客运结构中处于主导地位，其包括公共汽车、无轨电车、小型公共汽车、地铁、城市铁路、市郊铁路、新交通系统等在内的综合客运公共交通系统。这一类型一般都是建设密度较大的城市。例如，根据上海城市交通代表团 2007 年对日本东京、大阪，韩国首尔和新加坡城市公共交通的考察，这四个地区的公共交通占全部出行方式的比重都在 60% 以上，2006 年新加坡的公共交通分担率达到了 65%，日本东京和韩国首尔都为 63%，大阪为 62%；俄罗斯的莫斯科和中国的香港地区，城市客运也都是以公交为主体。

第二类是以私人小汽车作为城市主要客运交通工具的类型。这一类型的城市建设密度小，公交运营费用昂贵，效率很低。例如，美国的旧金山、洛杉矶、底特律等城市的交通出行结构中，私人小汽车出行占比较大，而公交出行比例较低；洛杉矶在 1998 年的出行统计中，私人汽车交通出行量占总出行量的比例高达 96.6%，而公共交通出行量占总出行量的比例仅为 3.4%。近年来，这种情况虽有所缓和，但在美国、英国等国家的许多城市交通结构中，仍以小汽车为主。2004 年，在伦敦各种交通方式的出行比例中，小汽车占 44%，而公共交通方式仅占 29.5%。

2. 我国城市交通结构的发展方向

我国是发展中国家，受国民经济基础的制约，城市建设尚在发展中，还没有形成合理的客运交通结构。近年来，由于城市化发展进程的加快，人口加速向城市集中，客流量增长迅猛,交通设施明显不足,城市范围不断扩大,出行距离增长,时耗延长,公共交通主要以地面公共电(汽)车为主,受地面交通状况影响严重,难以满足居民的出行需求;而个体交通工具如自行车、电动车、摩托车、私人小汽车以及单位用车的数量快速增长,又使城市的交通更加拥挤,乘车难、行车难,交叉口排队长的情况日益加剧,道路的交通服务水平不断下降,多数城市公共交通出行率呈萎缩状态,供给与需求的矛盾日益加大。因此,不同城市根据其自身特点,确定合理的城市客运交通结构,才能解决供需间的矛盾,促进城市经济更好的发展。

我国人口众多,城市多数属于密集型,土地资源缺乏,应大力发展以公共交通为主、其他交通形式为辅的客运交通结构形式。不同城市的公共交通方式应根据城市规模、用地现状、客流流量和流向、各种公交方式的运载能力、建成区现状、土地利用规划以及资金拥有状况,综合考虑社会、经济、交通、环境效益确定。对于中小城市,城市公共交通方式一般采取公共汽车、无轨电车。而对于大城市,特别是带状大城市、特大城市,其客流一般较大,而且集中,则应考虑采用轻轨、地铁等中运量、大运量公交方式。不同规模城市的主要公共交通方式可参考表1-2。

不同规模城市的主要公共交通方式 表1-2

城市规划与人口		主要公共交通方式
大城市	>200 万人	大、中运量快速轨道交通、公共汽车、电车
	100 万~200 万人	中运量快速轨道交通、公共汽车、电车
	<100 万人	公共汽车、电车
中等城市		公共汽车
小城市		公共汽车

我国城市居民的出行方式是多元化的,从居民出行要求分析,居民应根据自己的经济状况、交通工具拥有情况,以及出行目的地的远近等各种条件和要求,从便捷性、快速性、舒适性、经济性、安全性等角度出发,选择合适的出行方式。不同的出行方式有不同的道路利用率,并产生不同的交通影响,因此各种交通方式的发展不是无限制的,应通过交通发展政策的引导,使交通结构朝着有利于充分利用道路交通设施运输能力的方向发展。

我国城市交通结构的发展方向应顺应我国国情,考虑交通基础设施的发展规模、土地利用以及土地资源的约束、居民的承受能力等因素,使城市交通的发展符合可持续发展战略。

(1)公共交通占主导地位,有计划地发展轨道交通

城市公共交通是人均道路利用效率最高、消耗资源最少、环境污染程度最轻的大众交通方式,在城市交通系统中,公共交通应该得到优先发展。我国很多城市属于密集型结构,因此,以公共交通系统为主、其他交通方式为辅的形式是我国城市客运交通结构必然的发展方向。

保障公共交通的主导地位,必须首先在政策上给予保障,即优先发展公共交通。优先发展公共交通的政策中,一是从方便、快捷、舒适、经济、安全的角度提高公共交通综合服务水平,提升公共汽车交通吸引力;二是采取灵活的政策,建立多种服务与多种票价相结合的服务体制,增加公共交通的可达性、舒适度、直达率等。保障公共交通的主导地位,还可以从技术上采取公交专用线、专用道、交叉口专用相位等措施,提高运行速度。另外,还可通过规划建设优化线网、站点布设及车辆调度等提高效率,方便居民乘车,确保公共交通的优先发展。

公共交通优先发展的另一个重点是有计划地发展轨道交通。轨道交通运量大,能较大程度地节省土地资源,不产生环境污染,为乘客提供舒适、快速、准时的服务,是最优的公共

交通方式,符合可持续发展战略。特大城市、大城市在条件允许的情况下,应开辟大运量的轨道交通。

(2)非机动车占辅助地位

我国是发展中国家,人口众多,道路资源有限,虽然私人小汽车的发展呈快速增长趋势,但非机动车出行仍是我国很多城市居民个体出行的主要交通方式,并且在短距离出行时,也鼓励采用非机动车出行。但有些城市非机动车出行比例太高,占用大量道路资源,使公共交通萎缩,道路交通紧张。因此,引导非机动车出行向公共交通转移,能大大减轻城市道路交通压力。

(3)协调发展小汽车的交通发展战略

进入21世纪,无论是从我国居民的购买能力还是从我国经济发展(特别是汽车工业的发展)的需要来看,私人小汽车进入寻常百姓家庭都是必然趋势。但我国是人口大国,不能像发达国家那样大规模地发展,我国私人小汽车的发展必须遵循协调发展的原则,做好以下四个方面的协调。

①与道路交通基础设施建设水平相协调,根据道路交通设施水平确定机动车发展规模,避免出现道路交通拥挤和停车难问题;

②与环境保护相协调;

③与能源开发相协调;

④与我国居民素质水平的提高相协调。

3.影响城市交通结构的因素

不同的城市客运交通结构因其交通政策、国民经济发展水平、城市用地布局、交通基础设施及城市自然条件等的影响各不相同。

(1)交通政策

交通政策对城市客运交通结构影响是多方面的,主要包括国家宏观交通政策、地方政府交通政策和经济投资政策。国家制定的交通政策,决定了城市客运交通结构的发展方向;地方政府依据实际的交通状况和经济发展方向所制定的本地区的交通建设发展战略确保了城市客运交通结构的发展目标,如采取对公共交通的补贴或控制私人小汽车进入市区的收费等政策,以保证公共交通的比重等,即政府对某种交通方式的工程建设的投资或贷款予以优惠或限制,会促进或抑制这种交通方式的发展。

(2)国民经济发展水平

建设现代化的城市交通系统,特别是地铁、轻轨等大运量快速交通系统,需要投入大量的财力、物力。另外,城市客运交通结构与交通建设投资比重也密切相关。发达国家每年用于道路交通建设的投资额很高,占国民经济总产值的1%~3%;而我国用于发展道路交通建设的资金占国民总产值的不到0.5%,资金不足,很难根据需要达到合理的客运交通结构。

(3)城市用地布局

城市用地规模、形态、功能与用地集中程度都影响城市交通结构。在规模方面,随着城市用地规模增大,居民平均出行距离拉长,必然使步行比重减小、公共交通出行比重增加。在用地形态方面,我国城市多为单中心中央集团型布局,中心区公交线网密集,人流、车流多,成为交通最复杂、最繁忙的地带,城市中心区的交通量占全市总交通量的30%~35%;而多中心或带状城市中心区的交通量的比重则低得多。用地功能的划分,对出行量的大小、出行距离长短和空间分布也有明显影响,例如购物中心与就业岗位集中区、居民居住区相距远近，不仅影响出行的平均距离，也影响客运交通结构。在进行城市功能布局与规划时，如能减少上班、上学的距离，使其尽可能在步行范围之内，可大大减少交通量，减小道路及公共交通的负荷，因为工作出行和学生上学出行占城市总出行的80%左右，特别是对早晚高峰的影响很大。城市用地集中程度高、人口密度高、建筑物紧密，公交发达、出行方便等可以提高公交出行率，降低私人方式出行率。

(4)交通基础设施

轨道交通的有无、线路的多少、公共汽车线路数量、线网密度、人均公共汽车数量、覆盖率、换乘时间、发车频率和运行速度等，都影响公共交通出行的分担率。制定优先发展公共交通的政策，大力加强交通基础设施建设，可为公共汽车或其他大容量交通方式的发展创造良好的条件。

(5)城市自然条件

城市的地形、地势、地理环境、气候条件都对城市客运交通方式具有影响；天然阻隔，如海湾、河流、湖泊、高山等限制城市的形态，阻断交通线路或改变了网络形态，在一定程度上会对客运交通结构产生不同程度的影响；丘陵山地地面坡度很大，不适于自行车运行；极为寒冷地区或海拔很高的高原城市，自行车交通也难以适应。

4.不同类型城市的交通结构

不同规模城市居民的平均出行距离不同，平均出行时耗不同，客运交通需求量不同，对不同客运交通方式的需求有很大的差异，因此对各种交通方式的合理结构及优先发展次序自然有不同的要求和选择，表1-2中列出了不同规模城市的主要客运方式，但相同规模城市也不一定有完全相同的客运结构。下面简要说明三类不同规模城市的客运交通优先发展次序。

(1)规模大于200万人口以上的城市

规模大于200万人口以上的城市，应以大运量的轨道运输方式为骨干（包括地面快速轨道运输、地下轨道、高架道路与轻轨等），同地面公共汽车、无轨电车、出租汽车、小汽车及各类班车等组成高速立体化的综合城市客运交通体系。对私人交通要适当控制，同时做好慢行交通系统规划，使各种交通方式各用其长，各尽其能。在规划时，一般应使公交出行比重占总出行量的50%以上，其中轨道客运量比重占总运量的30%以上，如暂时有困难无法实现时，应预留轨道线路或网络的用地并争取尽快建成。

(2)规模在50万~200万人口的城市

规模在50万~200万人口的城市，应以大运量的轨道运输与地面公共汽车、无轨电车共同组成的公共交通系统为主干，同小公共汽车、出租汽车、小汽车、各类班车及非机动车等共同组成快速方便的综合客运交通系统，以满足城市居民的出行需求。在规划时，公共交通系统的比重应占50%左右，并优先考虑大运量轨道客运系统，使其客运量比重占20%左右；对于非机动车交通方式，既要适当控制，又要认真研究做出较长时期的全局规划。

(3)规模在20万~50万人口的中等城市

规模在20万~50万人口的中等城市，近期应充分发挥非机动车交通的优势，与公共汽车、无轨电车、出租车、小汽车、各类班车等共同组成客运交通综合系统，以满足居民的各种出行需求。在规划时，尽可能使公共交通的客运量逐步增长，有条件的城市应使公交客运量的比重能达到全市总客运量的20%左右，同时对于慢行交通系统应做好预测和全面规划，既要不脱离近期的交通结构的实际状况，又要能满足远期居民更高的需求。

课题3　城市公共交通

一、城市公共交通的含义

城市公共交通是指在城市及其所辖区域范围内供公众出行乘用的各种客运交通方式的总称，其包括公共汽车、电车、出租车、轮渡、地铁、轻轨以及缆车等。

二、城市公共交通的分类

城市公共交通按照不同的分类方法有不同的类别。

1）按运营服务方式分类

按运营服务方式分类，城市公共交通分为三类，见表1-3。

按运营服务方式分类　　表1-3

类　型	特　征
定线定站	车辆（轮渡）按固定线路运行（航行），沿线设有固定的站点
定线不定站	车辆按固定线路运行，但不设固定站点或仅设临时性站点，乘客可在沿线任意地点上下车
不定线不定站	车辆无固定线路、无固定站点的运行，如出租汽车服务

2）按所用的运输工具分类

城市公共交通按所用的运输工具的分类见表1-4。

按运输工具分类　　表1-4

序　号	类　型	序　号	类　型
1	公共汽车	5	出租汽车
2	有轨电车	6	快速有轨电车
3	无轨电车	7	城市轮渡与索道
4	地下铁道	8	新交通系统

3）按行驶路线的属性分类

（1）行驶于城市街道上的公共交通（汽车）；

（2）行驶于城市街道外的公共交通（轮渡）。

4）按提供服务的属性分类

（1）基本公共交通（公共汽车、地铁）；

（2）辅助公共交通（出租车）。

5）按输送乘客的特征分类

（1）低速公共交通（公共汽车、出租车）；

（2）快速公共交通（地铁、轻轨）；

（3）特殊形式的公共交通（轮渡）。

三、城市公共交通的地位和作用

公共交通是城市发展的必然产物，也是城市赖以生存的重要基础设施之一。它作为城市动态大系统中的一个重要组成部分，是城市赖以生存的重要基础设施之一，是城市整体发展中不可缺少的物质条件和基础产业，也是联系社会生产、流通和人们生活的纽带。

城市公共交通以运营服务为中心,为乘客提供安全、迅速、方便、准点、舒适、经济的运输服务,满足社会发展和人们生活的需要,是城市交通的骨干和支柱,在我国经济发展、城市建设和社会生活中占有重要地位,它直接关系城市的经济发展与居民生活,对城市经济具有全局性、先导性的影响。推动公共交通的优先发展是解决关系人民群众切身利益的现实问题,是建设资源节约型、环境友好型社会和实现可持续发展的重要途径。

四、城市公共交通的特性

1)公共交通产品的特殊性

公共交通的产品为乘客的位移,该产品属于无形产品。公共交通服务是在保持服务对象即乘客的属性及形态均不改变的情况下,使乘客发生空间位移,创造具有移动价值的产品。

2)公共交通服务的即时性

在公共交通的客运服务过程中,运输产品边生产边消费,乘客上车,客运服务随即开始,消费过程也同时开始;一旦乘客下车,服务过程即告结束,消费过程也同时结束。运输生产组织和运输市场营销过程同步进行。所发生的运营里程既不能存储也不能调拨,客运服务过程的有效或者无效以及效能的高或低,都在一次运行过程中同时得到反映。

3)公共交通服务的社会性

公共交通的服务性决定了它必然与社会有着广泛联系。不论什么人、什么出行目的,只要是在有公共交通运营的地域及时间内,都可以广泛地利用公共交通。公共交通不仅为个人出行服务,整个城市的生产、建设,一切经济活动、文化活动,乃至航空港、铁路车站、航运码头之间的连接,都需要公共交通。

4)公共交通服务的时效性

人们利用公共交通代替步行,其主要目的是为了节省时间,以求迅速到达目的地,时间的节省意味着社会劳动的节省和人力的节省,这是公交产业对社会、乘客在经济上、精神上的一种贡献。

5)公共交通服务的不均衡性

公共交通的服务受客流变化的影响很大,客流不仅在时间上的分布有所不同,一昼夜中有高峰与低谷的差异,在一周中的不同日期及一年中的不同月份均各有差异。同时,客流在空间上的分布也是不同的,如城市中的各个区域之间,各条线路的方向上、断面上的客流分布都有差异。

6)公共交通服务的分散性

工农业生产是在固定的厂房、工地或田间进行的,其生产作业可以集中组织;而公共交通的运营线路遍布于市区和郊区,服务过程又是流动的,这就决定了它的又一个特性,即点多、面广、线长、流动、分散、单车作业,而且是多工种、多环节的联合作业方式。

7)公共交通服务的准公费特性

公共交通服务是介于纯自费与公费之间的一种服务方式,也就是说,一方面它具有以适当价格提供服务的必要性,另一方面由于它具有广泛的公益性,其服务的价格基本上不能完全按照价值规律来办事,但实际上是在充分照顾公益性的前提下使价格与价值不完全背离,并作适当合理的调整。

公共交通企业是以社会效益和经济效益为两大目标的,兼具公益性和经营性,是服务性的生产企业。

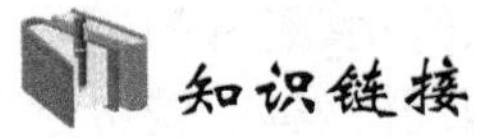

新交通系统

新交通系统是新开发的具有高速、准点、舒适和污染小的交通方式及其运行服务的总体,是20世纪60年代出现的不同于传统运输方式的新型交通工具,为克服现有交通方式在环境和经营上的缺陷,或为满足现有运输方式难以适应的运输需求而开发的新交通方式和新运营服务的总称。新交通系统现多用于旅客运输。

按行走方式,新交通系统分为自动化导轨交通系统、新型无轨交通系统或复合交通系统、步行者援助系统和公共汽车运营自动控制系统。自动化导轨交通系统是导入计算机和全自动控制系统的双轨铁路、独轨铁路。其属于中量轻轨输送方式,适于承担的运输范围介于公共汽车和市郊铁路间;新型无轨交通系统或复合交通系统是以自动控制的新型无轨电车在导向槽中行驶的系统;步行者援助系统由高速人行道、自动扶梯和小座舱组成,用于运送上下飞机的旅客和邮件;公共汽车运营自动控制系统是为适应非大量的乘客需求,通过计算机系统收集信息,并将其组织起来开行无固定路线的小型公共汽车或公共汽车站间运行自动预报系统。

新交通系统具有以下特点:

(1)采用高新技术。各类新交通系统几乎都使用微电子技术和计算机技术,从而实现对车辆或列车的集中自动控制和无人驾驶,以保证车辆运行的安全性与准确性。

(2)应用范围广阔。各类新交通系统可用于城市中的各公共场所。较理想的应用场所是有较大的客流量,并且客流量均衡的短途客运。例如,大型机场中,从总候机大楼到登机的卫星候机楼;大型展览馆中,各场馆的联系;旅游景区中,各景点的来往;大学校园中,各校区之间的短途交通等。

图1-5　日本的新交通系统

(3)车辆性能上乘。许多新交通系统的车辆采用直线电机驱动,具有轴重小、高度低、转弯半径小(70m以下)、爬坡能力强(70%)、噪声低等优点,可用于小断面地铁、结构轻巧美观的高架,选线自由度大,可减少工程量和拆迁费用,从而降低造价。

(4)形式多种多样。为了适应各种用途需要,各种新交通客运系统形式多样,其中有自动化的People Mover系统(APMS)、法国的VAL系统、日本的新交通系统(图1-5)、加拿大的ICTS和德国的H-Bahn。

课题4　城市公共交通方式

城市内部的公共交通方式多种多样,常见的包括公共汽车、无轨电车、有轨电车、地铁、轻轨以及出租车、轮渡等。这些交通方式各有特点,具有不同的适用场所和适宜客运量,可发挥不同的作用,共同构成了多元化的城市公共交通结构,满足城市居民多层次的公共交通需求。世界各国城市公共交通事业的发展,也都是根据本国经济和科学技术水平、城市所在的地理环境和政治经济地位等，选择适宜的一种或多种城市公共交通方式，形成各具特色的城市公共交通结构。

一、公共汽车交通

在快速轨道交通日趋普及的今天，公共汽车这种传统的客运交通方式，在发达国家的城市仍然继续存在，在许多发展中国家的城市大量使用，这说明公共汽车有其不可替代的使用价值。

公共汽车以内燃机或电动机为动力，与其他客运交通工具相比，在线路设置和车辆运行等方面具有高度的机动灵活性。这一点，使其具有不可替代的优越性，是任何种类的轨道交通所不能比拟的。但是，公共汽车作为一种常规的街道内地面公共交通方式，不可避免地受到城市道路条件和道路交通环境的影响。这一交通特性，恰恰是公共汽车和其他街道内地面公共交通方式的一大弱点，也是促成街道外快速公共客运系统发展的重要原因之一。

（一）公共汽车的技术性能和特点

1. 公共汽车的技术性能

（1）加速性能好

公共交通在城市中时行时停，不可能高速行驶。提高车辆区间行驶速度的主要条件在于车辆的加速性能。公共汽车的加速性能一般采用起步距离内的平均加速度来标识，公共汽车的加速性能主要依靠自动变速器或挡位变速来实现。

（2）机动性能好

公共汽（电）车交通的机动性能好，表现在转向灵活。目前，公共汽车向大型化发展，铰接型公共汽车采用三轴或四轴结构，设计上采取了前后轴转向装置。相对于有轨或无轨电车，公共汽车机动性能好，它可以超越前车行驶。

（3）操纵轻便

随着公共汽车大型化发展，驾驶员的劳动强度增大，为减轻驾驶员体力消耗，采取可调高度驾驶座椅、转向器和制动器的助力装置，一些先进国家在公共汽车上采用微型计算机提高汽车驾驶的自动化程度。

（4）乘坐舒适方便

随着城市公共客运交通的发展，为满足乘客对城市公共汽车乘坐舒适性和方便乘客上、下车的要求，开发出采用独立悬架式、专用公共汽车底盘的低地板城市公共汽车，使公交车的踏板和通道的离地高度大大降低，极大地方便了乘客上、下车，并满足了乘坐舒适的要求。

2. 公共汽车交通的特点

（1）适应性广

从公共交通设施的适宜断面客流量来看，公共汽车交通的适应性很广。在轨道交通发达地区，在人口密度较低的大城市边缘地区或旧城区的支路上，在大中城市的新建居住区或小城市的客流主要方向，都可以优先考虑设置公共汽车线路。

（2）线路设置灵活

在公共交通运行空间所需条件方面，公共汽车、无轨电车和常规有轨电车这三种公共客运方式，虽然都属于街道内公共客运系统的范畴，而且它们设线的适宜断面客流量和设站条件也基本相同或相似，但设置公共汽车线路时，不存在架设动力线和铺设轨道的问题，以及由此带来的线路固化所出现的种种矛盾，如不能超车行驶、对路口信号灯配时和街道景观的影响等。

(3)车站设置灵活

不同的公共交通在线路走向和设站要求确定之后,它们在设站所需空间、工程设施、乘客进出站时的空间联系和为其乘降服务的设施等方面所需用的条件及相应的资金投入量各不相同,而公共汽车和无轨电车的车站设置要求较低,可灵活设置。

(4)行车组织灵活

从营运组织来看,公共汽车交通可以根据客流的变化和具体的营运条件及其他条件,安排不同车型的车辆和行车的组织方案,如:高峰小时在客流集中的干线上用大容量的车辆组织大站距快车或区间车;在街道狭窄、转弯半径小而客流量较大的旧城区使用短车身双层公共汽车等;定线不定线行驶、招手上车和就近下车的小型公共汽车,既可以对常规的公共汽(电)车乘客进行部分分流,又可以填补常规公共汽(电)车线路难以覆盖的“空白区”。

(二)公共汽车线路和线网

1. 线路线网类型

1)线路类型

(1)按照营运时间分类,线路类型见表 1-5。

按照运营时间分类 表 1-5

线路类型	特　征
全日线	运营时间为 4:00 ~ 24:00
高峰线	运营时间为 6:30 ~ 8:30,16:00 ~ 18:00
夜宵线	运营时间为 0:00 ~ 4:00

(2)按照票价分类,线路类型见表 1-6。

按照票价分类 表 1-6

线路类型	特　征
一票制线路	市区行驶的线路,线路长度一般控制在 13km 以内
分级计价线路	郊区线路、超长线路

(3)按照运营特征分类,线路类型见表 1-7。

按照运营特征分类 表 1-7

线路类型	特　征
普通公交线路	站距较短,运营车速一般为 13 ~ 18km/h
快速公交线路	布置在公交客流走廊上;采用容量较大、动力性能较好的车辆;使得运营车速可以达到 20km/h 以上

2)线网类型

城市公共交通线路在城市道路上运行,公共交通的线网形态受到城市道路网形态的影响和制约,并在道路网络形态基础上形成相应的类型。常见的城市公交线网类型主要有以下几种。

(1)单中心放射型线网

对于单中心放射型线网的城市,大多数居民的活动集中在市中心区,通常形成以商业闹市区为中心,连接各个方向或到市郊的放射型公交线网,如图 1-6 所示。这是公交线网的早期形式,仍然适用于小城市和大城市卫星城镇。

这种线网的好处是各区域居民可以直接往返于中心地区,换乘少,调度管理方便。但它有两个明显的缺点:一是要求市中心有足够的站点用地,这对城市中心地区寸土如金的城市用地增加了紧张程度;二是造成市中心的车流和人流相对集中,极易引起拥堵,影响周边道路的畅通。

(2)多中心放射型线网

多中心放射型线网同样具有单中心放射型线网的优点和缺点,但主要适用于中小规模城市,特别是有老城和新城两个中心的城市形态。中心成为公交换乘枢纽,并且在多个中心之间形成公交客运走廊,如图1-7所示。

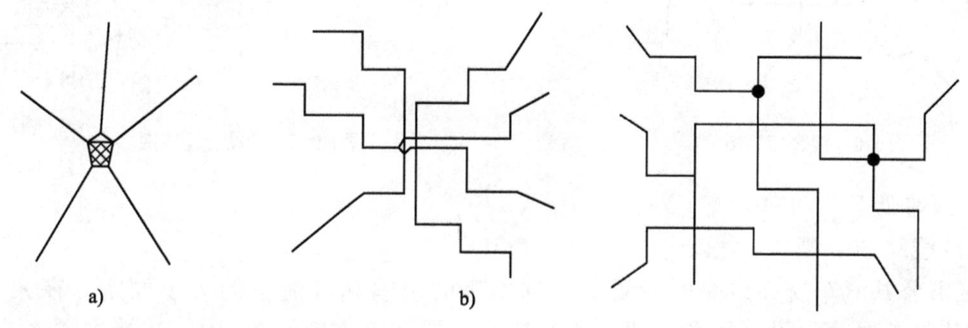

图1-6　单中心放射型线网

图1-7　多中心放射型线网

(3)棋盘型线网

棋盘型线网的特点是平行和整齐。该类型线路按一定规律间隔布设,并与类似特点的线路相互交叉。对于公共活动中心分布较少的城市,棋盘型线网的优点在于:第一,乘客只要换一次车便可以从一个地方到其他任何地方,而无需通过人为的中心点或集散地;第二,乘客的集散点可以分散,公交站点用地可设在市区边缘区段,土地容易征用。但它也有缺点:其一,在一个纯粹棋盘型线网上,大部分乘客都要换一次车,交叉对角线方向的交通不方便;其二,如棋盘型线网密度过大,交叉口多,在城市闹市区易引起拥堵,形成交通结点。

(4)环线型线网

环线型线网是围绕一定的地区,链接主要的活动中心和交通集散点呈环状布设的线网。环线与其他相交道路较多,乘客换乘方便自由。环线可布设为单环,也可为双环(内、外圈)或多环。

(5)混合型线网

混合型线网是指结合城市地理条件和具体特征,为满足居民乘车出行的不同需求,采用几种类型线路组合而构成混合型线路网系统。如能因地制宜,混合型线网可很好地组织城市客运交通,一般城市均属于混合型线路网系统。

图1-8所示即为方格式(棋盘型)与放射式混合的线网类型。在未建成规定交通的一般大中型城市,公交线网多采用这种形式,即中心区为棋盘型线网,外围是放射型线网。

(6)主辅结合型线网

主辅结合型线网是由两类功能和服务水平不同的线路组成的线网,如图1-9所示。一是主干线,即在主要干道上布设的公交线路,一般为具有客运量大、配车数多、行车频率高、线路弯曲小等特点的线路而形成客运走廊;二是支线或辅助线,即用来运送边缘地区居民至主要干道的公交线路，一般多用于市郊、城乡（镇）之间。主辅结合型线网能提高公交车的客位利用率，提升公交资源利用效率，但这种线网的主要缺点是多数乘客要增加一次中转换乘。

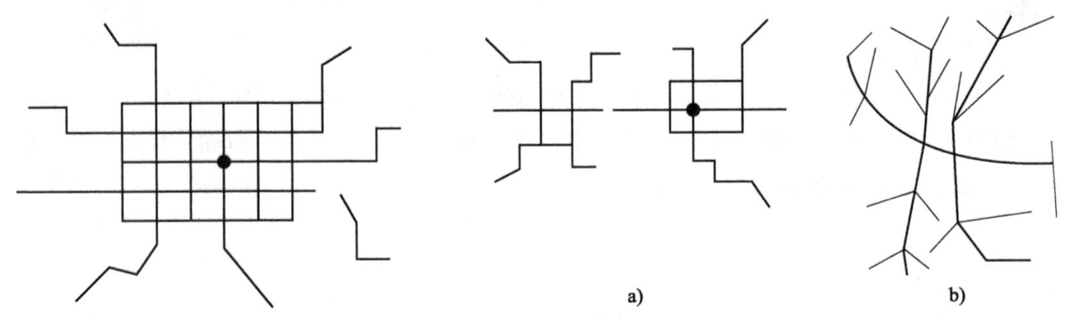

图1-8　混合型线网

图1-9　主辅结合型线网

2. 线路设置

（1）线路的设置

城市公共汽车交通线路的设置应根据城市的规模和客流量的大小而定。在大、中城市，公共汽车线路需设主线和支线。主线应沿主要客流方向设置，用以连接主要客流集散点和交通枢纽；支线线路是主线的补充，其站距较短，应在主线站点和市区各地之间起集散作用。

公共汽车交通线路的设置应尽可能为居民的各种出行提供方便的公共交通出行条件，尽量减少城市个体出行的比率。因此，在居住区、工业区、市中商业区、火车站、机场、大型集散场和码头等处，都需设置公共交通线路（包括主线或支线）。公共汽车交通线路的走向应符合客流的方向，使车辆沿途载客均匀，使沿途上、下车乘客接近平衡，避免过分迁就少量客流，使线路非直线系数超过一定限度。

在一些工、商业区比较集中的城市布设线路，要尽量使乘客减少换乘，方便乘客出行。在大的客流集散点或沿线主要交叉路口，可增辟公交线路，尽量使线路四通八达。

（2）线路长度的确定

线路长度的确定，则需要综合考虑乘客要求、运营企业成本、城市规模、乘客平均乘距等影响线路长度的因素。长距离出行的乘客，要求线路长、站距大、一次到达；短距离出行的乘客，要求站距小、可随时上下车、换乘方便。线路长可以提高乘客的直达率，但会造成车辆到站准点率下降，均匀性不好，增加乘客的候车时间。线路过短会造成直达率过低，增加乘客的换乘次数。因此，公共交通线路长度不宜低于20min公交车所行驶距离。设置线路要照顾绝大部分乘客，根据调查的具体资料，确定线路长度。如果实际运行车辆运载的乘客数量大，交替系数高，通过路口多，难于准点，运营组织困难，线路可适当短些。反之则可长些。

布设线路长度还应考虑投资运营的情况，如线路过短，运营组织简化了，但车辆的利用效率低、运营车速低、停车用地相对增加，造成企业成本增加。线路过长，准点率低，也会造成组织运营困难而减少客运周转量，浪费运输能力，增加企业成本。

线路长度也可根据城市大小和乘客平均乘距等因素确定。在特大城市，线路长度可以按城市的半径确定；大中城市，以城市的直径长度确定，随着城市用地面积的扩大，还应根据客流相应调整线路长度。从客流方面考虑，线路长度可确定为乘客平均乘距的2～3倍。

3. 站点设置

站点是乘客上下车的地点。站点的设置直接影响公共交通车辆的行驶速度、乘客的步行时间和道路的通行能力。站点设置应解决的问题如下：

1）停靠站点设置

（1）站距

站距的确定需要考虑乘客的出行时间。城市居民的出行时间除了受到公交线路网的合理与否影响之外，还受站距的影响。

居民乘车出行的时间包括步行时间（由出发地点到公交车站或由车站到目的地的步行时间）、候车时间、乘车时间及换车时间，因此，乘客出行消耗时间与线路网密度、停车站间距离、线路行车时间、街道交通条件及换乘距离等因素有密切关系。

对于站间距离，站距过短，乘车方便，步行时间短，但车辆停站过多、车速减慢，从而延长了出行时间，对于公共交通企业，因车辆周转慢而浪费了部分运能。站距过长，部分乘客因车速提高而满意，但另一部分乘客步行到站、换乘、下车到目的地的时间增加。因此，确定站距应考虑使居民出行时间最少，求出最佳站距。

站距大小还受道路系统、交叉口间距、公安交通管理部门的规定等条件的制约。因此，在一条线路上，各站距也不相等。在市中心区，乘客上下车频繁，站距宜小，在城市边缘区，站距可大，郊区可更大。一般情况下，市区线站距可设为500～800m，郊区线站距可设为800～1 000m。对于大城市和特大城市，居民流动范围大，出行距离长，平均乘距长，站距应相应增大。

（2）站址

在路段上设站时，上、下行对称的站点，在纵向应错开20～30m，以免使车行道宽度缩小过多，形成瓶颈，影响车辆畅行。在交叉口附近设站时，要方便乘车、换车，不阻挡交叉口视距三角形内的视线，不影响停车线前车辆的停驻候驶。因此要距离停车线有一段距离，例如北京的站点，一般距离路口为50m。至于在交叉口之前设站还是过交叉口之后设站，各有短长，无可厚非，宜根据道路条件、交通管理等具体情况而定。不同线路的停靠站的换乘距离应尽量短，同侧换乘时最多不超过50m，异向换乘时最多不超过100m；穿越平交或立体交叉口的公共交通线路车站的设置须利于乘客换乘，换乘距离不宜大于150m。凡换乘量大的公共交通站点和轮渡口，在其50m范围内应设公共交通车站。

2）首末站的设置

公共汽车首末站，应安排乘客候车、车辆回转和短时停放、调度以及行车人员作息用房的用地。夜间大量停车，原则上应在专用停车场停放。

3）枢纽站的设置

公交枢纽站是集结多条公交线路的地方。它负有集中、分散大量乘客的功能。在中小城市，可将公交枢纽站集中设在火车站附近，或设在市中心。在大城市，为避免公交线路过长，枢纽站过于拥挤，可将枢纽站分散设在火车站、市区中心或次中心。如市内有几个火车车站时，各火车站间应有直接公交线路联系。在枢纽站应有进出站道路、车辆出站到站时间标识、洗车场地、加油站、乘客上下车站台、候车棚、售票房、调度室、问询处、广播室、司售人员和工作人员休息室、职工食堂，以及小卖部等设施。

(三)公共汽车交通的发展趋势

(1)组织运营多样化

随着城市公共交通运输业的发展,针对不同需求,公共汽车交通的组织运营趋于多样化。

在形式上,除普通大型公共汽车外,有介于大型公共汽车和出租汽车交通特性之间的小型公共汽车,也有介于公共汽车和轨道交通之间的高速公共汽车(利用快速道路等的大站快车)等形式。

在档次上,出现了同一线路不同档次、不同服务水平、不同运价的多样形式,如普通车、空调车等。这为具有不同出行目的,对舒适性、经济性、安全性具有不同要求的乘客提供了多样的选择可能性,成为提高公共汽车交通吸引力的重要手段。

(2)车辆运行现代化

随着交通运输业与科技的发展,公共汽车的线路运营和行业管理越来越多地应用了科技成果,更加智能化、现代化。

对于收费方式,许多国家的公共汽车实行自动售票、信用卡记账收费和手机支付等形式。

又如日本研制发明了被称为"下一代中距离城市区间变通系统"的无人驾驶公共汽车,这是日本正在大力研究的"高度智能化交通系统"的一个组成部分,主要由道路诱导、车队行驶、防止追尾和运行管理等方面组成。安装在车辆底盘前部的磁力传感器将根据埋设在道路中间的永久性磁石进行导向,控制车辆行驶方向。车辆前部设有防撞雷达、红外线摄像机等装置,遇到障碍物时能迅速通知由电脑控制的车辆运行管理系统,紧急停驶。运行管理系统能准确判断乘客的上下车以及周围情况,自动发出行驶或停止运行的指令。

新加坡开发研制成功的"智慧型"公共汽车,其车载设备包括:电子收费卡、信用卡或其他储值卡的交通系统,数据无线电召唤服务,让驾驶员与控制中心联络的流动显示屏,以及确定方位、方向和车速的 GPS 全球卫星定位系统。

法国正在研制开发一种新型城市用公共客运车辆,这种新型车辆系统的出发点是把传统的公共汽车和有轨电车的优点很好地结合起来,车辆既能沿着固定线路运行,又能像汽车那样在路面上自由行驶。这种车辆与普通公共汽车相比,占用道路面积小,速度快,载客量大,其作为交通拥挤、道路紧张的大城市的一种公共客运系统,很有发展前途。

二、轨道交通

自从 1863 年伦敦修建第一条地铁以来,世界上许多大城市纷纷修建快速轨道交通系统,目前开通地铁的城市已达 100 多个,我国许多大中城市也在建立或正在修建轨道交通系统。快速轨道交通系统对于减轻大城市空气污染、缓解交通拥挤、提高通勤速度,都起到了很好的作用。

我国自改革开放以来,城市规模和经济建设得到了飞速发展,城市化进程加快,大量流动人口涌入城市,人员流动和物资交流频繁,使城市交通面临严峻挑战。但这些城市的公共交通方式绝大多数还是采用传统的运量不大的公共汽车和无轨电车。而现代城市在一天的客运高峰期,旅客高度集中、流向大致相同的客流现象已很普遍,低运量的交通工具已远远不能满足民众出行的需要。

城市交通系统是保持城市活力最主要的基础设施系统,是城市生活的动脉,制约着城市经济的发展。发展多层次、立体化、智能化的交通体系,将是城市建设发展中普遍追求的目标。而发展大、中、低客运量相互匹配的多种形式相结合的客运交通工具,将是实现上述远景目标的一项重大技术支持。

(一)概述

1. 含义

轨道交通系统是一种具有专用或半专用路权、限定行驶轨迹、可以成列运行的运输系统。常见的城市轨道交通形式包括地下铁道、轻轨交通、城市有轨电车、独轨交通、磁悬浮线路及通勤铁路等。轨道交通系统具有节约土地和能源、运量大、无污染(或少污染)、安全性高等特点,属绿色环保交通体系,符合可持续发展的原则,特别适应于大中城市。

2. 分类

根据《城市轨道交通工程项目建设标准》第十五条,城市轨道交通新线建设的运营规模按线路远期单项高峰小时客运能力,划分为四个类别、三个量级。各级线路相关技术特征的规定见表1-8。

各级线路相关技术特征表 表1-8

<table>
<tr><td rowspan="3">线路运能分类</td><td>Ⅰ</td><td>Ⅱ</td><td>Ⅲ</td><td>Ⅳ</td></tr>
<tr><td>高运量</td><td colspan="2">大运量</td><td>中运量</td></tr>
<tr><td colspan="2">(钢轮钢轨)</td><td colspan="2">(钢轮钢轨/单轨)</td></tr>
<tr><td>线路形式</td><td colspan="2">全封闭型</td><td colspan="2">部分平交道口</td></tr>
<tr><td>列车最大长度(m)</td><td>185</td><td>140</td><td>100</td><td>60</td></tr>
<tr><td>单向运能(万人次/h)</td><td>4.5~7</td><td>2.5~5</td><td>1.5~3</td><td>1~2</td></tr>
<tr><td>适用车型</td><td>A</td><td>B或L</td><td>B、C、L及单轨</td><td>C或D</td></tr>
<tr><td>最高速度(km/h)</td><td colspan="3">80~100</td><td>60~80</td></tr>
<tr><td>平均站间距(km)</td><td colspan="3">1.2~2</td><td>0.8~1.5</td></tr>
<tr><td>旅行速度(km/h)</td><td colspan="3">35~40</td><td>20~30</td></tr>
<tr><td>适用城市城区人口规模(万人)</td><td colspan="2">≥300</td><td colspan="2">≥150</td></tr>
</table>

注:1. A、B、C、D、L型车和单轨车的技术规格见表1-9。

2. "适用城市城区人口规模"是指人口规模能达到或超过此限的城市轨道交通线网中的主干线等级,其余线路可根据运量选用较低等级。

3. 旅行速度是指一般情况下的特征数据。当车辆最高速度大于100km/h时,有关技术标准应另行研究确定。

各类型车型计算车辆参数(m) 表1-9

项目名称	A型车	B型车	C型铰接车	D型铰接车	L型车	单轨车
车长	22.1	19.0	—	—	17.08	14.8
车宽	3.0	2.8	2.6	2.6	2.8	2.98
车高	3.8	3.8	3.7	3.7	3.625	3.84/5.3
转向架中心距	15.7	12.6	—	—	11.14	9.6
固定轴距	2.5	2.3	1.9	1.9	2.0	2.5
车厢地板高度	1.13	1.10	0.95	0.35	0.93	1.13

（二）常见的轨道交通形式

我国现阶段各城市的城市轨道交通形式主要有地铁、轻轨、有轨电车和磁悬浮等。以下对这几种形式分别介绍。

1. 地铁

根据《地铁设计规范》（GB 50157—2013），地铁是指在城市中修建的快速、大运量、用电力牵引的轨道交通。列车在全封闭的线路上运行，位于中心城区的线路基本设在地下隧道内，中心城区以外的线路一般设在高架桥或地面上。地铁是涵盖了城市地区各种地下与地上的路权专有、高密度、高运量的城市轨道交通系统（Metro），我国台湾地区也将之称为“捷运”（Rapid transit）。

1）特点及分类

根据地铁的定义可知，地铁属于车轮沿着轨道行驶的轨道交通系统，全封闭线路，独立路权，线路一般在地下，但考虑造价、土建、施工期限等综合因素也会在部分路段以地面线或高架线的形式通过。地铁车辆一般编组运行在线路上，列车编组通常由 4 ~ 8 辆组成，最多为 11 节。

2）优缺点

（1）运量大，速度快

对比公交、轻轨和有轨电车等交通形式，地铁属于大运量的快速运输方式。公共汽车每小时单向输送能力为 0.2 万 ~ 0.5 万人，轻轨为 0.5 万 ~ 3 万人，地铁能适应的单向最大高峰小时客流量可达 3 万 ~ 9 万人次/h，比地面公共汽车大 7 ~ 10 倍。公共汽车的速度为 10 ~ 20km/h，轻轨速度为 20 ~ 40km/h，地铁速度为 40 ~ 50km/h，最高行车速度可达 80 ~ 100km/h。

（2）安全准点

地铁是一种快速、准时的交通系统。由于大多采用沿线封闭，独立路权，乘坐地铁不会发生交通阻塞和相互干扰，准点率高，安全性高。

（3）节能减排

地铁以电力作为动力，能节约大量的燃油消耗，每公里能耗为道路交通的 15% ~ 40%。由于采用电力牵引，产生的废气也相对较少，对大气污染的影响较低。此外，由于大部分线路采用地下或高架形式，不利用地面，其占地少，产生的噪声污染也相对较少。

（4）造价高，建设周期长

虽然地铁具有运量大、速度快、准点率高、污染少、节约能源和土地、安全舒适等优势，但地铁也存在建设费用和运营费用高、建设工期长的缺点。地铁的工程投资巨大，每公里的地铁综合造价为 6 亿 ~ 9 亿元，如较早建设的上海地铁 1 号线每公里造价达 8 亿元。在购置地铁列车方面，上海地铁 1 号线每辆列车要 136 万美元，广州则更高，而成本控制最好的南京地铁每辆列车也达到 116 万美元。总体来说，地铁的社会效益虽好，但自身经济效益较差。

2. 轻轨

轻轨是城市轨道建设的一种重要形式，也是发展比较迅速的一种轨道交通形式。最早的轻轨系统通常是基于对旧有的有轨电车的轨道、供电、信号、车站进行改造而成的，直到 20 世纪 70 年代后期，全新的轻轨系统才开始在加拿大、美国、墨西哥等国的城市发展起来。目前，轻轨交通系统在国内外的许多城市成为一种有效的交通形式。轻轨交通系统的发展，得益于它独特的特点。

(1)中等运量

相比地铁的大运量和公交的小运量,轻轨路线单向每小时运量为1万~3万人次,对于高峰小时单向客流6 000~20 000人次的运量范围是一种有效的交通模式,因此轻轨是一种能满足各种中运量交通系统需要的交通方式。

(2)造价低,运营效果好

轻轨系统初期投资少,包括车辆在内的造价远低于地铁。由于其高效能,其运营费用和养护费用也低于地铁和公共汽车。

(3)适应性广

轻轨线路在线路定线和布置上具有选择多样化、适应性广的特点。轻轨线路既可以在陡坡和小半径曲线上运行,或者采用高架或地下立交式独立运行,也可以像有轨电车那样与其他街道交通混合运行。多方面的适应性使轻轨交通系统能够在许多条件下得到发展。

3. 现代有轨电车

有轨电车是采用电力驱动并在轨道上行驶的轻型轨道交通车辆,亦称路面电车或电车(以电力驱动的列车),属轻铁的一种。现代有轨电车是一种介于地铁与普通公交系统之间,中等运能、技术成熟、资源节约的公共交通系统,采用低地板、电力驱动并在轨道上行驶的轻型轨道交通车辆,按公交化模式运营。由于以电力驱动车辆,不排放废气,有轨电车是一种无污染的环保交通工具。与其他机动车相比,现代有轨电车有固定的轨道,具有运行可靠、舒适、节能、环保等特点。近年来,现代有轨电车在我国发展十分迅速,见表1-10。

现代有轨电车在我国发展现状 表1-10

已建城市	长春、沈阳、大连、天津、南京、苏州、上海、珠海、广州
在建城市	北京、成都、武汉、内蒙古
拟建城市	鞍山、泰州、合肥、秦州、遂宁、拉萨、常州、眉山、雅安、贵阳、大理、楚雄、三亚、海口、泉州、佛山

1)概述

有轨电车的历史可以追溯到1881年德国西门子公司生产的第一辆有轨电车,之后在世界各地兴起;20世纪初期,中国的上海、长春、鞍山等地也开通运行了有轨电车。但随着汽车工业的发展,传统有轨电车由于在道路上固定运行的不灵活性,以及在运能、速度、舒适性上无优势等因素,受到汽车产业和公共汽车的冲击,因而有轨电车线路被逐步拆除。目前,国内仅剩大连和长春还各保留有一条传统有轨电车线路,并几经改造。

20世纪70年代以来,以汽车为主导的交通模式所带来的问题日显严重,如能源危机、环境污染、土地紧缺、交通拥堵等问题,迫使欧洲发达国家重新将大容量的轨道交通作为发展城市公共交通的重点。随着轨道及车辆技术的发展,有轨电车在运能、速度、安全和舒适等运营性能上有了质的提高。20世纪90年代,在欧洲很多无法负担地铁巨额投资的中小城市,现代有轨电车以新的姿态逐步盛行,成为一种富有特色的公交方式。为与之前的系统有所区别,称之为现代有轨电车。

2)有轨电车的发展

从传统的有轨电车到现代有轨电车,世界城市有轨电车的发展经历了如下三个阶段。

(1)快速发展阶段(19世纪80年代~20世纪30年代)

19世纪80年代~20世纪30年代,是传统有轨电车的快速发展阶段。自从1881年第一辆城市有轨电车在德国诞生以来,这种以轨道作为车辆导向的大运量的客运交通工具迅速得到发展。20 世纪 20 年代，仅美国的有轨电车线总长达 25 000km。1908 年，中国第一条有轨电车在上海建成通车，成为我国城市公共交通的一个里程碑。1909 年以后，大连、北京、天津、沈阳、哈尔滨、长春等城市都相继修建了有轨电车，到了 20 世纪 30 年代，欧洲、日本、印度和我国的有轨电车有了很大的发展，有轨电车成为当时城市公共交通的主要交通工具。

(2) 衰落阶段(20 世纪 40 年代 ~ 20 世纪 60 年代)

随着汽车工业的迅速发展，西方国家私人小汽车数量急剧增长，大量的汽车拥上街头，机动性更好的公交汽车越来越普遍。由于受当时的技术条件限制，旧式有轨电车行驶在道路中间，与其他车辆混合运行，又受路口红绿灯控制，运行速度很慢，正点率低，而且噪声大，加减速性能较差，因此有轨电车逐渐被无轨公交车辆所替代。20 世纪 50 年代开始，世界各国大城市都纷纷拆除了有轨电车线路。到 60 年代末，我国各大城市的有轨电车线路基本拆完，仅剩下大连(图 1-10)、长春个别线路没有拆除，并一直保留至今。

图 1-10　大连街头的老式有轨电车

(3) 重新定位、恢复发展阶段(20 世纪 70 年代 ~ 至今)

20 世纪 60 ~ 70 年代，由于汽车数量的过度增加，城市交通又出现了新问题，造成交通堵塞，行车速度下降，空气污染和噪声严重，成为现代城市发展中面临的主要问题。为解决以上问题，世界各大城市开始大力发展地下铁道。但是地下铁道投资昂贵、建设周期长，给城市公共交通发展带来了新的问题。西方一些经济发达国家，在人口密集的城市，为满足城市公共交通客运量日益增长的需要，并结合城市不同区域运量区别，除考虑修建地下铁道之外，又重新把注意力转移到地面轨道交通方式上来，认为城市轨道交通的发展应根据城市特征和运量，采取具有不同运能、不同成本的轨道交通模式。并且着手在改造旧式有轨电车的基础上，利用现代技术，改造和发展有轨电车系统，开发出具有低噪声、低振动、省能源、速度快的高性能有轨电车，并考虑与城市的整体环境相协调，出现了现代有轨电车系统。到 80 年代，国际上一些大城市已相继建成了现代化技术很高的现代有轨电车系统。例如，法国的南特市，城市人口约 45 万，1984 年建成一条自东向西穿过市区的现代有轨电车线路，也是法国建成的第一条现代有轨电车系统，平均旅行速度可达 24km/h；美国的萨克拉门托市，市区人口约 92 万，1987 年 3 月建成了一条穿越市中心的现代有轨电车线路，全长 29.4km；我国香港地区为了配合新界西部的经济发展，修建了屯门至元朗的现代有轨电车。我国的天津泰达、上海张江现代有轨电车的投入运营，也带动了现代有轨电车系统在我国的发展。

3)现代有轨电车的特征

从有轨电车的定义可知,现代有轨电车采用低地板车辆,线路基本上敷设于路面,道路交通运营模式区别于地铁,采取依靠驾驶员瞭望这种模式。此外,现代有轨电车形成了以专业路权为主、信号优先的优先子系统。总体来说,现代有轨电车具有以下技术特征。

(1)安全

由于有轨道固定,相较其他路面交通工具,有轨电车能更有效地减少交通意外的发生。

(2)节能环保

现代有轨电车采用电力牵引,营运阶段不产生燃烧废气,零排放、低污染,符合当前节能减排、生态城市的建设需求。其人均耗能约为 0.07kW · h/座席乘客,仅相当于公交车的 1/4;有轨电车行驶时噪声为 65 ~ 75dB,比道路上的机动车要低 5 ~ 10dB,是一种节能环保的清洁交通工具。

(3)舒适、人性化

现代有轨电车一般使用 100% 低地板车辆,地板高出轨道面约 30cm,婴儿车、残疾车可以自由乘降。现代有轨电车在固定轨道上运行,钢轨与钢轮两者表面平滑,不会出现明显晃动,在采用较长车辆增大运能时,仍能保证较好的运营稳定性和乘坐舒适性,是一种舒适、人性化的交通工具。

(4)环境适应性强

现代有轨电车采用流畅美观的车辆造型,配以一体化触网、支柱、照明与网格状草坪设计,能够与旅游、文化保护等景点具有更好的适应性;转弯半径小,最小在 10.5 ~ 25m,轨道能够很好地在道路上敷设;轨道制式令其交通形象更为突出,具有更强的交通引导性。

(5)建设灵活度高

现代有轨电车系统投资相当于地铁的 1/4 ~ 1/6,具有较为合理的运量投资比;同时建设形式相对灵活,能够与道路交通混行,建设周期较短,建设时间为 2 ~ 3 年。

(6)中等运能、效率高

从国内外发展现代有轨电车系统的经验来看,现代有轨电车的高峰单向断面合理运能在 0.6 万 ~ 1.5 万人/h,同等运量及道路条件下,1 列有轨电车 = 2.5 辆 BRT = 5 辆公交车,是一种容量相对较大的中等运能公交系统。此外,现代有轨电车运营速度比常规公交快 10% ~ 20%。

有轨电车具有很多优点,但也存在占用道路资源、造价较高等缺点。在独立路权段,有轨电车需占用约 8.5m 道路宽度,与现有交通体系竞争,重新分配道路资源。现代有轨电车造价成本也比公共汽车高,对于很多中小城市来说,建造有轨电车财政压力较大。

4. 磁悬浮

磁悬浮列车是由无接触的电磁悬浮、导向和驱动系统组成的新型交通工具,主要有超导型磁悬浮列车、常导型高速磁悬浮列车及常导型中低速磁悬浮列车。

(1)上海磁悬浮列车简介

上海磁悬浮列车专线西起上海轨道交通 2 号线的龙阳路站,东至上海浦东国际机场,专线全长 29.863km,是中德合作开发的世界第一条磁悬浮商运线,如图 1-11 所示。2001 年 3 月 1 日在浦东挖下第一铲,2002 年 12 月 31 日列车全线试运行,2003 年 1 月 4 日正式开始商业运营,全程只需 8min,是世界第一条商业运营的高架磁悬浮专线。

图 1-11　上海磁悬浮列车

上海磁悬浮列车运营速度为 430km/h，部分时段运营速度为 300km/h，转弯处半径达 8 000m，肉眼观察几乎是一条直线，最小的半径也达 1 500m，乘客不会有不适感。轨道全线两侧 50m 范围内装有目前国际上最先进的隔离装置，轨道两侧 25m 处有隔离网，上下两侧也有防护设备。磁悬浮列车的车窗是透光率较高的高质量玻璃，可更好地保证乘客的乘坐体验与安全。

（2）原理

上海磁悬浮列车是“常导磁吸型”（简称“常导型”）磁悬浮列车。

磁悬浮列车利用“异性相吸”原理进行设计，即利用安装在列车两侧转向架上的悬浮电磁铁和铺设在轨道上的磁铁，是一种吸力悬浮系统。磁悬浮列车上装有电磁体，铁路底部则安装线圈。通电后，地面线圈产生的磁场极性与列车上的电磁体极性总保持相同，两者“同性相斥”，磁悬浮列车底部及两侧转向架的顶部安装电磁铁，在“工”字轨的上方和上臂部分的下方分别设反作用板和感应钢板，控制电磁铁的电流，使电磁铁和轨道间保持 1cm 的间隙，让转向架和列车间的吸引力与列车重力相互平衡，利用磁铁吸引力将列车浮起 1cm 左右，使列车悬浮在轨道上运行。

磁悬浮列车头部的电磁体 N 极被安装在前端轨道上的电磁体 S 极所吸引，同时又被安装在轨道上稍后端的电磁体 N 极所排斥，结果在后“推”前“拉”的不同作用下，使列车前进。列车前进时，线圈里流动的电流方向就反过来，即原来的 S 极变成 N 极，N 极变成 S 极。循环交替，列车向前奔驰。

（3）主要特点

①由于磁悬浮列车在轨道上行驶，磁悬浮列车运行时与轨道保持一定的间隙（一般为

1～10cm)，导轨与机车之间不存在任何实际的接触，成为“无轮”状态，故其几乎没有轮、轨之间的摩擦，因此运行安全、平稳舒适，可以实现全自动化运行。

②运行速度快，最高速度在500km/h以上。此外，磁悬浮列车加速快，启动后39s内即达到最高速度。目前的最高时速是日本磁悬浮列车在2003年达到的581km/h。

③噪声小。当磁悬浮列车时速达300km以上时，噪声只有65dB，仅相当于一个人大声的说话，比汽车驶过的声音还小。无有害废气排出，有利于环境保护；其能源消耗仅是汽车的一半、飞机的四分之一。

磁悬浮列车的使用寿命可达35年，而普通轮轨列车只有20～35年。磁悬浮列车路轨的寿命是80年，普通路轨为60年。同时，磁悬浮列车可节省建设经费，运营、维护费用低，能耗少，可靠性大、维修简便、成本低。

虽然磁悬浮列车具有高速、舒适、寿命长的优势，但其造价昂贵，投资额巨大，建设周期长，且线路运行需要单独的空间。

三、BRT

近年来，由于汽车发展过快，能源紧缺、价格昂贵，城市交通日益拥堵，城市环境恶化。快速公交系统(Bus Rapid Transit，简称BRT)被公认为应对城市交通问题的有效手段，世界上很多交通问题严重的城市，无论是发达国家还是发展中国家，都通过仿效库里蒂巴市的经验，开发并改良建设了不同类型的快速公交系统。

(一)BRT的概念和组成

BRT系统是一种高品质、高效率、低能耗、低污染、低成本，即“两高三低”的公共交通形式，充分体现了以人为本、构建和谐社会的发展理念。快速公交系统采用先进的公共交通车辆和高品质的服务设施，通过封闭式专用道路空间来实现快捷、准时、舒适和安全的服务。

1. 概念

BRT系统，是一种介于快速轨道交通(Rapid Rail Transit，简称RRT)与常规公交(Normal Bus Transit，简称NBT)之间的新型公共客运系统，是一种中运量的交通方式，通常也被称作“地面上的地铁系统”，如图1-12所示。它是利用现代化公交技术配合智能交通和运营管理，开辟公交专用道路和建造新式公交车站，实现轨道交通运营服务，达到轻轨服务水准的一种独特的城市客运系统。

图1-12 BRT

2. BRT的组成

(1)专用路段

BRT通过设置全时段、全封闭、形式多样的公交专用道，提高快速公交的运营速度、准点率和安全性。

(2)先进的车辆

BRT通过配置大容量、高性能、低排放、舒适的公交车辆，确保快速公交的大运量、舒适、快捷和智能化的服务。

(3)设施齐备的车站

BRT提供水平登乘、车外售检票、实时信息监控系统和有景观特色的建筑，为乘客提供

图 1-13　BRT 站台

安全、舒适的候车环境与快速方便的上下车服务，如图 1-13 所示。

(4)乘客需求的线路组织

BRT 采用直达线、大站快运、常规线、区间线和支线等灵活的运营组织方式，更好地满足乘客的出行需求。

(5)智能化的运营管理系统

BRT 运用自动车辆定位、GPS 自动报站、实时营运信息、交通信号优先及先进车辆调度，提高快速公交的营运水平。

(二)BRT 的优势

BRT 系统可以解决走廊内公交车的拥挤和延误等问题。

(1)节省乘客时间

节省乘客时间是实施快速公交系统的最主要优势。乘客乘坐 BRT 系统的出行速度要比乘坐公交车快得多。

(2)更加舒适、方便

除了节省时间外，BRT 系统可以提供舒适的乘车环境，使乘客的候车、乘车体验得到极大的改善。快速公交系统的车站十分宽敞，车站尺寸按乘客人数设计。目前，在高峰时段，很多公共汽车十分拥挤，乘客甚至挤不上车。BRT 系统运力得到极大提高，可以有效地解决该问题。

(3)安全性得到提高和改善

由于采用水平上下车，上下车变得更容易；乘客不必再翘首等待下一辆车，下辆车的到站信息和线路号码都会在电子站牌(图 1-14)上显示出来。BRT 系统将根据目的地不同，合理安排线路停靠不同的子站，这意味着乘客可以在同一个子站等候那些目的地大方向相同的线路，可选性更强。BRT 系统车辆内部十分宽敞和舒适，上下车更加方便和快捷。

图 1-14　BRT 站牌

(4)改善城市交通情况

BRT 系统作为城市多元化出行方式的一种，可以平衡城市交通方式的发展，缓解城市的交通拥挤，提升城市的生活环境质量，对其走廊沿线的混合交通也会产生重大和积极的影响。从常规交通中抽出并纳入 BRT 系统走廊，公交车辆及社会车流的运行速度都将得到了有效提高。

(5)节约运营及建设成本

因为实施 BRT 系统后公交车的行驶速度要比以前快得多，同时因为使用了载客量较大的车辆，所以车辆数量可以大大减少。从运营角度来看，所需车辆数目的减少不仅意味着购置车辆费用的减少，同时还意味着燃料、维护、驾驶员、停放和其他方面成本的减少。而相比轨道交通，BRT 系统可以节省巨额的投资建设费用。

(6)改善驾驶员的工作条件

BRT 系统车辆驾驶员的工作环境得到改善,驾驶环境变得更舒适,设备更先进。较高的行驶速度、不受其他车辆影响和干扰的专用车道、车外售检票(意味着驾驶员不必再监督上车乘客是否投币或刷卡,车上也不再专门设置刷卡、投币机),极大地减轻了驾驶人员的工作压力。

(7)改善城市生活条件

BRT 系统将首先为沿线的那些受时间和出行费用所限的人群带来更多的工作和商业机遇。在更深的社会层面,通过实施 BRT 系统,可以提升城市的现代化都市形象,且在满足群众出行需要和改善公共空间后,可以加强公众对城市的自豪感和归属感。

(8)提高生产力和投资环境

BRT 系统可以节省乘客、社会车辆时间,对于商业,则意味着加快和缩短货物周转时间,不仅是在 BRT 系统走廊内,对全市其他路段而言也是如此。BRT 系统走廊沿线的商铺和娱乐业,以及公交运营公司和相关附属服务产业也会从中直接受益。同时,由于员工压力减轻,生产率提高,商业效益也会提升。

(9)节省能源,保护环境

BRT 系统对改善空气质量也有好处。如波哥大和首尔修建快速公交系统工程后,空气污染水平大为下降,在 BRT 系统走廊上尤其如此。BRT 系统还能节省燃料和能源消耗,从另一方面改善空气质量。

(三)BRT 发展前景

BRT 作为一种高速、便捷、低成本、大运量、组织灵活、适应性强的公共交通运输模式,对于城市的居民出行、土地利用、城市功能划分有着非常大的影响作用,具备广阔的发展空间。我国自 1999 年昆明建成第一条 BRT 线路,截至 2017 年 2 月,我国开通 BRT 的城市已达 30 多个。特别是昆明、广州及宜昌的 BRT 系统的建设,先后获得“世界交通可持续发展奖”,从侧面证实了 BRT 系统在我国有良好的发展前景。对于正在快速城市化、机动化的中国城市,应结合自身城市现状,大力发展 BRT 系统,并不断总结经验,形成有自己特色的快速公交模式。

四、出租汽车

(一)出租汽车的定义

出租汽车是指充分满足乘客和用户意愿而被雇用的营业汽车。

出租汽车服务分为客运服务和车辆租赁服务两大类,如图 1-15 和图 1-16 所示。其中,客运服务是指为乘客提供运送服务,并按里程和时间收费的出租汽车经营活动;车辆租赁服务是指向用户出租不配备驾驶员的客运车辆,并按时间收费的出租汽车经营活动。

同样是为乘客提供服务的营业汽车,公共汽(电)车有固定的路线、站点和营运时间,而出租汽车是一种不定线路、不定车站、以计程或计时方式营业、为乘用者提供门到门服务的较高层次的公共交通工具。

出租汽车企业是服务性的经营企业。这里所说的“服务性”,是指具有公用事业的行业属性而言,这就必然确定了出租汽车企业是以社会效益为主的微利型企业。

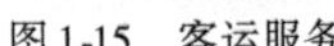

图1-15　客运服务

图1-16　车辆租赁服务

(二) 出租汽车在城市建设中的地位和作用

1. 出租汽车在现代化城市建设中的重要地位

出租汽车是我国实行改革开放政策后的一个新兴行业,也是现代城市赖以生存的重要基础设施之一,它对于推进城市改革开放具有先导性和改善投资环境的重要地位,同时出租汽车的发达程度,还从一个侧面反映了一个城市的经济发展水平和市民生活质量水平,也反映了一个城市的现代化总体水平。

2. 出租汽车在现代化城市建设中的作用

(1) 出租汽车是城市功能运行的大动脉

现代化城市是政治、经济、金融、科技、文化、信息的中心,城市实现其功能时,每时每刻都在出现人群、物资、资金、信息的大流通;出租汽车和其他城市公共交通一起,为城市人群的流动,提供着高效优质的服务,使城市充分、有效地发挥城市的功能、机制。特别是出租汽车方便、快捷的优势,更适应现代城市快节奏运行的特点,其作用将日益突出。

(2) 出租汽车是国际交往的纽带

现代化城市是国际交往中心与外来人口的聚散地。随着我国社会经济的发展、国际地位的不断提高,以及旅游业的快速发展,来华洽谈商贸,参加政治、文化活动,参观游览者日益增多,他们在我国城市活动期间,多以出租汽车为代步工具,并与出租汽车驾驶员接触频繁,因此出租汽车在对外交往中的纽带作用是不容忽视的。

(3) 出租汽车是提高市民生活质量的主要条件之一

一般市民乘坐出租汽车主要用于外出娱乐、探亲访友、就医和接驳火车、飞机、轮船等。这是城市居民继提高"衣,食、住"生活质量之后,在提高"行"的质量方面的一个突破。

(4) 出租汽车是反映城市精神文明建设水平的窗口

出租汽车从业人员在为外地流动人员和国际友人服务的过程中,其服务质量的优劣和职业道德水平的高低,从一个侧面反映了一个城市的社会风气和精神文明建设水平。所以,出租汽车从业人员为外宾服务,是代表着一个国家的形象;为外地人员服务,是代表着一个城市的形象。这充分说明这个行业窗口作用的重要性。

(三) 出租汽车的行业特征

(1) 单车流动作业

出租汽车实行单车作业,一人一车,独立地为乘客提供不定线、不定点、门到门的服务。驾驶员不但要驾驶车辆运载乘客,还要承接业务、结算租费、保管现金,因此,在一定程度上讲,每一个出租汽车驾驶员都是一个独立的生产经营者,出租汽车服务质量的优劣和营运效益的高低,主要取决于驾驶员职业道德水平和生产积极性的高低。这就要求驾驶员首先要具备一定的职业道德水准,也要具备熟练的驾驶技术和排除车辆故障的能力,还要熟悉城市街道、文娱场所和名胜古迹,掌握市场信息和客流变化规律,懂外语,并具有独立的经营能力。

(2)多种经济成分并存,多家经营,竞争激烈

与城市公用事业的其他行业相比,出租汽车具有多家经营、多种经济成分并存的特点。我国自改革开放以来,各行各业以及外商等都争先恐后地将资金投向出租汽车行业。这不但促进了出租汽车行业的迅速发展,而且形成了多家经营的局面。同时,从经济成分来看,既有国有独资企业、集体所有制企业,也有中外合资企业、私营企业和个体经营户。近年来,随着我国现代企业制度的建立,出租汽车行业出现了股份有限公司、股份合作制公司和有限责任公司。

由于多家经营、多种经济成分并存的特点,出租汽车行业率先建立了社会主义市场经济体制,形成激烈的竞争局面。这有利于服务质量的提高和行业的发展与进步。

(3)出租汽车是一个服务面广和影响大的窗口行业

出租汽车在营运服务中,接触社会各个阶层,服务对象广泛。这就要求驾驶员和其他从业人员必须具备多方面的服务知识,要求出租汽车企业领导必须坚持四项基本原则,加强经常性的政治思想教育,使企业职工具有较高的思想觉悟和民族自尊心以及良好的职业道德风尚,并能自觉地抵制社会不良风气的侵蚀。如果出租车驾驶员在服务过程中发生问题,会影响一个城市甚至国家的声誉,经营者责任重大。

(4)出租汽车是一个敏感性很强的行业

国家政策的调整、城市经济的发展规模和速度的变化,以及涉外活动和旅游业务的繁荣程度等,通常会影响出租汽车的供求关系。因此,出租汽车经营者应具备一定的应变能力,使自已在竞争中处于不败之地。

(5)出租汽车是社会上犯罪分子的主要作案对象

小轿车是一种高档商品,出租车驾驶员在车内保管现金较多,这对犯罪分子有一定的诱惑力。同时,出租汽车单车流动作业,高速行驶,驾驶员在密封空间之中,基本上与外界隔绝,车内回旋余地又很小,便于罪犯作案。因此,在出租汽车上经常发生抢劫车辆、财物的犯罪案件。这就要求驾驶员必须提高警惕和具备防劫能力,主动防止意外事件的发生,以确保乘客和国家财产的安全。

(四)出租汽车业务发展趋势

随着城市科技、经济的发展,人民生活水平的提高,城市大容量交通工具建设加快,出租汽车的业务量、业务结构及车型都将发生变化。

1.增长因素

(1)公交优先发展的政策为出租汽车的发展创造了条件

政府已明确制定了公交优先发展政策,包括对出租汽车的发展。以市民为主要服务对象的出租汽车,受到公共交通优先政策的保护。

(2)城区扩大也为出租车业务发展创造了条件

新一轮城市总体规划将使城区面积成倍扩大,居民活动范围随之扩大,这对中等运距的出租汽车业务十分有利。

(3)市民收入的增长也会给出租汽车带来业务

经济形势的好转势必提高人民生活质量，出租汽车的乘客也会增加。特别是遇到婚、丧、病、节假日等情况，出租汽车还是市民首选的公共交通工具。

2. 减少因素

(1)私家车的增长对出租汽车影响较大

虽然目前私家车不会对出租汽车业务量造成太大影响，但随着我国汽车价格的下调，小轿车进入家庭对出租汽车的影响可能较大。

(2)地铁、轻轨和公共汽车的发展，将分流部分出租车客源

随着地铁、轻轨等增加营运线路和公里数以及增加公交空调车营运，出租汽车远距离业务将有所减少。

3. 业务结构的变化

出租汽车行业既要控制车辆总量，又要满足淡旺季市场不同需求的客运服务，发展车辆租赁服务不失为一种好的措施，即总量上控制客运服务车辆，保证客运服务，又适当发展租赁车，由市场作选择和调节。这种管理模式，既保证了淡季时的业务量，又确保了旺季时的供应。

4. 车型的变化

人们选择出租汽车，除方便外，还有舒适性的要求。因此，未来出租车车型将更舒适、美观、符合环保的要求，车种更为齐全。出租汽车设施高档化也是发展的总趋势，鼓励出租车企业选用红旗、别克、奥迪等车型(图 1-17 ~ 图 1-19)，使出租车更具舒适性、美观性和环保性，满足不同层次不同乘客的需要。

图 1-17　悍马出租车

图 1-18　宁波奥迪 A6 出租车

图 1-19　上海大众出租公司的奔驰出租车

5. 服务要求的变化

随着出租汽车被市民所青睐，市民对出租汽车的服务要求也越来越高。近年来，出租汽车行业建立了“乘客满意度指数”测评体系对服务质量实施评估，并开展了中高星级驾驶员考评，乘客对服务越来越重视，要求出租车驾驶员不仅不能绕道，合理收费，还要根据乘客意愿使用空调、音响；要安全行车，还要懂得旅游常识，车内要有车厢文化、车厢环境、车厢品位，更要有有声服务、温馨服务。因此，对未来

出租汽车的服务要求将是全方位、高品位的。

五、社会客运交通

社会客运交通是指各厂矿、企业或机关、学校、团体等单位利用自备的大、中、小型客车(或改装的简易客车),接送职工上下班的客运方式。对于这类客运,行驶路线和行驶时间比较固定,其站(点)位置的设置主要根据职工居住点分布情况而确定。目前,一些大城市,如北京等,为加强对这些客运交通的管理,对其行驶路线都作了必要的规定,对其站(点)位置设置进行了必要的限制和约束,并需经公安交通管理机关的审核许可,方能设置。

课题5　私 人 交 通

一、行人交通

(一)概述

步行是最基本的一种交通方式,行人交通是城市交通综合体系的重要组成部分。在现代都市中,步行作为上班等工作出行的比重虽逐渐下降,但作为中心商业区、住宅区和各种交通方式起始点、终点及换乘的方式,步行交通有其不可替代的作用。在中小城市,步行交通在交通构成中仍占有相当重要的地位。

我国城市人口密集,一些大城市中心区的城市布局与道路系统自古就已经形成,房屋建筑密度大、用地布局、工作岗位及社会经济活动密集,繁华的商业区通常是主要干道所经过的地区,加之公共汽车交通的地面换乘等,地面交通情况复杂。主要干道两侧的人行道上,行人流量很大,加之人行道上的电线杆、站牌及停放车辆等,使人行道的有效空间减小,致使人流拥向车行道,人车不能各行其道,尤其早晚高峰车流、人流混杂,交通十分拥挤。此外,一些商业街道的横向过街人流量大,造成对车流的影响,降低了机动车的车速。大城市中心商业区过多的行人流量,一方面会造成机动车行车延误,降低道路通行能力;另一方面,行人穿行其间,增加了事故隐患。因此,解决行人交通问题对于解决城市交通问题具有重要意义。

(二)行人交通设施

城市行人交通系统是包括人行道、人行横道、人行过街天桥及地道、步行街、步行区及车站、码头的集散广场等纵向、横向及专用设施和行人共同组成的交通系统。行人交通系统应为行人建造良好的步行环境,如两侧建筑不得太高,给行人留有适当的视觉空间;人行道应平坦,没有太多混乱的信息;有休息的地方;横过街道有安全保障等。

1)人行道

人行道是城市道路的重要组成部分,不应作为车行道的附属体。城市交通规划、设计应体现以人为本的思想,为行人创造良好舒适的行走空间是其重要内容。

人行道的主要功能是承担城市居民步行交通任务,并保障其安全;同时可用来布置绿化、地上杆柱、护栏、交通标志等交通附属设施。

人行道宽度取决于道路功能、沿街建筑性质、行人交通量,在人行道上设置绿化带、地上杆柱,以及在人行道下埋设地下管线等的要求等。我国规定人行道宽度必须满足行人通行安全和顺畅，且不小于《城市道路工程设计规范》(CJJ 37—2012)所规定的最小宽度，其计算方法为：设计通行能力下，允许高峰小时的行人交通量通过的宽度。

图 1-20　人行横道

2)人行横道

人行横道是指以标线方式设定，为行人过街的通道，如图 1-20 所示。根据对危险程度所做的调查显示，在有人行横道线的地方通行，比在不设人行横道线的地方通行更安全，人行过街设施越完善的地方越安全。重视人行横道设施的设置对于保障交通安全与整治交通秩序具有明显的作用。

人行横道标线方式有两种，即条纹式(斑马线)人行横道标线和平行式人行横道标线。

(1)条纹式人行横道标线

条纹式人行横道标线为一组白色平行粗实线(斑马线)，一般漆画在未设行人信号灯的路口或路段，行人有优先权，车辆应避让来往行人，如图 1-21 ~ 图 1-23 所示。

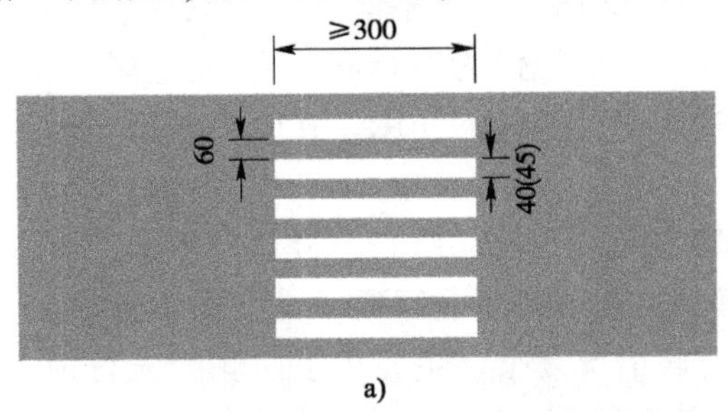

a)

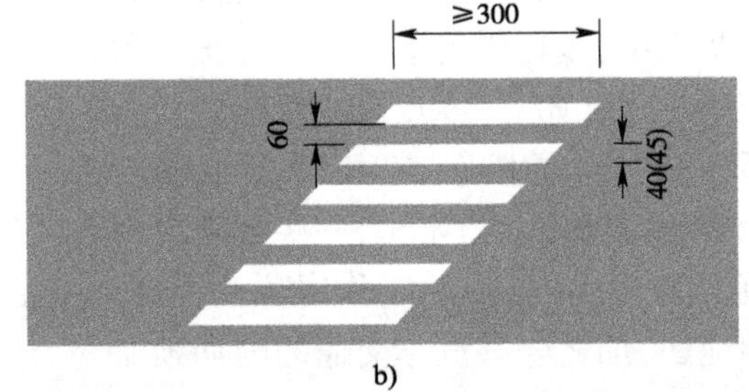

b)

图 1-21　人行横道标线(尺寸单位：cm)

图 1-22　南京中小学门口的红白斑马线

图 1-23　条纹式人行横道线

(2)平行式人行横道标线

平行式人行横道线由两条平行的白色粗实线组成，漆画在设有行人信号灯的路口，车辆与行人通过时，由信号灯决定通行权。行人通行时，只能在平行人行横道线的范围内穿过街道，同时必须观察专用行人信号灯的颜色，只有显示"绿色人形"时才可以通过，而显示"红色人形"时则禁止通行，并不是遇到人行横道线就可以随时通过，如图 1-24 所示。

人行横道的布置应以整条道路作通盘规划、设计，一般应先布置交叉口的人行横道，然后考虑在交叉口中间加设路段上的人行横道。

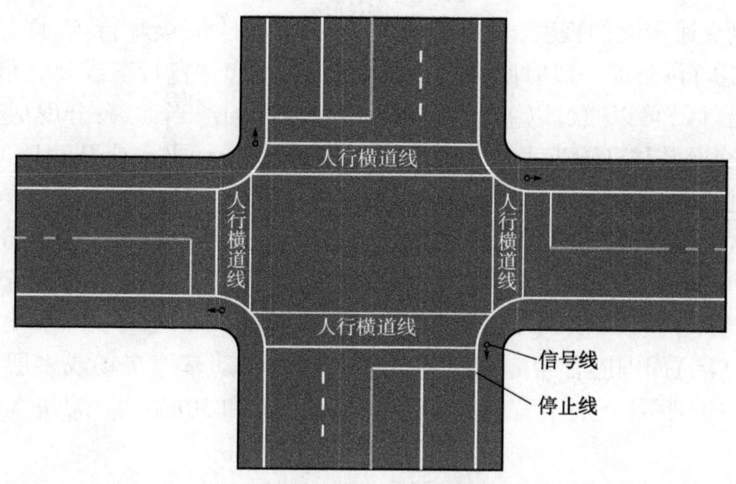

图 1-24　平行式人行横道标线

3)行人过街天桥和地道

人行过街天桥和地道是一种最彻底的人车分离的立体过街设施,可消除大部分的人车冲突,避免大量的行人过街交通对车辆交通的影响,改善和缓解城市交通矛盾,但投资较高。因为天桥及地道需要较大的投资,同时行人过街必须上下天桥或进出地道,增加了行人的不便,所以确实需要设置的地方,才能使投资见到交通效益。否则,反而会引起行人在天桥或地道之外乱穿马路。

跨越式的人行天桥和下穿式的人行地道各有优缺点,两者的比较见表 1-11,选择哪种形式需经过认真比较和仔细论证,以达到最佳的交通效果。

行人过街天桥和地道的比较　　表 1-11

比较项目	天桥	地道	比较项目	天桥	地道
建造费用	○	※	不同气候区域适应程度	※	○
日常维护费用	○	※	景观处理的难易	※	○
施工难易	○	※	便利程度	※	○
对道路交通的影响	※	○	预防犯罪	○	※

注:○代表优,※代表劣。

行人过街天桥或地道应设置在城市交通繁重、过街行人稠密的主、次干路的路段或路口处。在有地铁站的地方,可以结合地铁出入口及大型建筑出入口修建天桥或地道,既方便乘客换乘、购物,又不影响地面交通。

4)步行街及步行区

在城市中心繁华商业街道,或有大量游客集中、具有建筑艺术纪念物和历史古迹的街道或广场,划出的禁止车辆通行的行人专用道路或区域称为步行街或步行区。

这种做法,使购物与游览的行人可在步行街上自由自在地观赏、采购商品、游览与休息;同时,也避免了该地区发生交通阻塞,取得了极好的社会效果。该形式在西方国家许多城市中心区的改建中得到广泛的应用。例如,美国加利福尼亚州的步行商业街、日本的步行者天国、英国考文垂市中心步行区等。我国也有一些传统步行商业街与步行区,如开封的相国寺;上海的城隍庙、北京的大栅栏等;也开辟了一些新的步行街,如王府井大街、天津劝业场等。

按照对车辆交通限制的程度，步行街区可分为两类：①完全步行街，即任何时间不准有车辆进入；②准步行街，即一段时间内禁止车辆进入，或允许自行车或公交车进入等。

组织步行街（区）可以通过以下途径：打通街坊内部的适当通道，开辟成步行街；限制车辆进入，把车辆交通转移到附近平行街道上去；修建上层步行平台或开辟地下商业街等。应根据实际情况进行规划。

组织步行区的原则如下：

（1）步行区的规模要适应各重要吸引点的合理步行距离，考虑人的步行距离，最好不超过1 000m；

（2）步行街（区）周围应有相应规模的机动车和非机动车停车场或多层车库，它们距步行街（区）进出口的距离分别不宜超过100m（机动车）和50m（非机动车），且应散布在街（区）四周；

（3）步行街（区）距可行驶车辆的交通干道不宜超过200m；

（4）步行街区进出口距公交停靠站最好不超过100m。

想一想

步行街区可划分为哪两类？上海南京东路步行街属于哪种类型？城隍庙呢？

二、自行车交通

自行车交通是一种门到门、连续性的个体交通工具，它对道路无特殊要求，适应在一切道路和小巷内行驶，是适合中速骑行半小时以内出行距离的短程代步工具。

（一）发展现状

自行车（图1-25）作为人类的交通工具与城市交通方式之一，首先在西欧、北美的一些国家和城市得到应用和发展，最先经历了自行车交通多于汽车交通时期，如1930年哥本哈根自行车交通量占总交通量的70%，荷兰海牙1955年自行车交通量占59.5%，而机动车只占28.9%。20世纪60年代以后，随着汽车工业的发展，小汽车的普及，加之近年来交通工具不断增多，很多人已经慢慢抛弃了既能节约能源又绿色环保的自行车出行。根据美国约翰霍普金斯大学一项针对全球12.5亿个家庭的研究表明，全球范围自行车拥有量出现大幅度下滑，其中148个国家在过去几十年的平均跌幅超过了50%。

图1-25　自行车

从全球范围来讲，有42%的家庭中至少拥有一辆自行车，其中欧洲国家自行车拥有量最高，而中亚和非洲的部分区域拥有量最低。自行车拥有量最高的两个国家是中国和印度，不过中国的变化形势不容乐观，在1992年中国有超过97%的家庭拥有一辆自行车，而截至2009年这一比例跌至63.2%。在1989~2012年间，除印度和中国，全球其他国家的自行车保有量从平均60%跌至32%。

在我国，随着城市化进程的加快，特别是近几年来很多的自行车交通转向电动车出行，电动自行车产业已经连续保持了10多年的高速增长。截至2013年年底，我国自行车社会保有量为3.7亿辆，电动自行车社会保有量为1.81亿辆。我国自行车行业"三化两提高"的发展趋势进一步明显，即自行车多样化、品牌化、高端化，骑自行车人口比例、千元以上自行车比例逐步提高。

（二）自行车交通的特点

自行车可以连续骑行，单独完成出行活动，也可短途至公共交通站点（备有自行车存放场地的公交站点），驻车换乘公交车辆。由于它灵活机动，对行驶线路有很大的选择性，如遇交通受阻，即可绕道行驶，比起公交车辆在时间上有更大的保证。

从能量的观点来看，设自行车移动单位距离的能量消耗为1，则步行约为5，而私人小汽车为80。当然不能因此就否定小汽车的作用而代之以自行车，但起码能得到这样的共识，即尽量以少消耗的方式达到相同的目的。在城市，采用汽车短距离出行的效率不高，若以自行车承担2km左右的近程出行，既可节能又少污染。

从医学的观点来看，骑自行车可加大耗氧量，提高心肺机能，促进新陈代谢，减轻体重等，对健康很有好处。此外，自行车还具有年龄适应性较大、可实现门到门运输服务等诸多优点。

自行车交通的优点很多，根据它的特点，作为城市客运交通大系统中的辅助交通手段是很理想的。在公共交通系统不完善及私人小汽车发展受限制的情况下，自行车仍是我国居民普遍使用的一种交通工具。

（三）自行车道路系统

中国曾以"自行车王国"名扬海内外，但目前大多数欧洲国家人均自行车超过了中国。即便是小汽车人均占有率最高的美国，其纽约曼哈顿也已经建设了720km自行车道，规划建设自行车道长达3 000多公里。

2014年年初，我国住房和城乡建设部首次发布了《城市步行和自行车交通系统规划设计导则》，要求在2015年前，设市城市要编制完成城市步行和自行车交通系统规划。近年来，在上海、深圳、温州等城市相继出台了慢行系统专项规划，在广州、北京等城市也兴起了慢行系统规划研究和建设的热潮。自行车道路的规划、设计和建设是城市慢行系统建设的主要内容之一。

1. 自行车道的等级

按其在自行车路网中的地位和作用，分为市级自行车道和区级自行车道。

（1）市级自行车道。其承担全市性或各区间自行车交通的自行车通道，要求快速、干扰小，通行能力大。

（2）区级自行车道。其承担自行车路网系统中的集散交通的作用，可供区间自行车交通使用，也可作为区内自行车交通的主要通道。

2. 自行车道的类型

按交通组织的不同,自行车道可分为分流自行车道和混行自行车道两种,如图 1-26 和图 1-27 所示。

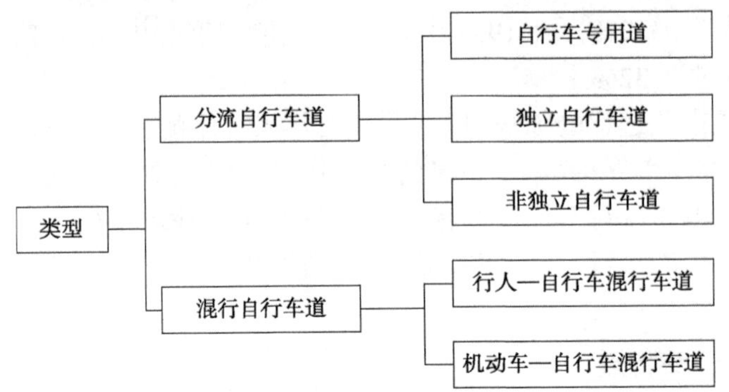

图 1-26　自行车道的类型

图 1-27　各种类型的自行车道

(1)分流自行车道。根据自行车与机动车分离或分割的程度,又可分为自行车专用道、独立自行车道(用分车带分隔)和非独立自行车道(画线分离)三种。

(2)混行自行车道。是指自行车与行人或机动车混行。按混行对象不同又分为行人—自行车混行车道和机动车—自行车混行车道。

(四)自行车交通的组织与管理

自行车交通的基本要素包括骑车人、自行车辆、道路和设施。要保持自行车交通的安全通畅、秩序良好,必须加强对自行车交通的组织和管理。

1. 自行车交通的管理

在管理上，应针对各个环节加强管理。对骑车人的管理，应经常进行法规教育，检查并督促他们遵章守纪；对车辆的管理，主要是要对自行车的供销、登记、牌照、税卡、转让、报废及存放等进行全面控制和管理，对自行车的各个部件的完好性进行严格管理；对道路和设施的管理，要做到改善不良路段及交叉口，清理占路摊贩等。

2. 自行车交通的组织

在自行车交通的组织上，根据实际情况可实行以下措施组织交通：①设置自行车专用道；②适当增加自行车道宽度；③增加隔离设施；④设自行车专用信号；⑤在路口设自行车左转候驶区。

3. 自行车专用道的设置

自行车专用道的设置需符合以下条件：

(1)专用道的设置应符合自行车交通流量、流向的要求。

在规划路线时，应将居住区、城市各级中心、大型游憩设施及交通枢纽等主要出行端连接起来，自行车出行量较大的城市中应有一条或两条与城市主要交通流向一致的自行车专用道。

(2)要与公共交通线路和行人步行系统有必要的联系，设置必要的自行车存放车场及驻车换乘大运量的公共交通站点的存放车场地。

(3)自行车专用道要设置必要的交通标志，应保证不被机动车交通或其他交通所干扰。

(4)要具备良好的行驶条件，如路线平顺，道路纵坡小，路面完好。

(5)在最易于与城市整个道路系统相连接的地段修建。

(6)在风景区内着重发展自行车专用线，可节省公共交通的运力。

知识拓展

英国：再生塑料搭建自行车道

据美国 fastcoexist 网站报道，一项调查研究结果证实，发生在分隔开的自行车道上的交通事故比在普通自行车道上的少 80%。在如纽约这样的大城市，违法停在自行车道上的汽车数目十分惊人。因此，利用物理措施将车道分隔开是一种有效的途径。

然而，要想说服政府部门采取措施将自行车道隔离开并不容易。一方面空间不够，另一方面成本过高。对此，英国的设计公司 Cyclehoop 生产出一款新型产品“穿山甲”(Armadillo，图 1-28)，有效地解决了这一难题。

图 1-28　再生塑料搭建的自行车道

据该公司总经理称，该款产品只是给机动车驾驶员稍加提醒，而非故意阻碍其通行。“穿山甲”并不高，一旦驾驶员迷失方向，他们会感受到这个凸起物的存在，并从它的边沿挪开，因此不会对轮胎造成损伤。在必要情况下，救护车或其他紧急车辆可以直接越过“穿山甲”。此外，与其他的分离器相比，“穿山甲”是由可再生塑料制成的，便于安装，物美价廉。

目前，已有很多大城市开始安装“穿山甲”，如伦敦骑车较为危险的坎登社区。“穿山甲”使交通事故发生率大为降低。

三、小汽车交通

(一)概述

1886年1月29日，德国人卡尔·本茨发明的第一辆三轮汽车(图1-29)获得世界第一辆“汽车制造专利权”，这一天被称为“汽车诞生日”。

图1-29　世界上第一辆汽车

自世界上第一辆汽车发明以来，随着科学技术与工业的发展，汽车在世界上日益普及，在大多数工业发达国家的城市中，小汽车已普及到千家万户，成为普遍应用的代步交通工具。

根据不完全统计，截至2013年，全世界已达到平均每千人拥有120辆汽车的标准。各国人口与土地面积不同，其发展水平也相差较大。发达国家平均每千人汽车拥有量已达400多辆，个别国家高达500辆以上。早在2009年，美国已有1.35亿辆汽车，平均每千人拥有440辆汽车。除此之外，加拿大每千人拥有582辆汽车，英国为513辆，德国为499辆，法国为495辆，日本为451辆。2014年4月19日，首届中美汽车产业交流峰会上，全球著名的市场调研公司尼尔森中国区业务发展副总裁于海霞公布了他们当年4月的调研结果，即美国千人汽车保有量超过800辆。

随着我国工业化进度的加快以及人们生活水平的提高，我国的汽车保有量逐年激增。2015年2月26日，国家统计局发布了《2014年国民经济和社会发展统计公报》(简称《公报》)。《公报》显示，截至2014年年底，全国机动车保有量达2.64亿辆，其中汽车1.54亿辆(包括三轮汽车和低速货车972万辆)。扣除三轮汽车和低速货车，截至2014年年底，我国千人汽车保有量达到105.83辆。

小汽车的特点是行驶路线不受限制、灵活方便，无需换乘，舒适随意，适于个人使用、全家合用，独立自主，不受外界干扰，提高了人们的工作效率，加快了生活节奏，节约了时间，改善了出行条件，扩大了活动范围，带动了产业的发展，这无疑是现代世界物质文明的一大进步。但是也应看到，由于小汽车的发展和广泛应用，特别是无计划、无控制地任意发展，在污染、交通、能源及占地等方面给城市带来了一系列难以解决的问题，使整个城市功能倾斜，城市交通已逐渐失去了它原本的服务本质。

小汽车的快速发展没有加快交通速度，却加剧着空气、噪声污染，充斥、堵塞着城市空间。巨大的停车场代替了街心公园，无休止的道路扩建侵占了城市的剧院、艺术馆、绿茵场，使城市乃至郊区失去了原有的宁静。而在汽车总量还很少、耕地也很短缺的发展中国家，筑路的潮流正是方兴未艾。发展中国家快速增长的汽车数量使汽车与庄稼之间的争夺战不断上演。在我国和印度这两个人口之和占世界总人口38%的国家里，这种冲突甚至会影响全球食物供应安全。

根据国外城市交通发展趋势，小汽车无论普及到什么程度也不可能完全取代公共交通，相反，许多城市已掀起了弃小汽车而用公共交通的热潮。1994年3月，伯明翰、利兹、爱丁堡、阿姆斯特丹等34个欧洲城市成立了无汽车城市俱乐部，其宗旨是"共同努力逐渐减少城市地区的私人小汽车，并争取进一步达到在城市完全禁止与经济活动无关的私车运行"。因此，小汽车交通，并不是解决城市交通问题的手段，它只是人们跑得更快的梦想在科学技术上的实现，在城市交通系统中，对于小汽车交通，应在符合整体利益的前提下，适当引导及规制，才能健康发展。

（二）我国小汽车的发展

我国的汽车产业起步较晚，新中国成立后，1953年第一汽车制造厂在长春破土动工，中国有史以来第一次建设自己的汽车厂。1956年，首批12辆解放牌汽车在长春第一汽车制造厂试制成功，结束了中国不能批量制造汽车的历史。1958年5月5日，中国第一辆自己制造的轿车——"东风"在一汽诞生，从而开启了我国民族轿车工业的新篇章。

1985年，第一个轿车合资企业上海大众成立，标志着中国的现代化轿车工业的开端。随后，广州标致汽车公司成立。此外，我国还引进了夏利、奥迪等车型。20世纪90年代中前期，中外合作以及技术引进进一步深入，全国主要引进车型的国产化率达到80%以上，质量也显著提高，而车价大幅度下降，轿车开始迅速进入百姓家。1998年，我国轿车产量达到43万辆，大约占汽车总产量的40%，汽车产业结构已经发生根本性的转变。从1998年之后，乘用车销量开始超过商用车销量。汽车工业也从载重汽车到轿车发生重大变化。中国汽车工业在2001年年底中国加入WTO后，进入了一个市场规模、生产规模迅速扩大时期；全面融入世界汽车工业体，并向汽车产销大国迈进。2009年，我国汽车全年产销量首次超过美国，跃居世界第一，但是千人汽车保有量还不足50辆。到2014年年底，我国的全国民用汽车保有量已达到14 475万辆，千人保有量首次超过百辆，达到105.83辆/千人。

我国的汽车产业发展迅速，当以机动车化作为交通现代化目标的时候，应注意到中国大城市内外部条件与当年欧美发达国家的主要城市有本质差别，即我国的大城市在机动车化之前，就已形成了高人口密度的城市结构。这意味着我国的城市将没有机会像欧美城市那样，有一个相对较缓慢的城市交通系统与汽车工业技术相互适应与进化的过程。在我国经济继续增长的条件下，人民收入不断增加，短短几年的时间内已有大量的机动车（特别是小汽车）涌入我国的城市。如果没有政府的引导与管制，小汽车交通将成为我国大城市交通的大问题。

（三）城市发展小汽车的利弊

1. 适当发展小汽车的有利因素

（1）有利于建立合理的城市交通结构

多样化的交通方式是出行者的迫切需求，也是大城市交通结构本身的需要。在城市中，出行者的交通需求各不同，出行的性质、出行时间与出行距离等各不相同，公共交通方式并不能完全满足这些要求,小汽车以其本身的优势,可以提供舒适、快捷的交通服务,满足人们出游、观光、探亲访友、就医看病、参加各种社会活动的要求,又可补充城市交通结构的不足,为出行提供多元化选择的条件。这种多元化的交通结构可彼此相互补充,为居民出行创造良好方便的交通条件。

(2)有利于建立合理的城市结构

小汽车的适当发展可以扩大居民的空间活动范围、居民的就业与住宅的选择范围,增强出行的主动性、随意性,使城市布局趋向于合理,有利于加快城市现代化水平进程,提高交通可达性与服务水平,增强城市活力。

(3)有利于改变市中心区的拥挤状况

当今许多大中城市都普遍存在市区人口过密、布局过于集中、市中心区过分拥挤等问题,造成环境质量下降,用地紧张,交通拥挤。小汽车的适当发展可以使部分市中心的居民外迁,从而改善中心区环境质量,缓解中心区的拥挤状况。

(4)有利于促进相关工业的发展

根据有关工业专家的论证,发展和普及汽车必将带来相关产业的发展,如钢铁、塑料、玻璃、机械、动力、电子、橡胶、燃料等工业的发展,而且对于调整产业结构、繁荣经济、增加人员就业、推动工业与国民经济的发展也具有良好的作用。

2. 发展小汽车的不利因素

(1)给城市用地、道路设施造成困难

城市地理学与城市经济学的研究证明,城市本身在一定的技术条件下有其理想规模,过大则会产生规模不经济。而分配给交通运输系统使用的土地,包括道路与停车场也是有一定比例的,一般在总土地面积的15% ~25%较为合理。对城市交通系统而言,小型汽车与大中型公交车辆最大的差别就在公交车的路面利用率远高于小汽车。因此,对于人口密度大的城市实行公共交通优先政策是在情理之中的。

(2)造成环境污染

各种机动车尾气是城市空气污染的主要原因之一,大城市60%的CO污染,50%的氮氧化物污染以及30%的碳氧化物污染均是由机动车排放的尾气带来的。

(3)造成能源紧缺

我国是一个拥有世界1/5人口的大国,支持小汽车化的能源条件的重要程度不能与日本、新加坡等国家在小汽车化进程中所遇到的能源问题相提并论。据统计,2012年上半年全国燃料油表观消耗量1 990万t,全年约4 000万t,其中车辆耗油约占55%,计算下来全国汽车每天耗油大约6万t。

(4)造成公共交通服务质量下降

在收入与小汽车拥有量和使用量成正比关系的同时,道路与公共交通服务质量下降也将形成恶性循环。小汽车化引发的日趋严重的交通拥挤状况将对公共交通的运营带来难以克服的困难。北京等城市在20世纪80年代的经验表明,由其他社会车辆引发的交通拥堵致使公共汽车运营速度逐年下降。为了维持原有的客运能力,势必要扩大车队,增加司售人员,运输成本每年递增30%,不仅使政府和经营者苦不堪言,而且使公交逐渐失去应有的吸引力,以致出现公共客运连年滑坡的局面。这些问题最终都可以归结于使用小汽车带来的外部不经济性。

这里值得一提的是,有名的Downs定律。Anthony Downs在1962年提出所谓“交通需求总是趋于超过交通设施供给能力”的定律。他解释说，新的道路建设固然降低了出行时耗，但同时也引发了新的交通需求于是经过一段时间之后，最终又恢复原来的拥挤水平。世界银行专家 S. Stares 先生经过大量的调查研究，得出这样一个严峻的结论：无论怎样加速道路建设，提高道路运行效率，真正要解决道路拥挤问题则不得不控制和正确引导交通需求，别无选择。任何小汽车的拥有者和小汽车制造者都不会轻易放弃他们投入了大量资金所获得的运输方式。若不能及时地对小汽车的使用实行规划与限制，以小汽车为主的城市交通模式一旦形成，无论再用什么方法和手段都将无法挽回其缺陷。

思考与练习题

一、选择题

1. 运输系统生产的产品是(　　)。

A. 乘客　　B. 货物　　C. 乘客或者货物　　D. 客货的位移

2. 10 万 t 大米从武汉运往上海，应选择哪一种交通运输方式较为合理？(　　)

A. 铁路　　B. 公路　　C. 水路　　D. 航空

3. 由两类功能和服务水平不同的线路组成，能够提供公交车客位利用率和公交资源利用率的线网类型是(　　)。

A. 多中心放射型线网　　B. 棋盘型线网

C. 主辅结合型线网　　D. 环线型线网

二、填空题

1. 完成交通运输任务的三个必要物质条件是__________、__________和__________。

2. 人行横道分为__________和__________两大类，无行人信号灯的路口应该设置__________人行横道线。

3. 任何时间不允许任何车辆进入的步行街(区)称为__________。

三、思考题

1. 你认为上海的城市交通结构类型应该是怎样的？

2. 城市公共交通的特性是什么？如何理解其服务的不均衡性？

3. 试从不同方面对轨道交通、BRT 与城市地面常规公交进行比较。

项目2　交通特性

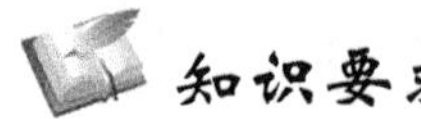

知识要求

1. 掌握驾驶员的交通特性；
2. 熟悉乘客和行人的交通特性；
3. 了解自行车摩托车的交通特性，掌握小汽车的交通特性；
4. 熟知交通量的概念和时空分布特性，并能够进行相关计算；
5. 掌握速度特性和密度特性。

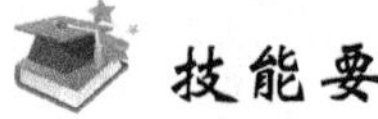

技能要求

1. 能够分析驾驶员交通特性与交通安全、交通设施设置之间的关系；
2. 能够分析交通量的时空特性对交通运输组织和交通管理的影响。

交通特性分析是交通理论研究的一个基本部分，是进行合理、科学的交通规划、设计、运营和管理的前提和基础。由于交通系统是由人、车、道路和环境共同组成的一个复杂系统，对交通特性的分析即对交通系统的各要素的自身特性及各要素间的相关特性进行分析。从交通参与者、交通工具及交通流运行特性三个方面对交通系统中的人、车、交通流的特性进行分析。

课题1　交通参与者的交通特性

人是交通需求之源，也是交通系统中最活跃的因素，是影响交通安全最关键的因素之一。人的因素不仅涉及交通安全，而且贯穿整个交通工程学的各个方面。汽车的结构、仪表、信号、操纵系统应当适合驾驶员操纵，交通标志的大小、颜色、设置地点应考虑驾驶员和骑行者的视觉机能，道路线形的设计要符合驾驶员的视觉和交通心理特性，行人交通设施的建设要考虑行人的行走特性、过街心理等，制定的交通法规、条例应合情合理等。此外，人也是改善交通系统之主。因此，交通系统应以人为主。

在整个交通系统中，除了交通管理者，在实际的交通行为中，最主要的就是交通参与者，即驾驶员、乘客和行人。三大类别的交通参与者对交通行为的参与程度不同，交通特性不同，相应的对交通安全的影响也不同。

一、驾驶员的交通特性

道路交通系统中的人包含驾驶员、行人和乘客，其中驾驶员的可靠性对交通安全有决定性影响。驾驶员的可靠性一般理解为在具体条件下和指定时间内，按预定的准确度完成预期任务的能力。驾驶员的可靠性取决于驾驶员的技术熟练程度、个性、感受信息的特性，以及在周围环境下这种特性随时间的变化。

交通事故统计表明，在发生车祸的直接或间接原因中，有80%～90%与驾驶员有关系。因此，在讨论人的交通特性时，将重点讨论驾驶员的感觉、知觉、视觉、反应、注意及疲劳等特性，根据目前的研究水平，尽量予以定量分析并说明这些特性与交通安全的关系。

（一）驾驶员的感觉、知觉与信息处理

1. 感觉

人对客观事物的认识是从感觉开始的。感觉是客观刺激作用于感觉器官所产生的对事物个别属性的反映。人体器官具有不同的感觉，分为两大类：第一类是外部感觉，包括视觉、听觉、嗅觉、味觉和触觉；第二类是反映机体本身各部分运动或内部器官发生的变化，这类感觉的感觉器位于各有关组织的深处（肌肉）或内部器官的表面（胃壁、呼吸道），这类感觉有运动觉、平衡觉和机体觉。

对于驾驶员，不同的感觉可以为驾驶员提供不同的信息。驾驶员通过视觉获取80%的交通情况的信息，驾驶员根据听到的声音信息区分汽车机件的故障；用手操纵转向盘，用脚踩踏板，手和腿每个关节肌肉的感觉给驾驶员提供行车方向和行车速度的信息；平衡感觉向驾驶员发送物体在空间位置的信息。根据这些感觉，驾驶员可以判断车速、前进方向、相对位置和距离，进一步决定采取的操作，确保行车的安全。

2. 知觉

知觉是客观事物直接作用于感官而在头脑中产生的对事物整体的认识。通常我们所谓的看见物体，不仅意味着感觉到了物体的颜色或气味，而且意味着断定了物体的形状和数量。只有知觉才能断定物体的性质。例如，驾驶员在行车过程中先区分道路上的物体是石头还是纸，是硬的还是软的，是尖的还是圆的，而后决定保持行车方向还是改变行车方向或者改变行车速度。

知觉的过程是可以理解物体和现象之间联系的过程，在知觉的基础上，形成所谓“深度知觉”，如目测距离、估计时间等。驾驶员凭借这种特性正确地判断交通情况。

3. 信息处理

驾驶员通过视觉、听觉、触觉器官从交通环境中获得信息，经过大脑进行处理，做出判断，再支配手、脚等运动器官，操纵汽车，使汽车按驾驶员的意愿在道路上运行。这个过程包括信息感知、分析判断和操作反应三个阶段。

（1）信息感知阶段

信息感知阶段是驾驶员收集并理解信息的阶段。在这个阶段，驾驶员通过视觉、听觉、触觉等感觉器官来感知行车的环境、条件和信息，如道路线形、交通标志、其他人和车状况等。

（2）分析判断阶段

分析判断阶段是在感知信息的基础上，结合驾驶经验和技能，把感知到的信息与自己的经验、车况进行对比，决定采取有利于汽车安全顺畅地行驶的相应措施。

（3）操作反应阶段

操作反应阶段是驾驶员处理信息的最后阶段，也是肢体的操作反应阶段。在该阶段，驾驶员依据判断决策所做出的实际反应和行动，具体采用手、脚对汽车实施的控制，如加速、制动和转向等。

总的来说，驾驶员行车的过程，就是信息感知、判断决策和操纵反应三个阶段不断循环往复的过程。如果在信息的搜集、处理、判断、操作的某一环节上发生差错，就可能引起交通事故。所以,驾驶员的可靠性对交通安全有决定性影响。

(二)视觉

1. 视力

为驾驶员提供信息感知的感觉器官中,视觉起到最重要的作用,视觉给驾驶员提供80%以上交通情况的信息。

眼睛分辨两物点之间最小距离的能力称为视力。视力有静视力、动视力和夜间视力之分。

静视力是待检人员站在视力图表前,距视力表5m,依次辨认视标测定的视力。我国《机动车驾驶证申领和使用规定》中对视力的要求是,申请大型客车、牵引车、中型客车、大型货车、城市公交车、无轨电车或者有轨电车准驾车型的,两眼裸视力或者矫正视力为对数视力表5.0以上;申请其他准驾车型的,两眼裸视力或者矫正视力为对数视力表4.9以上。无红绿色盲。

驾驶员在行车过程中的视力称为动视力。动视力要受到静视力和行车速度的影响。动视力好的前提是静视力要好,但静视力好动视力不一定会好,它还受到行车速度的影响。随着汽车速度的提高,视力明显下降。例如,以60km/h的速度行驶,驾驶员能看清车前240m的标志;而以80km/h的速度行驶,则在接近160m处才能看清,车速提高33%,识认距离减小36%。视力与车辆速度之间的关系如图2-1所示。

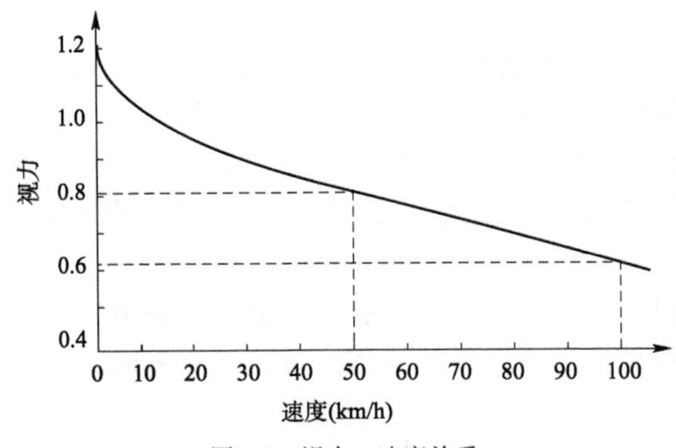

图2-1 视力—速度关系

此外,视力下降数值与驾驶员的年龄也有关系。年龄越大,视力随车速增加而下降的幅度越大。

夜间视力受某些因素的影响。位于明亮地方的物体,容易被人看见,位于黑暗之中的物体,不易被人看见。照度增加,视力提高。在照度0.1~1 000Lx范围内,两者为直线关系。黄昏时间对驾驶员最不利,开启前照灯的照度与周围光照度相等时,不易看到周边车辆与行人。

夜间照明微弱,视网膜上的圆锥细胞不能工作,视力主要依赖分布于周边上的圆柱细胞的活动。专管夜里看东西的圆柱细胞不能分辨颜色,所以白天非常鲜艳的黄、红、橙色,天黑后被感知为暗蓝色,但白天并不鲜明的青色天黑后反而惹人注目。夜间行车,在无外部照明,只用汽车前照灯照明的条件下,能发现各种颜色的距离和能辨认物体的距离见表2-1。

夜间驾驶员辨认距离 表2-1

衣物的颜色	白	黑	乳白	红	灰	绿
能发现某种颜色的距离(m)	82.5	42.8	76.6	67.8	66.3	67.6
能确认是某种物体的距离(m)	42.9	18.8	32.1	47.2	36.4	36.4
能断定其移动方向的距离(m)	19.0	9.6	13.2	24.0	17.0	17.8

由表2-1可见，一个身穿白色衣服的行人，当他距车82.5m左右，驾驶员就能看到有白色物体；距车42.9m左右，能断定是一个人；离车19m，则可看清人的动向。若是穿黑色衣服的行人，离车9.6m左右，驾驶员才能看清他是横过道路还是沿着道路行走。驾驶员应当记住这些数字，借此判断距离。例如，当看清前面的红色是一位身着红衣的妇女时，那就说明她离车子的距离已小于47m。若能看出她与汽车反方向行进，那她离汽车已经不足24m了。

因为汽车前灯光线较低，所以物体在车前的位置越低，夜间越容易被发现。交通标志立杆的下部，应经常清洗刷漆，以便于驾驶员发现。

一般而言，明度对比大的物体容易确认，但确认距离比白天短53%。加强交通标志的颜色对比，有助于驾驶员较早发现，以便及时采取措施。

夜间行车，自发现路上有物至确认路上有何物的距离之差，对交通安全影响很大，应在道路系统中采取措施增大发现物体距离与确认物体距离的差值。

2. 视觉适应

视觉器官由于光亮程度的突然变化而引起的感受性适应过程称为视觉适应。视觉适应分为暗适应和明适应两种情况，由明处到暗处，眼睛习惯，视力恢复，称为暗适应；由暗处到明处，眼睛习惯，视力恢复，称为明适应。

暗适应通常较明适应所需时间长。例如，入暗室时，成为习惯所需时间约为15min，若完全适应，则需30min以上。适应速度的快慢，受照明强度的影响，明适应较快，不过数秒至1min。

眼睛在明亮的白天和黑暗的夜间，虽然能通过瞳孔的变化来适应环境，发挥视觉功能，但对明暗的突然变化不能立即适应。特别是由明到暗，比由暗到明更慢，见表2-2。一般由隧道外面进入隧道，大约发生10s的视觉障碍，这成为肇事原因。在隧道出口产生的视觉障碍，大约在1s，故问题不大。因此，在隧道入口处应设有缓和照明，以减少视觉障碍，或在路旁设立“隧道内注意开灯”的标志，引起驾驶员注意。

明暗适应

表2-2

适应 地点	暗适应	明适应
暗房	5~10min	10~15s
隧道	4~10s	1~5s

3. 视野

两眼注视某一目标，注视点两侧可以看到的范围称为视野。

将头部与眼球固定，同时能看到的范围为静视野。若将头部固定，眼球自由转动，同时看到的范围为动视野。动视野比静视野大，左右约宽15°，上方约宽10°，下方无变化。正常的单眼视野范围，颞侧为90°，鼻侧为60°，上方为55°，下方为70°。两眼的视野可达160°。

驾驶员的视野与行车速度有密切关系，随着汽车行驶速度的提高，注视点前移，视野变窄，周界感减少，如图2-2所示。

行车速度越高，驾驶员越注视远方，视野越窄，注意力随之引向景象的中心而置两侧于不顾，结果形成所谓隧洞视，与引起瞌睡的情况相类似。因此，在设计道路时，应在平面线形中限制道路直线段的长度，强制地促使驾驶员变换注视点的方向，避免打盹肇事。

此外，在汽车行驶的过程中，靠近路边的景物相对于驾驶员眼睛的回转角速度若大于72°/s时，景物在视网膜上就不能清晰地成像，使人感到模糊不清。所以，车速越高就越看不清路边近处的景物。因此，交通标志的设置要与驾驶员有一定的距离。根据试验，当车速为

64km/h 时，能看清车辆两侧 24m 以外的物体；而当速度达到 90km/h 时，仅能看清 33m 以外的物体；小于 33m，则无法识别物体。

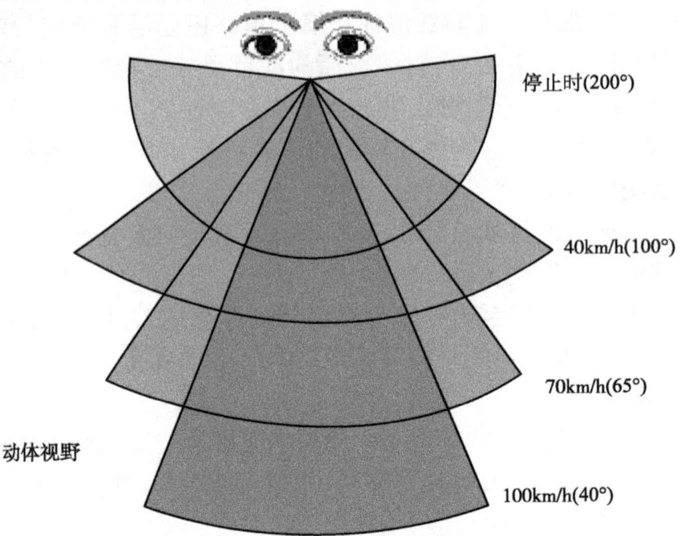

图 2-2　不同车速时的视野

驾驶员年龄增大，周边视力减退，识物能力下降。戴眼镜的驾驶员，视野略窄些。

此外，行车过程中，驾驶员的视野还要受到车体等物体的遮挡，会在一定范围内形成视野的盲区（图 2-3），驾驶员及行人在交通行为中都应注意到驾驶员尤其是大车驾驶员的视野盲区，提高交通的安全性。

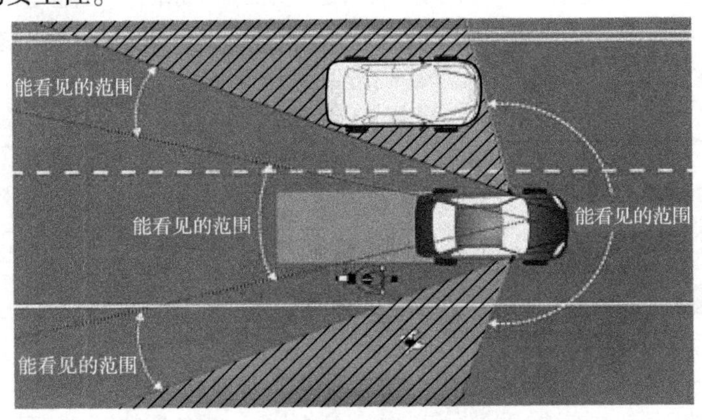

图 2-3　视野盲区

注：图中画“斜线”部分为视野盲区。

图 2-4　眩光

4. 耀眼（眩光）

若视野内有强光照射，颜色不均匀，使人的眼睛产生不舒适感，形成视觉障碍，这就是耀眼，也称眩光。夜间行车，对向来车的前照灯强光照射，最易使驾驶员产生耀眼现象。耀眼是由眩光产生的。眩光会使人的视力下降，下降的程度取决于光源的强度、视线与影响光间的夹角、光源周围的亮度和眼的适应性等多种因素，如图 2-4 所示。驾驶员夜间行驶，多数遇见的是间断性眩光。

为了避免眩光影响，可采取交通工程措施，如改善道路照明，设防眩网，设道路中央分隔带并植树遮蔽迎面来车的灯光等，如图 2-5 ~ 图 2-8 所示。此外，还可以采用正在研究的汽车前灯用偏光玻璃做灯罩、防眩眼镜和驾驶员内服药物等。

图 2-5　中央分隔带

图 2-6　防眩板

图 2-7　路灯照明

图 2-8　防眩网

强光照射中断后，视力从眩光影响中恢复过来需要 3 ~ 10s 的时间，不同的年龄和身体状况其恢复时间不同，见表 2-3。一般正常人群在眩光发生时，从亮处到暗处大约需 6s，从暗处到亮处约需 3s 的恢复时间。

眩光视力恢复时间　　表 2-3

人群类别	视力恢复时间(s)	人群类别	视力恢复时间(s)
健康正常的青年	3	醉酒者	45
老人	10		

5. 色视觉

能引起视觉的电磁波称为可见光，可见光只占电磁振荡全部波长的很小一段，在可见光波长范围内，不同波长的感觉阈限不同，可见光的波长为 400 ~ 760nm。可见的颜色是从波短的紫色到波长的红色之间的颜色。波长在此范围以上的称为红外线，在此范围以下的称为紫外线。

颜色有三个属性，而色相、明度和彩度。

(1)色相。其反映各种具体色彩面貌的属性。色相取决于物体反射光的波长，是物体颜色在质方面的特性。红、黄、蓝为彩色的基本色。客观世界色彩缤纷，肉眼所能辨别的也不过几万到十几万种，而大多数色彩人们无法命名。

(2)明度。其反映彩色的明暗程度。就视觉反应而言，可将明度理解为反射光引起视觉刺激的程度,如浅红、深红、暗红、灰红等明度变化。

(3)彩度。其是指颜色的纯度。当一个颜色的色素含量达到极限时,正好发挥其色彩的固有特性,正是该色相的标准色。

不同的颜色对驾驶员产生不同的生理心理作用,如图 2-9 所示。如红色显近,青色显远;明度高的物体视之似大,显轻;明度低者,视之似小,显重等。

图 2-9 不同颜色的感觉变化

从远处辨认颜色的顺序为红、黄、绿,如图 2-10 所示。表面色易读顺序为黑/黄、红/白、绿/白、蓝/白、白/蓝、黑/白(分子为表面色,分母为底色)。红/黄色虽不易读,但最能唤起人们的注意,我国制定的交通标志,就按照易读的原则把警告标志都定为黄底黑色图案。

图 2-10 远处辨认颜色的顺序

6. 视觉敏锐条件

理论上,视觉可以感知视野范围内的所有物体,但不同部位的物体被感知的程度不同。在 3°~5°的锥体内,视觉最敏锐;在 5°~6°的锥体内,视觉十分敏锐;在 10°~12°的锥体内,视觉清晰;在 20°的锥体内,有满意的视觉,如图 2-11 所示。

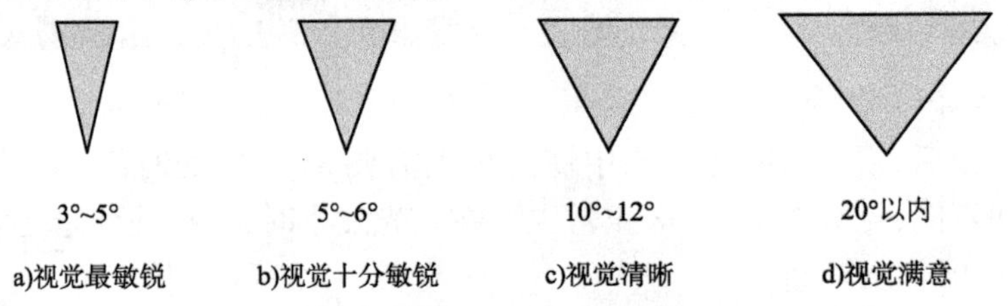

图 2-11 不同角度范围内的视觉敏锐程度

在垂直面上,视觉敏锐程度只是水平面上视觉敏锐程度的 1/2~1/3。

研究表明,辨认出道路路标上字母的能力,随着眼的光轴与到字体方向间夹角的增大,很快地降低。如果该夹角在 8°以下时,有 98% 的驾驶员能准确地分辨字母,那么该夹角增大到 16°时,就只有 66% 的驾驶员能准确辨认出字母。

驾驶员的年龄对视觉敏锐度有影响,若取 20 周岁的视觉敏锐度为 100%,那么 40 周岁的视觉敏锐度为 90%,60 周岁的视觉敏锐度为 74%。

7. 错觉

错觉是在特定条件下产生的对客观事物的歪曲知觉。人们观察物体时,由于物体受到形、光、色的干扰,加上人们的生理、心理原因会误认物象,产生与实际不符的判断性的视觉误差,即错觉。

错觉可能是生理和心理原因引起的。同一分析器内部的相互作用,不同分析器所提供的信号不一致,当前的知觉与过去的经验相矛盾或者思维推理上的错误等,都是造成错觉的原因。

如对图 2-12 ~ 图 2-14 中的图形人们会产生错觉。

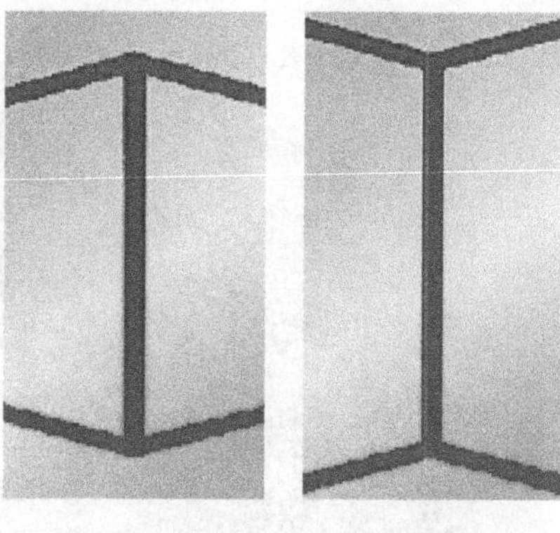

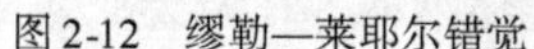

图 2-12　缪勒—莱耶尔错觉

图 2-13　编索错觉

错觉是知觉的一种特殊形式，它是人在特定的条件下对客观事物的扭曲的不符合客观实际的知觉，也就是把实际存在的事物扭曲的感知为与实际事物完全不相符的事物。错觉包括几何图形错觉（高估错觉、对比错觉、线条干扰错觉）、时间错觉、运动错觉、空间错觉以及光渗错觉、整体影响部分的错觉、声音方位错觉、形重错觉和触觉错觉等。

对于驾驶员，影响行车安全的错觉包括距离错觉、速度错觉、弯度错觉、颜色错觉和光线错觉等。

（1）距离错觉

对于路上各种类型的车辆，驾驶员有时会对来车的车长、会车间距、跟车距离产生错觉，使会车的距离不够和跟车的距离过近而导致事故的发生，如图 2-15 所示。常见的有：同样距离，白天看起来近，而在夜间较昏暗时感觉远；前面是大车时感觉距离近，是小车时感觉距离远；后视镜中看起来近，实际并没有那么近。

图 2-14　老妇少女

图 2-15　距离错觉

（2）速度错觉

行车过程中驾驶员大多是根据观察到的景物移动作参照物来估计车速的，并不是完全依靠车辆自身车速表的指示针来判断。路边景物多时易高估车速，景物少时易低估车速；长时间以某一速度行驶后会对该速度产生适应，对其余速度易于错估，特别是误将高速低估是非常危险的。机动车从郊区驶进城区易发生追尾撞车事故，就是这个原因。

（3）弯度错觉

驾驶员在公路上行驶的快慢，经常随公路的弯度而改变。变速的程度如何也会造成错觉。一般对于未超过半圆的圆弧，驾驶员通常感觉到的曲率半径总是比实际的小，圆弧的长度越短越感到曲率半径小,如图 2-16 所示。在连续转弯的山道上行驶,驾驶员会感到山区比平地容易转弯,所以在行驶中高速连续急转弯是很危险的。

图 2-16　弯度错觉

(4)颜色错觉

在市区等交通复杂路段,周围景物五颜六色,相互交错,容易分散驾驶员的注意力,特别是夜间,容易将路口红绿灯当成霓虹灯;把停驶车辆的尾灯当成行驶车辆的尾灯;把前车的刹车灯错看成尾灯等。另外,夏季戴墨色太阳镜时易将浅色物体过滤掉,产生错觉。

(5)光线错觉

太阳光、反射物体的亮光、车头迎光、夜间远光灯强光等会使驾驶员的视觉一时难以适应,如平头车的明亮车窗、阳光下路旁树木交替变换的阴影、原野上积雪的反光、进出隧道时光线的变化等,都容易使驾驶员产生眩晕,形成光线错觉,从而导致操作失误,如图 2-17 所示。

图 2-17　光线错觉

(三)反应

1. 反应的定义、分类和影响因素

反应是回答某种刺激所产生的动作。驾驶员感知信号,经过辨认、判断、采取动作并使动作发生效果所需要的时间称为反应时间。

反应有简单反应与复杂反应之分。简单反应是指人对单一刺激做出的确定反应。在简单反应中,大脑中枢活动比较简单,除该刺激信号外,驾驶员的注意力不为其他目标所吸引,不必过多地考虑与选择,就能立即做出反应。简单反应所需的时间称为简单反应时间。在试验室条件下,驾驶员从眼到手这种简单反应,如要求按响喇叭,通常需要 0.15 ~0.25s;从眼到脚这种简单反应,如要求快速踩下制动踏板,约需 0.5s。

复杂反应是指被试者对各种可能出现的不同刺激物做出的不同反应，根据选择出的信号，做出回答动作。复杂反应大脑中枢活动较为复杂，包括识别、判断和选择等因素，故也称选择反应。如操纵汽车时，驾驶员同时要观察许多目标，即车辆和行人交通情况、道路状况、各种标志和停车位置等。驾驶员应当对外界刺激产生正确反应，并协调自己对诸多因素的动作。可见汽车驾驶工作基本上属于复杂反应，因为它要对错综复杂的道路交通信息进行识别、分析、判断，最后做出决策，因此，要求驾驶员在行车中要对各种信息做出正确而且迅速的反应。复杂反应的特点是刺激信号内容多而复杂，需要思考与选择，其复杂程度取决于交通量大小、汽车和车流中其他车辆的速度等多种因素。复杂反应时间比简单反应时间要长，长短取决于反应复杂程度、驾驶员的训练情况、心理生理状态、疲劳影响、疾病或酒精作用等。

随着客观情况复杂程度的增加，反应时间增长。如在有信号控制的交叉路口的入口街道上，自由行驶的车辆对红灯制动反应时间平均为 0.5s。在车流量很大且行人很多的街道上，由于驾驶员要进行观察，对相同信号的制动反应时间增加到 1.2 ~1.5s。

反应时间的长短取决于驾驶员的性别、年龄、个性、对反应的准备程度，以及工作经验。年龄或性别不同的驾驶员，即使其他情况相同，肯定也会有不同的反应时间；年龄、性别、工作经验相同的驾驶员，反应时间也可能因个性、心理状态等的影响而不一样。

应当注意的是，反应时间不单指快，而且驾驶员要动作正确。驾驶员没有权力为了避免撞车，不考虑采取的措施如何而一味地快，这样会招致更为严重的后果。

在城市复杂的交通条件下，从众多的危险之中发现影响行车安全的主要因素，正确地、冷静地、迅速地做出反应是驾驶员必备的品质，特别是当有中等密度的行人时，更是如此。冷静、克服瞬时惊慌、注意力集中对快而准确地做出反应有很大意义。

2. 刹车制动过程的时间划分

快速准确的反应在有危险情况发生、需要紧急制动时的作用更大。不同的反应时间影响车辆的制动距离，进一步决定是否会发生交通事故。

对于制动反应过程，从驾驶员发现危险情况，到采取措施紧急制动，再到车辆停止的整个过程，从时间节点上可以划分为三个阶段，即制动反应时间、制动器作用时间和持续制动时间，如图 2-18 所示。

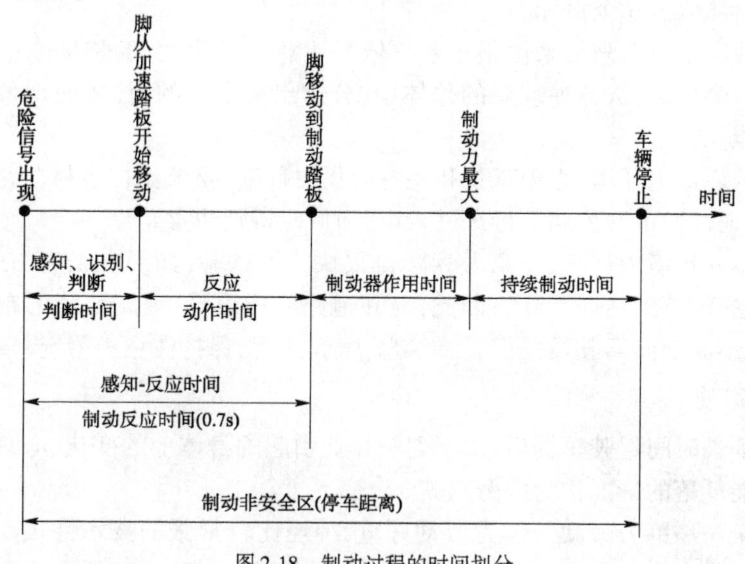

图 2-18　制动过程的时间划分

(1)制动反应时间是指从发现紧急情况到把右脚移到制动所需的时间。在这个时间内,车辆以初始速度运行。这个时间按人分情况而不同,且该时间的长短直接影响车辆的制动距离,进一步影响行车安全性。选取多人进行试验室试验发现,平均的反应时间在0.7s左右。

(2)制动器作用时间是指从开始踏制动踏板(刹车)到出现最大制动力的时间。这是车辆制动器从没有作用力到有最大作用力、发挥最大作用的时间。它受到踏力大小、车辆制动器的结构和性能(制动踏板自由行程等)的影响。

(3)持续制动时间是指从出现最大制动力到车辆完全停住的时间。在这个时间内,车辆以最大的减速度减速前进,直至车辆停止。持续制动时间受到车辆的初始速度、车辆载质量、轮胎与地面摩擦系数等因素的影响。

以上三个时间段内车辆行进的距离即为车辆的停车距离,也就是制动的非安全区。制动的非安全区加上车辆停止后要与前车保持的基本距离,就是车辆行驶过程中,若前车紧急停车,后车保证不发生追尾的安全车距。

(四)注意

对既定目标产生方向性意识,即在操纵汽车时,对行将出现的交通情况产生方向性意识称为注意。

注意是驾驶员的一项基本心理指标,按这一指标来评定其行车时的心理状态。对驾驶员来说,重要的不是看见目标,而是要了解看见的目标。不注意的驾驶员,可能看见危险情况,而不理解它的状态。不注意是采取错误决定的原因之一,将可能导致交通事故。

注意可分为无意注意和有意注意。无意注意是人对周围事物无自觉地预先未加关心的注意,如突然听到对向车流中车辆轮胎的爆裂声。有意注意就是自觉的、有预定目的的、需要付出一定努力的注意。如驾驶员在交通繁忙的道路上驾车时,时刻要注意相邻车辆的行驶状态。驾驶员在驾车过程中,应该对与行车安全有关的信息时刻保持有意注意,而对其他事物则持以无意注意,如果注意的主次颠倒了,则有可能引发交通安全问题。

驾驶员还应当有分配注意的能力,以便同时接受几个信号,同时完成几个工序。根据经验,同一视线可容纳4~6个目标。

注意力灵活程度对驾驶员来说很重要。依靠注意力灵活性,驾驶员能把注意力从一个目标转移到另一个目标,从各种现象的总体中,分辨出最本质的、首要的现象。交通安全多取决于这种性能。

在城市里的街道上开车,心理紧张和注意力集中程度,要求比在乡村公路上开车大。因此,当驾驶员沿通往城市的公路上行车进入市区时,应特别注意。

驾驶员在单一环境中行车,注意力衰减得很快。据试验,如果在15~20min内,驾驶员得不到新鲜信息,便感到枯燥无味。因此,应在道路线形设计、道路环境的布置方面采取一些措施,使其能不断地向驾驶员提供新鲜信息,唤起注意,保持注意力稳定。

(五)疲劳驾驶

驾驶员连续长时间驾驶车辆后,由于驾驶作业引起的身体上的变化、心理上的疲劳及客观测定驾驶机能低落的情况称为疲劳驾驶。

驾驶汽车是一项脑力劳动与体力劳动并重,神经比较紧张的技术性工作。驾驶员驾车时间超过一定的长度便会发生疲劳,此时人的感觉、知觉、判断、意志决定和运动等都会受疲劳的影响。

1. 疲劳的影响因素

影响驾驶疲劳的原因有很多,归结起来大致有如下几个方面。

(1)驾驶员生活情况

驾驶员每天的睡眠是否充足,与家庭、同事的关系是否和睦,家庭生活负担是否过重等,都影响驾车的疲劳。如睡眠不足时开车,一定的时间后就想打瞌睡。在一般情况下,驾驶员一天行车超过10h以上,前一天睡眠时间不足4.5h者,事故率必然高。驾驶员家庭生活负担过重,家庭关系、同事关系不和睦,则在驾车时易走神、易烦闷,或者因过度劳累而易产生疲劳。

(2)车内外环境

车内环境包括温度、湿度、噪声、振动、照明、气味、座椅的舒适度、与同乘者关系的融洽状况等。这些因素的一项或多项的不利状态长时间作用于驾驶员,则易使驾驶员产生疲劳。车外环境包括时间(昼或夜)、大气(晴、雨、雪、雾等)、道路线形、路面状况、沿线设施及交通条件(车流畅通或拥挤)等。夜间、雨天、雾天、雪天驾车较辛苦较易疲劳。道路线形单调或视线不良、路面颠簸不平或太光滑、沿线设施繁杂或设置不当、车流太拥挤或车流速度反复变化等,都会使驾驶员的身体和神经可能因劳累、枯燥、过度紧张而易产生疲劳。

(3)驾驶员自身特性

驾驶员自身特性包括年龄、性别、身体状况、性格、驾驶技术等。年轻驾驶员与老年驾驶员相比,既易产生疲劳,也易消除疲劳。女性驾驶员在相同行车条件下比男性驾驶员易产生疲劳。身体健康、性格开朗愉快的驾驶员在同等条件下驾车对疲劳的体验更轻、更少些。

2. 驾驶疲劳对行车安全的影响

驾驶员在驾驶车辆时,由于种种原因通常会产生生理机能或心理机能的失调,即在生理或心理上产生疲劳,从而机能失调。驾驶疲劳对安全行车带来很大的影响,具体表现在驾驶员在驾车中反应时间增长、操作能力下降和判断失误增多等现象。据对疲劳驾驶员的检查可知,此时他们的视力下降,作业粗糙,注意力不集中,对环境、高度、距离等判断发生错误,动作的准确性协调性变差。

上述这些现象的出现,都会使行车安全性大大地降低。据统计,因疲劳驾车而造成的交通事故占总事故数的20%左右,占特大交通事故的40%以上。

3. 疲劳行车的测量

目前对疲劳的检查方法一般有生化法、生理心理测试法和他觉观察及主诉症状调查法。

生化法通过检查作业者的血、尿、汗及唾液成分的变化判断疲劳。这种方法的不足之处是,测定时需中止驾驶活动,且容易给被测者带来不适和反感。

生理心理测试法包括:

(1)膝腱反射机能检查法;

(2)两点刺激敏感阈限检查法;

(3)频闪融合阈限检查法;

(4)连续色名呼叫检查法;

(5)反应时间测定法;

(6)脑电肌电测定法;

(7)心率(脉率)血压测定法。

这些方法中,(1)和(2)两种方法使用起来较方便,是传统的检查方法,只要使用简单的仪器即能进行;(6)和(7)两种方法则较先进、精确、全面,是从深层次生理心理机制上寻找疲劳原因的检测方法,但这些仪器较贵重,使用起来也较复杂。

他觉观察和主诉症状调查法,也称自我感觉摄影,即以测试者自我感觉或体验来记述疲劳的特征和程度。

4. 疲劳行车的预防

预防驾驶疲劳是保证行车安全的最有效途径,当已经感到疲劳再去改善,就不如做好预防效果更好,如图 2-19 和图 2-20 所示。

图 2-19　禁止疲劳驾驶

图 2-20　禁止疲劳驾驶

预防驾驶疲劳可采取以下措施。

(1)保证足够的睡眠时间和良好的睡眠效果

养成按时就寝和良好的睡眠姿势,每天保持 7~8h 的睡眠;睡前 1.5~2h 内不饮食,睡前 1h 内不多饮水、不进行过度脑力工作;卧室内保持通风、清洁,床不宜太软,被子不要过重、过暖,枕头不宜过高。

(2)注意合理的安排自己的休息方式

驾驶车辆避免长时间保持一个固定姿势,可时常调整局部疲劳部位的坐姿和深呼吸,以促进血液循环;最好在行驶一段时间后停车休息,下车活动以下腰、腿,放松全身肌肉为主,预防驾驶疲劳。

(3)科学的安排行车时间,注意劳逸结合

疲劳驾车的原因通常与气候、交通条件和道路条件有关。因此,驾驶员应当根据这些情况酌量增加或减少行车时间,科学、合理的安排出行计划。另外,行车途中要注意休息;连续驾驶时间不得超过 4h,连续行车 4h,必须停车休息 20min 以上;夜间长时间行车,应由两人轮流驾驶,交替休息,每人驾驶时间应在 2~4h,尽量不在深夜驾驶,如图 2-21 所示。

图 2-21　保证足够睡眠

(4)保持良好的工作环境

行车中,保持驾驶室空气畅通、温度和湿度适宜,减少噪声干扰。

(5)适度放松,注意力集中

有人认为听音乐能使人兴奋，但一定要适度，因为"一心不可二用"。心理学认为，人的意志集中力会因外界各种程度不同的冲击而削弱或丧失。现代医学认为，人的大脑中枢如果更多地接受与处理外界信号时会过早或加重疲劳。因此，切不可把听音乐作为消除疲劳的唯一方法。

(6)提高驾驶员的交通安全意识和职业道德观念

提高驾驶员的交通安全意识和职业道德观念也是有效防止疲劳驾车的一个绝招。只要驾驶员心中装着交通安全和交通法规，并落实到行动上，就会自觉抵制疲劳驾车行为，确保行车安全。

除了以上所说的主动预防措施外，为了防止疲劳行车带来危险，还可采用在汽车上加装汽车防疲劳安全驾驶系统等主动安全装置，提高车辆的安全性。

(六)饮酒与行车

因饮酒造成交通事故的事例很多。自我国《刑法修正案(九)》将醉酒驾车定为犯罪后，各地酒驾总体呈现减少的势态，酒驾引发的道路交通事故呈下降趋势，但酒驾依然是引发道路交通事故的主要诱因之一。饮酒驾驶、醉驾现象在各地依然存在。交通部的统计数据表明，近年来我国因驾驶员酒后驾车所导致的交通事故平均每年有 25 万余起，造成约 5 万人死亡，直接经济损失近 13 亿元，在国外酒后驾车也是一个非常严重的问题。

1. 饮酒对驾驶机能的影响

人饮酒后，酒精被胃壁、肠壁迅速吸收，渗入体内组织，溶于血液中的酒精，无处不至。当脑及其他神经组织内的酒精浓度增高时，中枢神经的活动逐渐迟钝，并延至脊髓神经，使判断力发生障碍，进而手脚迟缓，同时脉搏加快。正常闭目静坐状态的脉搏跳动次数为 100 次，饮入中等量的酒以后，同样状态下的脉搏跳动次数增加 55%。如乘坐车速为 60km/h 的汽车，其跳动次数约增加 64.5%。酒精对人体的麻醉作用会造成记忆障碍。饮酒者的记忆和认知能力低落，通常表现为对饮酒时自己的言行健忘。

饮酒对人体的作用影响驾驶员的驾驶机能。日本学者研究，当血液中酒精含量达到 0.5mg/mL时，驾驶机能受到影响，辨色力降低，选择反应时间增加，错误反应增加 46%。若血液中酒精浓度较高时，则对驾驶机能影响更大。美国 Loomis 认为，体内血中酒精浓度为 0.03% 时，驾驶能力就有降低；为 0.1% 时，降低 15%；为 0.15% 时，降低 30%。英国 Cohen 等将优秀驾驶员分为三组：第一组不饮酒，第二组饮相当于 23mL 的威士忌酒，第三组饮相当于 68mL 的威士忌，分别令其驾驶宽为 244cm 的大客车进行穿桩试验。当两桩距为 246cm 时，不饮酒者均判断穿不过去而不穿行；而第二组有三人竟大胆穿行，其中一人在桩距 35cm 时也欲穿行；第三组有二人欲穿行 36～41cm 的柱距。

统计酒后开车发生的事故，一般具如下特点：

(1)向静止物体(安全带、分车道混凝土墩、电杆、树、栏杆等)撞击；

(2)向停驻的车辆冲撞；

(3)夜间与对向车迎面撞击；

(4)因看错路面引起的各种翻车；

(5)重大事故和恶性事故多，致死率高。

2. 饮酒鉴别

酒后驾驶危险系数增大，因此《中华人民共和国道路交通安全法》和新修订的《机动车驾驶证申领和使用规定》(公安部 123 号令)对酒后驾车和醉酒驾车处罚尺度分别作了规定，根据规定的车辆驾驶员饮酒或醉酒驾车时血液、呼气中的酒精含量阈值和检验方法将酒后驾驶分两种：酒精含量达到 20mg/100mL 但不足 80mg/100mL，属于饮酒驾驶；酒精含量达到或超过 80mg/100mL，属于醉酒驾驶。饮酒驾驶属于违法行为，而醉酒驾驶属于犯罪行为。

目前，对饮酒驾驶的鉴别方法主要包括观察驾驶状态、生理心理测试和酒精含量检测三种方法。

(1)观察驾驶状态。酒精达到一定浓度后，驾驶有异样表现：在路上缓慢行驶，该快不快，该慢不慢，该停不停；过路口时停车时间过长，信号灯变绿灯后迟迟不起动，超车时跨越中线过度；换挡有声响；因其他原因汽车被管理人员制止时，驾驶员态度异常等。

(2)生理心理测试。用一些简单试验，检核行动的灵敏程度，如平衡试验、步行及回转试验、指鼻试验、拾硬币试验、书写试验、言语试验、光照试验等。

(3)酒精含量检测。用仪器检查驾驶员呼气中的酒精含量或直接检验血液中的酒精含量。

(七)驾驶员的个体差异

不同的驾驶员在驾驶车辆时有不同的特点，因此在拟定道路设计标准、汽车结构尺寸时，在对事故进行分析并采取安全措施时，要考虑驾驶员的各种特点，如性别、年龄、气质、知识水平、驾驶技术熟练程度和精神状态等。设计取值一般根据满足 85% 驾驶员的需要为度，对其余 15% 的驾驶员的变化只予以适当考虑。

下面简单叙述驾驶员的几点差异。

1)性别差异

就一般而言，男性为外倾型(心理活动表现在外、开朗、活跃、善交际)，积极、富有正义感和意志决定能力；女性为内倾型(深沉、文静、反应迟缓、顺应困难)，直观、情绪不定。具体表现为：

(1)开车时男驾驶员易强行超车、东张西望，女驾驶员这种现象较少；

(2)男驾驶员对超速行车通常取不在乎的态度，女驾驶员则很慎重；

(3)连续行车时间较短时女性的肇事率低，若时间一长则恰恰相反；

(4)遇到紧急情况时，差别更大，例如在遇到正面冲撞之前的一刹那，多数男性想方设法摆脱，而女驾驶员则陷入恐慌、手足失措；

(5)从驾驶形态来看，女性在超速车道上竟用低速，充分表现出本位性，一旦发生事故，又以为对方可给予某种协助，表现有依赖性；

(6)男驾驶员反应时间短，女性长；

(7)达到领执照标准，女性驾驶员比男性时间长 26%；

(8)女驾驶员的身高、体重、坐高均不如男驾驶员，左右手握力只有 10～15kg。

由于驾驶员在性别上的差异，在管理中就应注意男、女驾驶员的心理、生理特点，在培训驾驶员时，应适当延长女学员训练时间；在安排任务时，女驾驶员操纵轻便车，这样有利于搞好交通运输，保证交通安全。

2)年龄差异

日本宇留野曾对 326 名驾驶员进行一般情况和紧急情况下驾驶考试，结果表明：一般情况驾驶随年龄增高(不超过 45 岁)得分多，事故少；在紧急情况驾驶，年龄在 20～25 岁者得分高，事故少，年龄大者成绩差。

22 岁的青年，教习 22h，可获得驾驶执照。45 岁的男性，需要 35h 方可获得执照。45 岁以上的男驾驶员，身体素质、神经感觉和精力等均有衰退，驾驶机能低落。

22～25 岁的驾驶员，反应时间最短。对于夜间眩光后的恢复时间，年龄越小越快。青年驾驶员视力恢复时间需 2～3s，超过 55 岁，恢复时间大约 10s。

违章、超速、冒险行车者，以青年居多。老年人对交通标志、弯道、障碍判断不清，反应迟钝，易因此肇事。

老年人的生理心理机能如视觉特性、认知能力、反应速度、身体状况等肯定都不如中青年人。当然，老年人驾车在某些方面也有自己的优点，如生活阅历丰富、处事平静沉稳等，这些优点在大部分时候能增加行车的安全。

3)气质差异

气质是人典型的、稳定的心理特点。这些心理特点以同样方式表现在各种各样活动中，不以活动的内容、目的和动机为转移。

古希腊著名医生希波克拉特观察到不同人有不同气质。他认为人体内有四种体液，即血液、黏液、黄胆汁和黑胆汁。肌体的状态取决于四种体液混合比例，由于某种体液占优势而产生四种气质。

(1)多血质(血液占优势)。其特征是活泼、好动、敏感、反应迅速、喜欢与人交往、注意力容易转移、兴趣容易变换等。

(2)胆汁质(黄胆汁占优势)。其特征是直率、热情、精力旺盛、情绪易于冲动、心境变换剧烈等。

(3)黏液质(黏液质占优势)。其特征是安静、稳重、反应缓慢、沉默寡言、情绪不易外露、注意稳定但又难于转移、善于忍耐等。

(4)抑郁质(黑胆汁占优势)。其特征是孤僻、行动迟缓、体验深刻、善于觉察别人不易觉察到的细小事物等。

应当指出，不是所有的人都可按照四种气质类型来划分，而是只有少数人是四种气质类型的典型代表，多数人是介于各类型之间的中间类型。在判断某个人的气质时，并非一定把他们划归某种类型，主要是观察和测定构成他的气质类型的各种心理特征。

了解人的气质对于安全教育、驾驶员培训、组织交通运输业务都有重要意义。例如，针对多血质驾驶员的特点，着重进行踏实、专一、不开快车等方面的教育；对胆汁质驾驶员，注意进行耐力、细心方面的教育，对这类驾驶员的缺点错误不要当面批评，不要用“激将”法；对黏液质驾驶员，多给予指导，注意培养机动灵活的精神；对抑郁质驾驶员多鼓励，培养自信。总之要针对不同的特点进行工作，才能收到一把钥匙开一把锁的效果。

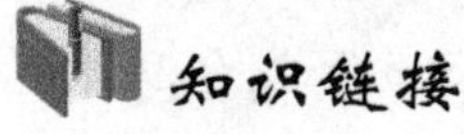

知识链接

预防酒后驾车的新技术

目前，警察常用的酒精呼吸检测仪仅只能初步显示驾驶员饮酒过度与否，有酒后驾车嫌疑的驾驶员将被带到警察局接受血检等进一步检测，以确定其体内酒精含量是否超标。而英国内政部计划推出一种先进的“超级”酒精呼吸检测仪，能当场认定驾驶员是否违法酒后驾车。这种检测仪能根据体温、呼吸频率等情况，准确判断汽车驾驶员体内的酒精含量，如图 2-22 所示。

在不少国家，政府在推行酒精锁，以防止醉酒驾驶员上路。在瑞典，已经有 1 500 辆沃尔沃货车安装了酒精锁装置。酒精锁是一种车载检测装置,驾驶员向酒精锁配备的酒精检测仪呼气,经仪器测试认定驾驶员没有饮酒后,酒精锁才会开启,否则汽车无法发动。

a)

b)

图2-22 预防酒后驾车新技术

为此,意大利研究人员开发了一款名为“天使”的新型车载探测仪。这种探测仪安装在驾驶室内的车载电脑中,有三个小型探测头围绕在驾驶员周围,主要探测驾驶员呼出的气体,当气体中酒精浓度超标时,探测仪会发出蜂鸣声提出警告。如果驾驶员不停车,探测仪将通过车载电脑自动发出指令,迫使汽车无法启动或逐渐停止行驶。

日本和美国的手机制造商利用类似“天使”检测仪的方法,分别开发出可以预防酒后驾驶的新型手机。一旦驾驶员酒后驾驶,这种手机内的酒精传感器就能检测到驾驶员呼出气体中的酒精含量。这种手机主要用于帮助公交车和出租车公司判断自己的驾驶员是否可以安全开车。

一些新的光学手段也应用于对付酒后驾驶员。美国新墨西哥州的一家器械公司开发出一种皮肤接触酒精测试仪。这种仪器由糖尿病检测仪改造而成,可向驾驶员的胳膊发射光束,通过反射光束来分析驾驶员胳膊皮肤下血管中血液里的酒精含量是否超标。这种检测仪从检测到产生结果只需60s,与之相比,呼吸酒精测试需要20min,标准验血则需要数天时间。

俄罗斯圣彼得堡一家激光公司研发了激光酒精测试仪,可对驾驶员是否饮酒进行远距离探测。检测仪发射一束专门的激光,透过挡风玻璃对车内空气进行检测,如果空气中酒精含量超过百万分之一,检测仪会根据反馈信号报警。

此外,一些集多种检测手段于一体的检测管理系统在国内外也得到了应用。日本一家汽车制造商开发出一种防酒后驾车的概念车。北京公交旅游公司也在国内首次推行新型车载酒精检测连锁管理系统。这一系统由车载酒精检测仪、车辆连锁控制系统和管理员多级管理系统组成。驾驶员起动车辆前,先打开钥匙门第一挡接通电源,管理系统同时启动,驾驶员需按指令读秒吹气、设备随即进入检测阶段,15s内检测随即能显示。如通过,驾驶员可以继续正常操作,发动车辆。否则,车辆电路自动阻断,无法启动。

二、行人的交通特性

行人是交通系统的重要组成部分,其交通特性对交通安全有较大影响,学习行人的交通特性可以对行人的交通特点有深入了解,从而在交通设施建设和交通组织过程中可以做到有的放矢。

(一)行人交通事故特点

从交通事故的分析可知,行人交通事故所占比例很大。这是因为在交通系统中,行人是弱者，最易受伤害，因此要通过设人行道、人行过街横道、专用行人过街信号、护栏、安全带、安全岛、行人过街地道与天桥、照明和法令等措施对行人交通予以管理。

我国道路交通的特点是混行交通，自行车、行人占很大比例。在人车混行、快慢不分的情况下，行人死亡率相当高，占交通死亡人数的30%左右。

行人交通事故呈现如下统计规律：

(1)在道路分布上，路段多，交叉口少；

(2)在时间分布上，每天下午、薄暮至夜间是高发时间；

(3)在年龄分布上，老年人、儿童居多。

(二)行人交通特性

行人的交通特性主要表现在行人的速度、对个人空间的要求、步行时的注意力等方面。研究行人的交通特性对减少行人交通事故、提高交通安全具有重要意义。

1. 行人行走特性的基本参数

行人交通常用的基本参数为步频、步幅和步速。

(1)步频为行人在单位时间内行走时跨步的次数(或双脚先后依次着地次数)，常用单位为步数/min，通常为80～150步数/min变化，常用值为120次/min。

(2)步幅又称步长，是指行人行走时每跨出一步的长度，单位为cm或m。据北京市调查资料，我国行人步幅平均值约为63.7cm。男性步幅比女性步幅稍大。

(3)步速是指行人在单位时间内所行进的距离，单位一般用m/s或km/h表示。步速不但有男女老少之别，而且与步行道路特性相关。如行人过街横道上的步速快于一般平路上的步速，平路上的步速又快于上坡路的步速等。设计时一般采用1～1.2m/s的步速。

2. 行人的空间需求

每个生物都需要有一定的最小空间，以保证其生活的需要，称为空间需求。行人在静止和运动过程中，也需要一定的空间满足其位移、心理缓冲等基本生理心理需求，所以行人交通设施的设计、人行道的服务水平评价等都要考虑行人所占用的空间，见表2-4。行人空间需求分为静态空间、动态空间和心理缓冲空间三个部分，静态空间即行人静止状态下身体的横截面所占用的空间；动态空间是指行人行走过程中需要的位移及视觉、避让等空间，分为步幅区、放置区、感应区、行人视觉区及避让与反应区；心理缓冲空间是指行人由于个人空间的感受需求所需的占用空间。

人行道流量、行人占有空间与服务水平　　表2-4

服务水平	行人占有空间(m^2/人)	行人流量(人/min)	行人交通情况
A	>2.3	≤30	自由流
B	2.3～0.9	30～55	行人步行速度和超越行动受到限制；在有行人反向和横穿时严重地感到不方便
C	0.9～0.5	55～70	步行速度受到限制，经常需要调整步伐，有时之后跟着走；很难绕过前面慢行的人；想要反方向走或横穿特别困难
D	<0.5	≥70	不稳定流动，偶尔向前移动；无法避免与行人相挤；反向和横穿行动不可能

行人个体占有空间的大小与交通安全也有一定的关系。如由于行人流量、个体占有空间及行人交通状况不同，从而使人行道呈现不同的安全等级和舒适度。

3. 行人的心理特性

行人过街时,分为单人穿越和结群而过,这两种情况下其心理特性不同,过街的安全性不同。首先,单人过街时,注意力比较集中,根据行人各自的气质特点,要么待机而过,要么适时而过;而结群而过时,由于过街人数多,易引起驾驶员的注意,行人心理上感觉安全,所以出现抢行而过的次数增多。

另外,行人在行人横过街道时大多喜走捷径,故有为数不少的行人过街不走人行横道,随意过街。究其原因,不外乎不愿意绕路、习惯、匆忙赶路,以为车辆少、没关系或认为车辆可能停驻等。据日本宇留野调查3 000人的情况,发现过街道距过街地点在20m以内时,才为人们乐于使用。

日本在1966年的调查结果表明,由于上述种种原因,有60%的人不沿人行过街横道过街。因此,人行过街横道设置的地点要经过选择,对行人进行安全教育,同时采取一些措施,使过街人走人行横道。

据调查,若行人沿人行横道过街和经天桥(或地道)过街用的时间大致相等时,约有80%的人喜欢使用天桥或地道。若经天桥(或地道)的时间大于直按直接过街时间时,使用天桥(或地道)的人下降。一旦经过天桥(或地道)的时间超过直接过街时间一倍时,几乎无人爱使用天桥或地道。但是,选择使用天桥(或地道)过街的行人,安全感大为增加。

4. 儿童交通特点

由于汽车交通的发展,给儿童的生活带来很大影响,他们的活动空间变小了。儿童在道路上玩耍,在上下学的路上和广场上玩球等都有可能与汽车冲突而发生事故。因此,家庭、学校应对儿童进行交通安全教育。

儿童的活动有其特点。6岁以下的儿童,活动半径很小,距住地不超过100m。倘若看护不到,儿童突然跑到街上去玩,有可能肇事。幼儿园的儿童及小学低年级学生,智力发育不健全,思想简单,缺少交通知识,敢冒险从汽车前后穿越,因此酿成事故。随着年龄的增长,小学高年级学生及初中学生,活动范围增大,骑车上学,可能因骑车技术不熟练或速度过快而发生交通事故。

为了保护儿童,应从小对儿童进行交通安全教育。日本的小学一年级,第一堂课就是怎样过人行横道,在小学、幼儿园所在范围的方圆500m地区的道路上都标有“学校区”的牌子,以引起驾驶员注意儿童。

想一想

步速的快慢受步频影响大还是步幅影响大?

精通运动学理论,弟子包括欧美、澳大利亚、南非等多名职业运动员的尼古拉斯·罗曼诺夫(田径队教练、奥运选手顾问)在其教学片《跑步姿势法》和教科书《应该怎样跑》中指出,要想跑得快,要增加步频而不是步长,也就是说步速的快慢主要受步频影响,步幅大小与步行速度快慢几乎无关。

尼古拉斯·罗曼诺夫将其研究得出的最佳跑步方式命名为POSE,包含如下几个要点:跑步时脚呈S形落下;尽量避免用后脚掌着地;最用舒服的角度将反作用力转化为推动力;抬脚动作比落脚动作更重要;要想跑得快要增加步频而不是步长。

三、乘客的交通特性

(一)乘客的交通需求心理

人们总是抱着某种目的(上班、上学、购物、娱乐等)才去乘车的,为乘车而乘车的旅客几乎是没有的。乘车过程本身就意味着时间、体力、金钱的消耗。因此,人们在乘车过程中总是希望省时、省钱、省力,同时希望安全、方便、舒适,即乘客旅行的共同要求是安全、迅速、舒适。道路线形设计、交通工具配备、交通设施布设和交通管理等都应考虑这些交通心理要求。

(二)满足旅客乘车需求的影响因素

不同的道路等级、线形、路面质量、汽车行驶平稳性、车厢内气愤、载客量、车外景观和地形等对旅客乘车的生理、心理反应都有一定的影响。满足乘客旅行要求的主要要素包括以下几个方面。

(1)汽车横向力要求

横向力和竖向力是反映汽车形式稳定性的两个重要因素,横向力是不稳定因素,竖向力是稳定因素。但大小相等的横向力作用在不同的汽车上有不同的稳定程度。如5 000N的横向力作用在小汽车上可能使小汽车倾覆,而作用在重型车上则可能安然无恙。

横向力系数是横向力与竖向力的比值,近似于单位车重上受到的横向力。汽车在曲线上行驶时,横向力系数大于0.2时,乘客有不稳之感;横向力系数大于0.4时,乘客站立不稳,有倾倒的危险。因此,道路线形设计标准中对平曲线的最小半径有规定。

(2)汽车加速度的变化

汽车加速度主要是指汽车的离心加速度,因为直线经缓和曲线进入圆曲线时,汽车的离心力逐渐增加,若离心力增加过快,乘客将会感觉不适。因此,要限制离心加速度的增加率,即对缓和曲线提出长度要求。

(3)周边景观

乘客旅行过程中都有了解沿途情况的心情,因此道路沿线应设立一些指示标志和里程碑,山区道路和陡边坡高填土道路路肩要设置防护栏或放缓边坡,以消除乘客的不安心理。

道路美学与交通安全之间也存在微妙的关系,采用顺畅连续的线形、宽阔的带弧形的边沟、平缓的边坡等都有助于道路美化和交通安全。线路的布设也应考虑美学要求,尽量利用名胜古迹、自然景物组成优美的道路交通环境,消除乘车时间过长产生的烦躁情绪。

(4)休息间隙

一般来说,乘客出行都希望缩短出行时间,尽快到达目的地,乘车时间越长,越容易产生疲劳,从而使劳动效率降低。因此,应在道路沿线布设一些休息场所,使需要停驻的车辆稍停片刻,以便乘客下车活动、伸展肌肉、减缓疲劳。

乘客的舒适对减缓疲劳也具有重大作用。通过市内公共交通规划规定职工上下班出行时间、配备适量交通工具、规定车辆的满载率,车辆座位设计考虑减轻疲劳,采用软垫、座位靠背可改变倾斜角度,注意车厢内的温度、湿度、空气和防尘等,可以有效减缓乘客疲劳。

课题2　车辆的交通特性

车辆特性在确定交通工程的某项任务中能起很大作用。车辆的尺寸会影响道路线形、交通结构物的净空、停车场地等交通设施的设计。车辆的各种性能与使用这些性能的驾驶员结合在一起,又会影响交通流的特性和交通安全。

一、车辆的分类

行驶在道路上的各种车辆可以划分为机动车和非机动车两大类型。其中,机动车是指以动力装置驱动或者牵引,上道路行驶的供人员乘用或用于运送物品以及进行工程专项作业的轮式车辆;非机动车是指以人力或者畜力驱动,上道路行驶的交通工具(有动力装置驱动但相关指标符合有关国家标准的残疾人机动轮椅车、电动自行车等交通工具)。两者最大区别是驱动力来源不同。

下面主要对常见的自行车、摩托车和汽车的类型作简要介绍。

1)自行车的分类

我国从承载能力和用途的角度把自行车分为以下几类。

(1)普通自行车(平车) 承载能力(包括乘骑者):120kg;

(2)轻便型自行车承载能力:80kg;

(3)载重型自行车承载能力:170kg;

(4)小轮型自行车承载能力:80kg;

(5)赛车型自行车。

2)摩托车的分类

根据国家标准《机动车辆分类》(GB/T 15089—2001)规定,摩托车在机动车中属于L类,即少于四轮的机动车辆。L类又分为以下五类。

(1)L1类。装用排量不超过50mL的发动机,最高设计车速不超过40km/h的两轮车,即轻便两轮摩托车。

(2)L2类。装用排量不超过50mL的发动机,最高设计车速不超过40km/h的三轮车,即轻便三轮摩托车。

(3)L3类。装用排量超过50mL的发动机,或设计车速超过40km/h的两轮车,即两轮摩托车。

(4)L4类。装用排量超过50mL的发动机,或设计车速超过40km/h,三个车轮相对于车辆的纵向中心平面为非对称布置的车辆,如边三轮摩托车。

(5)L5类。装用排量超过50mL的发动机,或设计车速超过40km/h,厂定最大总质量不超过1t,且三个车轮相对于车辆的纵向中心平面为对称布置的车辆,通常为正三轮摩托车。

3)汽车的分类

汽车是由动力驱动,具有四个或四个以上车轮的非轨道承载的车辆。道路交通中使用的车辆主要是汽车。按照我国国家标准,汽车划分成下列几类。

(1)轿车——依据发动机的排量为划分标准

①微型轿车:发动机排量小于1L;

②普通轿车:发动机排量1~1.6L;

③中级轿车:发动机排量1.6~2.5L;

④中高轿车:发动机排量2.5~4L;

⑤高级轿车:发动机排量4L以上。

(2)客车——以车辆长度L为划分标准

①微型客车：$L \leqslant 3.5\mathrm{m}$；

②轻型客车：$3.5\mathrm{m} < L \leqslant 7\mathrm{m}$；

③中型客车：$7\mathrm{m} < L \leqslant 10\mathrm{m}$；

④大型客车：$10\mathrm{m} < L \leqslant 12\mathrm{m}$；

⑤特大型客车：$L > 12\mathrm{m}$。

(3)货车——以载质量 G_a 为划分标准

①微型：$G_a \leqslant 1.8\mathrm{t}$；

②轻型：$1.8\mathrm{t} < G_a \leqslant 6\mathrm{t}$；

③中型：$6\mathrm{t} < G_a \leqslant 14\mathrm{t}$；

④重型：$G_a > 14\mathrm{t}$。

(4)越野车

越野车主要用于非公路上载运人员和货物或牵引设备，一般为全轴驱动。按驱动形式可分为4×4、6×6及8×8。

(5)自卸汽车

自卸汽车是指货厢能自动倾翻的载货汽车，如用在工矿企业和建筑工地上装载散装原料、砂土等的汽车。自卸汽车有向后倾卸的和左右后三个方向均可倾卸的两种。

(6)牵引汽车

牵引汽车是指专门或主要用来牵引的车辆，如专门牵引集装箱挂车，可分为全挂牵引车和半挂牵引车。

(7)专用汽车

专用汽车又称特种汽车，是一种为了承担专门的运输任务或作业，装有专用设备，具备专用功能的车辆，如救护车、消防车、押钞车、洒水车、邮政车、电视转播车、油罐运输车和水泥搅拌车等。

二、车辆的交通特性

1.自行车的交通特性

1)外廓尺寸

自行车的尺寸参数主要指长、宽、高和其占地面积。

(1)长度：1.5～1.9m；

(2)宽度：0.45～0.6m；

(3)自行车和骑车人高度：2.25m左右；

(4)静态占地面积：$1.2 \sim 1.8\mathrm{m}^2$；

(5)动态占地面积：$4 \sim 10\mathrm{m}^2$。

2)动力性能

自行车行驶动力是人体，在城市道路上行车速度大概为5～25km/h，但有无变速装置会导致其动力性有所不同，体现在爬坡性能上，无变速装置的自行车最大能爬5°左右的坡，有3挡变速装置的自行车最大爬坡度约为7°。

2.摩托车的交通特性

1)外廓尺寸

两轮摩托车的长为1.5～2m，宽约0.7m，高约1m；边三轮摩托车长和高与两轮摩托车类似，宽约1.5m。

2）动力性能

（1）输出功率

①轻便摩托车：2kW；

②普通两轮摩托车：5～9kW；

③三轮摩托车：25kW。

（2）爬坡能力

①轻便摩托车：100m左右的坡；

②两轮摩托车：200m以上的坡。

（3）行车速度

①轻便摩托车：不超过50km/h；

②两轮摩托车：不超过110km/h。

3）经济性

百公里油耗：轻便摩托车约为1.5L，两轮摩托车在1～3L，三轮摩托车为5L左右。

3. 汽车的交通特性

车辆特性在确定交通工程的任务中可以起到很大作用，车辆的尺寸影响道路的线形、交通结构物的净空和停车场地等交通设施的设计。车辆的各种性能与使用这些性能的驾驶员结合在一起，会影响交通流的特性和交通安全。

汽车的主要技术参数包括尺寸参数、质量参数和性能参数。其中尺寸参数有汽车的外廓尺寸、轴距、轮距等；质量参数主要是指汽车的整车装备质量、载客量或荷载质量、自身质量利用系数等指标；性能参数则主要是指汽车的动力性、制动性、燃油经济性和舒适性，以及通过性等。

1）尺寸参数

（1）外廓尺寸

汽车的外廓尺寸是指车辆外廓的长、宽和高，它影响道路建设的净空和车内容量。

我国的《公路工程技术标准》（JTG B01—2014）和《城市道路工程设计规范》（CJJ 37—2012）都对车辆的外廓尺寸进行了规定，具体指标可依据规范查询设计。

（2）轴距

轴距是汽车前、后轮轴之间的距离（图2-23），它对汽车的整备质量、总长、最小转弯直径、纵向通过半径以及汽车的轴荷分配、制动性和操纵稳定性等都有影响。

图2-23　轴距

(3)轮距

轮距是指汽车横向两轮间的距离(图2-24),能使车内宽度、车辆最小转弯半径等发生变化。

图2-24　轮距

(4)前悬和后悬

前悬和后悬分别是指汽车前后轴中心到汽车最前端和最后端之间的距离(图2-25),影响汽车的通过性、撞车的安全性、驾驶员视野等。

图2-25　前悬和后悬

2)质量参数

(1)整车装备质量

整车装备质量是指车上带有全部装备(包括随车工具、备胎等),加满燃料和水,但没有装货或载人时的整车质量,其对汽车成本和使用经济性均有影响。

(2)装载质量

装载质量是指汽车在硬质良好路面上行驶时所允许的额定装载量。

(3)自身质量利用系数

自身质量利用系数是装载质量与整车装备质量的比值。该系数反映了汽车设计水平和工艺水平,其值越大,说明汽车的结构和制造工艺越先进。

3)性能参数

(1)动力性能

汽车的动力性能通常用汽车的最高车速、汽车的加速度或加速时间、汽车的最大爬坡度三个指标来评定。

①最高车速

最高车速是指在水平良好的水泥混凝土或沥青路面上,汽车能够达到的最高行驶速度。

②加速时间

加速时间包含原地起步加速时间和超车加速时间,其中原地起步加速时间指汽车由第一挡起步,以最大的加速强度换至最高挡后达到某一预定距离(0 ~ 400m)或车速(0 ~ 100km/h)所需用的时间。超车加速能力尚无统一规定。

③爬坡能力

爬坡能力是指汽车满载时Ⅰ挡在良好路面上的最大爬坡度,用 i_{max} (% 或°)表示,如图 2-26 所示。

图 2-26 爬坡能力

爬坡度用坡度的角度值 α 采用坡度起止点的高速差与其水平距离的比值的百分数 $d/L \times 100\%$ 来表示。

(2)制动性能

制动性能由制动效能、制动效能的恒定性、制动时汽车的方向稳定性三个方面评价,如图 2-27 所示。

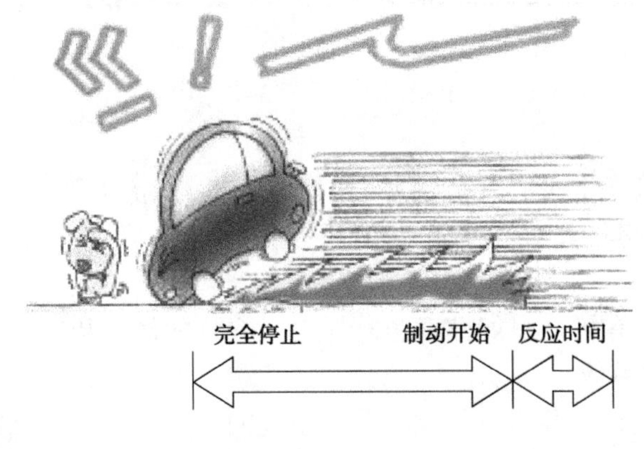

图 2-27 制动性能

①制动效能

制动效能是指在良好路面上,汽车的制动距离或制动时的减速度。

②制动性能的稳定性

制动性能的稳定性从制动器的抗热衰退性能和抗水衰退性能两个方面衡量。其中,制动器的抗热衰退性能是指高温时或下长坡连续制动时制动效能保持的程度;制动器的抗水衰退性能是指汽车涉水后制动效能保持的程度。

③制动时汽车的方向稳定性

制动时汽车的方向稳定性是指制动时汽车按照给定轨迹行驶,不发生跑偏、侧滑失去转向能力的性能。

(3)燃油经济性

①耗油量

耗油量是指汽车满载时单位行驶里程所需燃油体积,常用百公里耗油量来衡量。

②油行程

油行程是指汽车满载时,单位体积燃油所能行驶的里程。

从其定义可知,耗油量越小越好,而油行程值越大越好。

课题3　交通流的特性

汽车在道路上连续行驶形成的车流称为交通流。交通流有各种运行状态,如一段时间内,在不受横向影响的路段上,交通流呈连续流状态;而在遇到干扰如路口信号灯管制时,呈间断流状态。描述交通流运行状态常用的三个参数为交通量、速度和密度。

一、交通量

(一)交通量的含义

交通量是描述交通流特性的三个最重要的参数之一,又称流量,是指单位时间内,通过道路某一地点、某一断面或某一条车道的交通实体数。

按照交通类型分,交通量分为机动车交通量、非机动车交通量和行人交通量,一般不加说明则是指机动车交通量,且指双向的车辆数。

交通量不是一个静止的量,而是一个随机数,不同时间、不同地点的交通量都是变化的,某一个交通量的数值,只是对观测的那个时间和地点是正确的。交通量的大小与经济发展水平、居民生活水平、地理位置和气候等复杂因素有关,随着空间的不同和时间的差异而变化,交通量这种随时间和空间的变化而变化的特性称为交通量的分布特性。研究或观察交通量的变化规律,对于进行交通规划、交通管理、交通设施的规划、设计方案比选和经济分析以及交通控制与安全,均具有重要的意义。

(二)交通量的表达方式

交通量时刻在变化,在表达方式上通常取某一时间段内的平均值作为该时段的代表交通量。

如果以辆/d为单位,平均交通量表达式为:

$$平均交通量 = \frac{1}{n}\sum_{i=1}^{n} Q_i \tag{2-1}$$

式中:Q_i——各规定时间段内的日交通量(辆/d);

n——各规定时间段的时间(d)。

1.日交通量

日交通量是指以1d为计量单位的交通量。

按平均值所取的时间段的长度计,常用的日平均交通量有:

(1)年平均日交通量(AADT)

年平均日交通量(Annual Average Daily Traffic,简称 AADT),是指一年内观测的交通量总和除以一年的总天数(365d),所得的平均值即为年平均日交通量,计算公式为:

$$\mathrm{AADT}=\frac{1}{365}\sum_{i=1}^{365}Q_i \tag{2-2}$$

(2)月平均日交通量(MADT)

月平均日交通量(Month Average Daily Traffic,简称 MADT),是指一月内观测的交通量总和除以一月的总天数,所得的平均值即为月平均日交通量,计算公式为:

$$\mathrm{MADT}=\frac{\text{一个月的日交通量总和}}{\text{本月的天数}} \tag{2-3}$$

(3)周平均日交通量(WADT)

周平均日交通量(Week Average Daily Traffic,简称 WADT),是指一周内观测的交通量总和除以一周的总天数,所得的平均值即为周平均日交通量,计算公式为:

$$\mathrm{WADT}=\frac{1}{7}\sum_{i=1}^{7}Q_i \tag{2-4}$$

其中,年平均日交通量在城市道路与交通工程中是一项极其重要的控制性指标,用作道路交通设施的规划、设计、管理等的依据。其他平均交通量是供交通量统计分析、求各时段交通量变化系数,以便将各时段平均交通量进行相互换算之用。

2. 小时交通量

如果将观测交通量的时间间隔缩短,能更加具体的反应观测断面的交通量变化情况,因此又常用小时交通量、高峰小时交通量、第 30 位最高小时交通量来统计分析交通流量的变化。

(1)小时交通量

小时交通量是指 1h 内通过观测断面的车辆数,单位为辆/h。

(2)高峰小时交通量(PHF)

高峰小时交通量(Peak Hour Flow,简称 PHF)是指 1d 内的高峰期间连续 60min 的最大交通量,单位为辆/h。

(3)第 30 位最高小时交通量

所谓第 30 位最高小时交通量就是将一年中测得的 8 760h 交通量,从大到小按序排列,排在第 30 位的那个小时交通量。

(4)设计小时交通量

设计小时交通量是确定公路等级、评价公路运行状态和服务水平的重要参数。道路设计交通量用于确定车道数、交叉口选型及设计、交通信号及其他交通设施的设计等。要选择适当的小时交通量作为设计小时交通量。根据美国的研究认为第 30 位最高小时是最合适的。

美国和日本取第 30 小时交通量作为设计小时交通量。这是因为从第 1 到第 30 位左右的小时交通量减少比较显著,曲线斜率较大。从第 30 位以下,减少缓慢,曲线平直。采用第 30 小时交通量作为设计小时交通量,全年只有 29h(个别情况也可能稍多于 29)的交通量超过交通设施的容量,得不到保证,仅占 0.33%,而保证率为 99. 67%。

我国幅员辽阔,各地区的经济条件以及气候、交通量、公路使用性质及混合交通等因素均不相同,根据2000年10月交通部公路规划设计院提交的关于设计小时交通量系数的研究报告:原则上采用第30位小时作为设计小时,但公路规划、设计者可根据各地区的具体情况与条件,适当地调整设计小时的时位。如对于交通量季节性变动特大的道路,像旅游用的道路等,交通量排序曲线斜率的缓和段不一定从第30位开始,则应根据实际情况,为了达到不至于使全年产生太多的交通阻塞现象的目的,调整范围宜控制在第20位~第40位小时。

3. 不足一小时的交通量

路段交通量分析和交叉口交通量分析时,常以不足1h的5min、10min及15min等为统计时段,如路段交通量分析时采用5min,交叉口交通量分析时以15min为时段进行分析等。

(三)交通量的时间分布特性

交通量的时间差异是指一年中不同季节、不同月、不同天、不同小时的差异。交通量随着时间发生的变化,反映了经济与社会对交通的需求变化。随着经济的不断增长,每年的交通量都会有所增加。

1. 一年内交通量的月份变化

一年内各月交通量的变化称为月变化。以一年为周期,统计12个月的交通量,每个月的交通量均不尽相同,以月份为横坐标,月平均日交通量相当于年平均日交通量的百分数为纵坐标,绘成曲线,则此曲线简称为交通量的月变图。而年平均日交通量与月平均日交通量之比,称为交通量的月变化系数(或称月不均衡系数,月换算系数),以$K_{月}$表示。通常月交通量变化系数($K_{月}$)可以表示交通量的月变化规律,即:

$$K_{月}=\frac{\text{AADT}}{\text{MADT}}=\frac{\text{年平均日交通量}}{\text{月平均日交通量}}=\frac{\frac{1}{365}\sum_{i=1}^{365}Q_i}{\frac{1}{k}\sum_{i=1}^{k}Q_i} \tag{2-5}$$

式中:k——当月的天数,有30d,29d,31d和28d,年则有平年(365d)和闰年(366d),不加说明则默认全年天数为365d。

【例3-1】 某测站测得各月的交通量及全年的累计交通量,见表2-5,试计算各月的月平均日交通量与月变系数($K_{月}$)。

各月的交通量及全年的累计交通量 表2-5

月份(月)	1	2	3	4	5	6	7	8	9	10	11	12	全年合计
全月交通量	65 785	42 750	67 141	73 317	77 099	72 782	70 641	70 951	83 043	91 661	88 166	78 180	881 516
MADT													
$K_{月}$													

解 首先计算年平均日交通量,即:

$$\text{AADT}=\frac{1}{365}\sum_{i=1}^{365}Q_i=\frac{881\ 516}{365}=2\ 415(\text{辆/d})$$

再计算月平均日交通量及月变系数。如1月份(31d),即:

$$\text{MADT}=\frac{1}{k}\sum_{i=1}^{k}Q_i=\frac{65\ 785}{31}=2\ 122(\text{辆/d})$$

$$K_{月}=\frac{\text{AADT}}{\text{MADT}}=\frac{2\ 415}{2\ 122}=1.14$$

其余类推，计算结果见表 2-6 中第三和第四行。

月平均日交通量与月变系数计算 表 2-6

月份(月)	1	2	3	4	5	6	7	8	9	10	11	12	全年合计
全月交通量	65 785	42 750	67 141	73 317	77 099	72 782	70 641	70 951	83 043	91 661	88 166	78 180	881 516
MADT	2 122	1 527	2 166	2 444	2 487	2 426	2 279	2 289	2 768	2 957	2 939	2 522	—
$K_月$	1.14	1.58	1.11	0.99	0.97	0.99	1.06	1.05	0.87	0.82	0.82	0.96	

从表 2-6 可知，二月份的月变化系数最大，为 1.58，说明气候寒冷与春节对出车影响较大，故二月为一年交通量最少的一个月。

2. 一周内交通量的日变化

交通量的日变化是指一周内各天交通量的变化，因此也称周日变化。对于一定的城市或某个路段，交通量的日变化存在一定的规律。我国城市道路一般各工作日的交通量变化不大，而在节、假(或休息)日则变化显著，交通量一般都要小一些，但在公路上一周内交通量变化要较城市为小。

通常用日交通量系数(K_d)反应交通量的日变化，K_d定义为年平均日交通量除以周 i 的年平均日交通量。周 i 的年平均日交通量等于全年所有该周 i 的交通量除以全年该周 i 的总天数，即：

$$K_d=\frac{\text{年平均日交通量}}{\text{周}\,i\,\text{的年平均日交通量}}=\frac{\text{AADT}}{Q_i} \tag{2-6}$$

$$Q_i=\frac{\text{全年所有周}\,i\,\text{的交通量}}{\text{全年周}\,i\,\text{的总天数}} \tag{2-7}$$

【例 3-2】 某测站测得各周日的全年累计交通量列于表 2-7 中第一行，试求各周日的年平均日交通量与日变系数。

各周日的全年累计交通量 表 2-7

周	日	一	二	三	四	五	六	全年合计
累计交通辆	111 469	128 809	129 486	128 498	127 030	129 386	126 838	881 516
周 i 的年平均日交通量								
K_d								

解 先求周 i 的年平均日交通量，以星期日为例：

$$Q_i=\frac{\text{全年所有周}\,i\,\text{的交通量}}{\text{全年周}\,i\,\text{的总天数}}=\frac{111\ 469}{53}=2\ 103(\text{辆/d})\ (\text{该年有 53 个星期日})$$

星期日的日变系数为：

$$K_d=\frac{\text{年平均日交通量}}{\text{周}\,i\,\text{的年平均日交通量}}=\frac{\text{AADT}}{Q_i}=\frac{2\ 415}{2\ 103}=1.15$$

仿此计算其他各周 i 的年平均日交通量、日变系数，列于表 2-8 中第三、四行。

周 i 的年平均日交通量与日变系数计算 表 2-8

周	日	一	二	三	四	五	六	全年合计
累计交通辆	111 469	128 809	129 486	128 498	127 030	129 386	126 838	881 516
WADT	2 103	2 477	2 490	2 471	2 443	2 488	2 439	2 415
K_d	1.15	0.97	0.97	0.98	0.99	0.97	0.99	—

显示一周内 7d 中交通量日变化的曲线称为交通量日变图(图 2-28)。通常用此图或周变系数来描述一周内日交通量的变化。一般公路交通量周日变化不明显,旅游道路周六和周日的交通量明显高于工作日,城市道路周六和周日的交通量明显低于工作日。

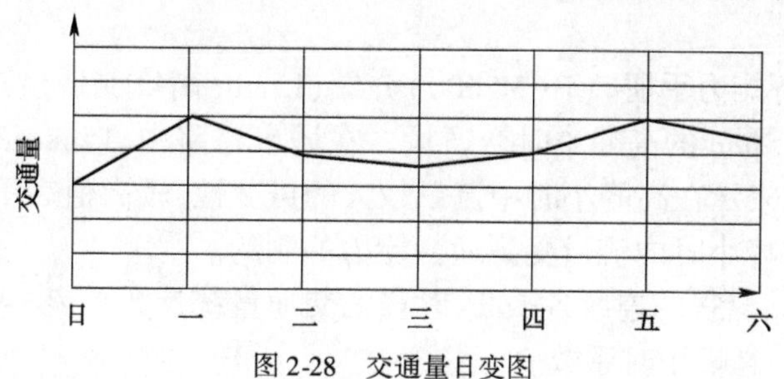

图 2-28　交通量日变图

3. 一天内交通量的时变化

一天中,每个小时的交通量亦在不断变化。虽然由于地点不同,交通量大小各异,每天的分布曲线不尽相同,但是分布曲线的变化趋势和高峰出现时间却有规律性。

表示各小时交通量变化的曲线称为交通量的日变图(图 2-29)。有采用直方图表示的,以某 1h 或某一时段交通量占全日交通量之比表示交通量的时变规律。常用的有 16h(6:00~22:00)或 12h(6:00~18:00),亦有用 18h(4:00~22:00)交通量占全日交通量之比及高峰小时占全日交通量之比作为特征变化系数。

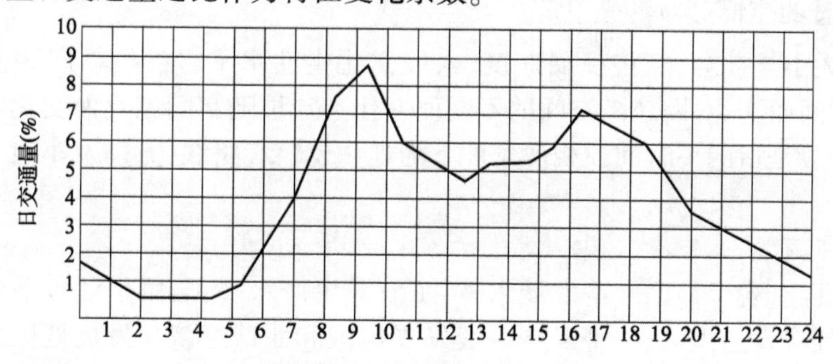

图 2-29　交通量时变图

在城市道路上,交通量时变图一般呈马鞍形,上下午各有一个高峰,在交通量呈现高峰的那个小时称为高峰小时,高峰小时内的交通量称为高峰小时交通量。高峰小时交通量占该天全天交通量之比称为高峰小时流量比(以% 表示),它反映高峰小时交通量的集中程度,并可供高峰小时交通量与日交通量之间作相互换算之用。

4. 高峰小时内交通量的变化

高峰小时内交通量也并不均匀,因此,再将高峰小时划分成更短的时段以显示各时间段交通变化特征。一般将高峰小时划分为 5min、6min、10min 或 15min 的连续时段内的统计交通量,此连续 5min、6min、10min 或 15min 统计交通量中最大的那个时段就是高峰小时内的高峰时段,把高峰时段的交通量扩大为 1h 的高峰小时交通量称为高峰小时流率,高峰小时交通量与高峰小时流率的比值称为高峰小时系数(PHF)。因此,高峰小时系数是指高峰小时交通量与扩大的高峰小时交通量之比。

例如,对于 $t=15\text{min}$:

$$\mathrm{PHF}_{15}=\frac{\text{高峰小时交通量}}{\text{高峰小时流率}}=\frac{\text{高峰小时交通量}}{60/15\times\text{高峰 15min 流量}} \tag{2-8}$$

类似地还有 PHF_5、PHF_6、PHF_{10} 等表示的高峰小时系数。

城市道路中短时间交通量过大常会造成交通阻塞，如最大 15min 交通量可达小时交通量的 40%，最大 5min 交通量可达小时交通量的 20%。对于行人过街与车辆交叉，短时间交通量是十分重要的。

据美国《道路通行能力手册》(HCM2000)介绍，15min 高峰交通量是造成交通阻塞的重要因素，所以常研究 15min 的高峰小时交通量。在城市道路中，15min 的高峰小时系数一般为 0.8 ~ 0.98，较低值表示在高峰小时中流量较大的可变性，较高值表示流量变化不大，超过 0.95 时通常表示在高峰小时内流量受到通行能力的制约。

【例 3-3】 某测站测得的连续各 5min 时段的交通量统计数见表 2-9，高峰小时交通量为 1 346 辆/h，求 5min 的高峰小时系数。

某路段高峰小时以 5min 为时段交通量统计 表 2-9

统计时间	8:00 ~ 8:05	8:05 ~ 8:10	8:10 ~ 8:15	8:15 ~ 8:20	8:20 ~ 8:25	8:25 ~ 8:30	8:30 ~ 8:35	8:35 ~ 8:40	8:40 ~ 8:45	8:45 ~ 8:50	8:50 ~ 8:55	8:55 ~ 9:00
5min 交通量	118	114	112	111	111	120	115	106	104	118	110	107

解 由表 2-9 知，8:25 ~ 8:30 为最高 5min，该 5min 内的交通量为 120，故：

$$PHF_5 = 1\,346/(120 \times 12) = 0.93$$

(四)交通量的空间分布特性

交通量的大小与社会、经济发展速度、人民文化生活水平、气候、物产等多方面因素有关，它除了随时间而变化外，还随空间的不同而变化。这种随空间位置而变化的特性称为空间分布特性，一般是指同一时间或相似条件下随地域、城乡、路线、方向及车道等的差别而变化的情况。

1. 地域分布

我国幅员辽阔，各个地区经济发展水平、工农业生产水平、居民生活水平的不均衡性导致东南部沿海经济发达地区、中部经济一般发展地区和西部经济欠发展地区之间交通量有明显差别，见表 2-10。

1997 年东、中、西部地区国道交通量 表 2-10

地　区	国道里程(km)	AADT(MTE/d)
东部沿海	25 665	5 984
中部	31 011	3 203
西部	37 711	2 168

2. 城乡分布

由于城乡之间经济发展、生产活动、生活水平不平衡，城乡间交通量的显著差别。一般说来，城市道路的交通量大于农村公路的交通量。我国广大农村公路上交通量很小，国道某些线路上交通量也不大，而大城市出入口干道一般大于 5 000 辆/d，城市道路交通量就更大，如武汉的航大路日最大交通量达 21 300 辆，北京崇文门的日交通量达 27 871 辆/d，自行车为 108 306 辆/d，南京市中央路小汽车日交通量为 33 620 辆/d。

3. 路段分布

由于路网上各路段的等级、功能、所处的区位不同，在同一时间内，路网上各路段的交通量有很大不同。一般采用路网交通量分布图来表示交通量在各路段上的分布。

4. 方向分布

一条道路往返两个方向的交通量，在很长时间内，可能是平衡的，但在某一短时间内，如一天中某几个小时，两个方向的交通量会有较大的不同。为了表示这种方向不平衡性，常采用方向分布系数 K_D 表示，即：

$$K_D = (\text{主要行车方向交通量}/\text{双向交通量}) \times 100\% \tag{2-9}$$

据国内外的数据，城市出入口道路高峰小时中进、出城的交通量有明显的不同，早高峰时出城方向交通量占60% ~70%，晚高峰时则相反，见表2-11。

我国公路的方向分布系数 表2-11

类型	东部			中部			西部			全国平均		
	5min	15min	60min	5min	15min	60min	5min	15min	60min	5min	15min	60min
城郊公路	0.66	0.58	0.58	0.61	0.57	0.57	0.65	0.57	0.58	0.64	0.57	0.58
乡村公路		0.71	0.60	0.61	0.60	0.57				0.61	0.66	0.59

5. 车道分布

多车道道路上，因非机动车的数量、车辆横向出入口的数量的不同，各条车道上交通量的分布也是不等的。在交通量不大的情况下，一般右侧车道的交通量比较大，随着交通量增大，左侧的交通量比重也会增大。当交通量较大，车流为连续流时，受车速差别的影响，小型车车道的交通量常明显大于大型车车道。

二、速度

车速是交通流理论研究中的重要参数，是交通运行情况的基本量度。道路设计、交通规划、交通控制与管理、交通设计及道路质量评价均以车速作为基本的资料。

（一）不同速度的基本概念

（1）地点速度

车辆通过道路某一点时的瞬时速度称为地点车速或点车速。一组地点车速观测值的算术平均数为平均地点车速。地点车速广泛应用于交通工程中，是制订道路设计车速，设置交通控制设施，确定交通管理方法，采取交通改善措施及其经济分析，探索各型汽车速度发展趋势，评定道路交通设施、交通管理及改善措施等的交通效果的依据。

（2）行驶速度（技术速度）

行驶速度是指车辆行驶路程与有效行驶时间（不包含停车时间）之比，其用于评价该路段的线形顺适性和通行能力分析，也可用于计算道路使用者的成本效益分析。在公共交通业务中又称技术车速。

（3）行程速度（又称综合行程速度、区间速度或运送速度）

行驶速度是指用车辆行驶过的道路里程长度与所需持续时间（包含中途停车时间，但不包含起、终点的掉头时间）之比表示的综合车速。在公共交通业务范围内称为运送速度。行程车速是一项综合性指标，用以评价道路的通畅程度，估计行车延误情况。要提高运输效率，归根结底是要提高车辆的行程车速。

显然,对于同一段路程,行驶车速一般总是大于等于行程车速。

(4)设计速度(计算车速)

设计速度是指在道路交通与气候条件良好的情况下,车辆行驶只受公路本身条件影响时,具有中等驾驶技术人员能安全、舒适驾驶车辆的速度。它是设计道路线形的依据。

(二)影响速度变化的因素

影响车速的因素很多,包括驾驶员、车辆、道路、交通及环境等因素。其规律简述如下:

1. 驾驶员的影响

汽车行驶速度与驾驶员性别、年龄、气质、驾龄、技术水平等因素有关,一般而言,青年、男性、单身驾驶员一般比中年、女性、已婚驾驶员快,长途行驶的车辆行驶速度较本地出行的人速度快。

2. 车辆的影响

地点车速受到车型的影响。一般小客车车速最快,专用大客车次之,货车最慢。载货汽车的平均车速按轻型单机货车、中型货车、重型组合车及重型单机货车的次序下降。单辆货车的车速也会随质量的增加而下降;新车的车速高于旧车。

3. 道路的影响

道路是影响车速的主要因素,道路类型、平纵线形、道路横断面和路面类型等道路条件都会影响驾驶员的行车速度。此外,道路所处的地理位置、视距条件、车道位置、侧向净空和交叉口间距等对车速也有影响。

1)道路类型和等级

不同类型、不同等级的道路其交通条件不同,交通组成不同,受干扰程度也有所差异。一般高等级的高速道路、城市快速路与城市之间的公路上,车辆一般都能以道路线形和交通设施所容许的车速安全行驶。而在一般城市道路上,车速受到高峰交通量、交通信号、交叉口、交通管理措施和城市环境等的限制。

2)道路线形

(1)平面线形

道路平面线形对速度的影响主要表现在曲线段,一般曲线段的车速低于直线段,影响行驶车速的平曲线参数主要包括平曲线半径、长度和偏转角等。

平曲线车速与其半径成正比,2010 年 Donnel 等发现车辆在进入较大半径曲线路段时减速度较小,车速较高,并且减速度会随进入曲线路段长度的增加而逐渐增加,同时在入弯后车速会随着曲线路段长度增加而增加。

曲线段车速降低主要是因为曲线路段降低了道路中心线方向的视距,限制了驾驶员对道路状况和交通状况的预判。研究表明,当视距小于 500m 时,视距对车速的影响效果明显,并且随着视距减小车速将降低。

(2)纵面线形

道路的纵面线形对车速影响显著,当汽车上下坡时,由于车辆动力性、制动性的问题,汽车受本身重力的影响,以及驾驶员对环境感知的局限性,均会影响车速。此外,纵面线形对货车速度的影响大于客车。爬坡时各车型车速都会降低。重型货车爬坡行驶表明,在一定坡度的路段上,车速随坡度的增加几乎是线性下降,直至降低到等于爬坡速度,并以此速度继续爬坡。下坡时,对于货车坡度大至 5%,客车坡度大至 3%,则车速增加,坡度继续增大,车速反而会降低。

3)道路横断面

道路车道数、车道宽度、车道位置、路肩宽度及道路横断面形式等都会对行车速度产生影响。较宽的道路为驾驶员提供了较大的驾驶空间,从而驾驶员就能更好地把握道路,这通常也会导致更高的车速。四车道及以上道路,由于行驶时不受对向行车的约束,一般车速比双车道和三车道道路车速高,当有中央分隔带时这种差异更明显。三车道公路车速略高于类似的双车道公路。

4)侧向净空

侧向净空是指道路上从车道边缘到侧带或分隔带上的保护轨、公路标志、树木、停车车辆、护壁及其他障碍物的距离。侧向净空不足会影响驾驶员的视线和安全感,进一步导致速度的变化。一般双车道道路上,侧向净空受到限制时,平均车速降低1~5km/h,且货车受影响比客车大。

5)路面条件

路面条件对速度的影响主要体现在路面平整度、路面类型等级上。由于设计要求、施工技术、路面材料等原因,道路存在着不同的平整度。车辆驶过不平整路面时产生的噪声和振动降低了驾乘舒适性,进而对车速产生影响。路面类型等级越高,地点车速越高。例如,我国大量的砂石路面改善为高级、次高级路面后,车速提高了30%左右。目前,载货汽车在高级路面上行驶,车速可达60~80km/h;在次高级路面上行驶,车速可达40~60km/h;在中级路面上行驶,车速可达30~40km/h。

4.交通条件的影响

1)交通量

交通量越大,则交通密度越大,车速越低。这是由于道路的交通量越大,超车就越困难。超车时,超车驾驶员要提高车速,一般比被超车辆平均高16km/h,因为超车数量的减少,快行车的潜力得不到发挥,所以平均车速要下降。

2)交通组成

快慢车混行道路车速较低,快慢车分离则车速提高。郊区公路的兽力车、城市道路中的过街行人比例增加则车速降低。城市道路中三块板道路车速高于一块板。

3)交通管理

道路交通管理严格、道路渠化设计的道路能比较明显地提高车速。这是由于在这样的道路上车辆各行其道,互不干扰,可以有效提高行车速度。此外,信号控制交叉口,实施线控、面控的控制车速高于点控信号交叉路。

5.环境的影响

时间、气候和地理位置的变化以及道路入口的控制、道路周边建筑的类型等对车速都有影响。车辆行驶环境包括自然环境和人造环境,自然环境中的地形、地貌、恶劣天气会影响行车,山区道路环境较差、雨雪雾冰恶劣天气等都会降低车速,临近村镇、居民区、学校等的道路与周围环境开阔的道路相比,车速明显偏低。而平原、开阔路面、良好气候条件下的车速较高。此外,道路景观也影响行车,如果道路环境给驾驶人的感受是枯燥乏味的,就会使驾驶员有尽快驶离感,速度提高。相反,若行驶环境优美,给驾驶员带来的是视觉享受和愉悦的心理感受,则很多驾驶员会降低车速。

三、交通密度

(一)交通密度的定义

交通密度是指某一瞬间,道路上单位长度存在的车辆数,一般用辆/(km·车道数)表示,也可用某个行车方向或某路段单位长度上的车辆数来表示。交通密度是某一道路上测得的瞬时值,这个值不仅随时间的变化而变化,也随测定区间的长度而变化。因此,常将瞬时密度用某总计时间的平均值表示。

(二)交通密度与交通量的区别

交通密度与交通量虽然在一定程度上都能反应道路交通的繁忙程度,但两者有着本质的不同。首先,交通量是从时间上表示车辆通过道路断面的频繁程度,而交通密度表示的是道路空间上的车辆密集程度;其次,在交通发生拥挤时,交通量和车速都为零,则只有交通密度可以反映道路交通的拥挤状况。

(三)密度的表示方法

1.时间占有率和空间占有率

在实际应用中,常采用较容易测量的车辆的道路占用率来间接表征交通密度,即车辆占用率越高,车流密度越大。它包括时间占用率和空间占用率。

(1)时间占有率

时间占用率是指在道路的观测断面上,车辆通过时间累计值与测定时间的比值,一般用百分率表示,其表达式如下:

$$R_{\mathrm{t}}=\frac{\sum_{i=1}^{n}t_i}{T} \tag{2-10}$$

车辆的时间占用率不仅与交通量有关,还与车辆的长短及地点车速有关。它是从车辆行驶的时间占用方面来反映道路的拥挤情况。

车辆的时间占用率与密度的差别在于密度是在一个区间段内测定的,而道路的时间占用率是在一点测得的,交通量也在一点测得,两者之间可建立直接的联系。

(2)空间占有率

空间占用率是指在单位长度车道上,汽车投影面积总和占车道面积的百分率。在实测中,一般测量路段(车道)上的车辆总长度与该路段(车道)长度的百分比,其表达式如下:

$$R_{\mathrm{S}}=\frac{\sum_{i=1}^{n}l_i}{L} \tag{2-11}$$

车辆的空间占用率不仅与交通量有关,还与交通组成有关。它表示的是某一时刻车辆占用路段的比例,用来反映观测路段上的交通负荷程度。

车辆的空间占用率与密度的差别在于密度不能直接反映车队的长度,而车辆的空间占用率则在测定时就已预见车队的长度。

2.车头时距和车头间距

(1)车头间距

车流密度还可以用车头间距来表征,车头间距越小,则交通密度越大。车头间距是指同一车道上行驶的连续车辆中,前后两车车头与车头之间的距离,即观测路段上所有的车头间

距的平均值即为平均车头间距。根据平均车头间距即可求得观测路段平均车流密度,即:

$$K = \frac{1\ 000}{\bar{h}_s} \tag{2-12}$$

(2)车头时距

车头时距是指在同一车道上行驶的车辆队列中,两辆连续车辆车头端部通过某一断面的时间间隔,一般用 h_t 表示,单位为 s/veh。

车头间距和车头时距之间有一定的换算关系,车头间距使用平均车头时距来描述:

$$\text{平均车头间距} = \text{平均车头时距} \times \text{平均车速} \tag{2-13}$$

一般地,为了安全,最短车头时距取 2s 左右的行程。即:

$$\text{极限车头间距} = \text{最短车头时距} \times \text{速度} \tag{2-14}$$

(四)车流密度资料的应用

通过交通调查,获取车流密度,对了解研究交通状况具有十分重要的作用。

(1)车流密度是研究交通流理论和制定交通控制措施的重要基础数据

车流密度是描述交通流的三参数之一,调查车流密度即可对道路的三个参数函数关系进行研究,掌握交通的运行规律,以便预测未来交通运营发展情况,制订交通控制措施。

(2)车流密度是划分服务水平的依据

交通密度是反映道路上车辆拥挤程度最直观的指标,直接反映道路上车辆的密集程度,了解密度可以对道路交通状况做出评价,同时对改善道路的各种设施提供参考。

(3)反映道路上交通堵塞状况

当道路上交通严重拥挤,处于饱和状态时,车辆运行几乎处于停滞状态,交通流量与交通速度几乎为零,此时这两个参数无法描述交通状况,而交通密度则可表示。

(4)有利于对道路通行能力的研究

车流密度可用于研究道路通行能力。

思考与练习题

一、选择题

1. 对交通安全影响最大的交通参与者是(　　)。

A. 交警　　B. 行人　　C. 乘客　　D. 驾驶员

2. 各种感觉器官中给驾驶车辆中的驾驶员提供信息最多的是(　　)。

A. 听觉　　B. 触觉　　C. 视觉　　D. 嗅觉

3. 把警告标志选为黄色底纹黑色图案主要是基于对驾驶员(　　)特性的考虑。

A. 视力　　B. 视觉适应　　C. 视野　　D. 色视觉

4. 汽车上采用 ABS 系统是为了解决哪一方面的性能不足问题?(　　)

A. 制动效能　　B. 制动效能的稳定性

C. 制动时汽车方向的稳定性　　D. 动力性

5. 高峰小时系数肯定(　　)。

A. 大于等于 1　　B. 小于等于 1　　C. 等于 0　　D. 小于 0

二、填空题

1. 驾驶员信息处理过程可划分为____________、____________和____________三个阶段。

2. 评价汽车动力性能的指标包括____________、____________和____________。

3. 方向不均衡系数是介于____________和____________之间的数值，其值越接近____________说明来往两个方向的交通量越均衡。

三、思考题

1. 请用图表示驾驶员制动过程的时间划分。

2. 某测站测得的连续各 10min 时段的交通量统计数见表 2-12，求 20min 的高峰小时系数。

连续各 10min 时段的交通量汇总 表 2-12

统计时间	8:00~8:10	8:10~8:20	8:20~8:30	8:30~8:40	8:40~8:50	8:50~9:00
交通量	120	150	185	165	134	126

项目 3　城市道路系统

知识要求

1. 理解道路的概念和分类；
2. 熟悉公路的等级划分，掌握城市道路的等级划分；
3. 了解道路系统规划，掌握道路网络形式和横断面行驶；
4. 掌握道路通行能力和服务水平。

技能要求

1. 能够辨别道路指路标志牌上的道路类型等级；
2. 能够根据城市道路路网图分析其对应的网络形式和相应特点；
3. 能够分析具体道路的横断面形式和对应优缺点。

课题 1　道路的等级和功能

道路是供各种无轨车辆和行人通行的基础工程设施。根据《中华人民共和国道路交通安全法》第一百一十九条的定义，“道路”是指公路、城市道路和虽在单位管辖范围但允许社会机动车通行的地方，包括广场、公共停车场等用于公众通行的场所。

一、道路的分类

按道路交通性质和所在位置来分，道路可分为公路和城市道路两大主要组成部分。

(1)公路

公路是连接城市、乡村、厂矿和林区的道路，主要供汽车行驶且具有一定技术条件的交通设施。

(2)城市道路

城市道路是城市范围内的道路，是供各种车辆和行人通行、具备一定技术条件的交通设施。

二、公路的等级划分

由于每条道路在国民经济中的作用不同，自然条件的复杂程度不同，行车种类、速度和运量的不同，在技术完善程度方面就有着各种不同的要求。

1. 按照技术等级划分

我国公路按其使用任务、功能及适应交通量，把公路分为高速公路、一级公路、二级公路、三级公路和四级公路五个等级。

1)高速公路

高速公路具有特别重要的政治、经济意义。为专供汽车分向、分车道行驶并应全部控制出入的多车道干线公路。其可分为四车道、六车道、八车道高速公路。不同车道数高速公路适应的小客车年平均日交通量范围标准不同：

(1)四车道高速公路，应能适应小客车年平均日交通量为25 000～55 000辆；

(2)六车道高速公路，应能适应小客车年平均日交通量为45 000～80 000辆；

(3)八车道高速公路，应能适应小客车年平均日交通量为60 000～100 000辆。

2)一级公路

一级公路为连接重要政治、经济中心，通往重点工矿区、港口、机场，供汽车分向、分车道行驶，并可根据需要控制出入的多车道公路。一般能适应的小客车年平均日交通量范围标准为：

(1)四车道一级公路应能适应小客车年平均日交通量为15 000～30 000辆；

(2)六车道一级公路应能适应小客车年平均日交通量为25 000～55 000辆。

3)二级公路

二级公路为连接政治、经济中心或大矿区、港口、机场等地的，供汽车行驶的双车道公路。一般双车道二级公路应适应小客车年平均日交通量为5 000～15 000辆。

4)三级公路

三级公路为沟通县以上城市，主要供汽车行驶的双车道公路。一般双车道三级公路应适应小客车年平均日交通量为2 000～6 000辆。

5)四级公路

四级公路为沟通县、乡(镇)、村，主要供汽车行驶的双车道或单车道公路。一般双车道和单车道的四级公路应适应的小客车年平均日交通量标准为：

(1)双车道四级公路应适应小客车年平均日交通量在2 000辆以下；

(2)单车道四级公路应适应小客车年平均日交通量在400辆以下。

公路等级的划分见表3-1。

公路分级 表3-1

等级	概念	车道数	适应交通量(辆/d)
高速公路	专供汽车分向、分车道行驶，并应全部控制出入的多车道公路	4	25 000～55 000
		6	45 000～80 000
		8	60 000～100 000
一级公路	供汽车分向、分车道行驶，并可根据需要控制出入的多车道公路	4	15 000～30 000
		6	25 000～55 000
二级公路	供汽车行驶的双车道公路	2	5 000～15 000
三级公路	主要供汽车行驶的双车道公路	2	2 000～6 000
四级公路	主要供汽车行驶的双车道或单车道公路	2	<2 000
		1	<400

2. 按照行政等级划分

根据公路在政治、经济、国防上的重要意义和使用性质，划分为五个行政等级。

(1)国家公路(国道)

国家公路是指具有全国性政治、经济意义的主要干线公路，包括重要的国际公路、国防公路，连接首都与各省、自治区、直辖市首府的公路，连接各大经济中心、港站枢纽、商品生产基地

和战略要地的干线公路。其编号是以大写字母 G 开头后加三位阿拉伯数字组成(G×××)

(2)省公路(省道)

省公路是指具有全省(自治区、直辖市)政治、经济意义,连接各地市和重要地区以及不属于国道的干线公路。与国道的编号规则一样,省道是由“大写字母 S+三位阿拉伯数字”组成。

(3)县公路(县道)

县公路是指具有全县(县级市)政治、经济意义,连接县城和县内主要乡(镇)、主要商品生产和集散地的公路,以及不属于国道、省道的县际间公路。县道一般由大写字母 X 开头,如 X152 县道、X312 县道等。

(4)乡公路(乡道)

乡公路是指主要为乡(镇)村经济、文化、行政服务的公路,以及不属于县道以上公路的乡与乡之间及乡与外部联络的公路。乡道编号一般由大写字母 Y 开头。

(5)专用公路

专用公路是指专供或主要供厂矿、林区、农场、油田、旅游区、军事要地等与外部联系的公路。专用公路编号一般由大写字母 Z 开头。

三、城市道路

1. 功能

城市道路最基本的功能就是提供通行空间,根据在城市道路网中所担任的主要任务和角色的不同,一般道路具有两大功能,即交通功能(机动性)和接入功能(可达性)。对于等级高的道路,在道路网中的主要任务是实现快速的交通运行,即交通功能占主导地位;对于等级较低的道路,主要是实现方便的接入,使出行者可以方便地到达目的地,即接入功能占主导地位。

此外,城市道路在城市发展过程中还具有形成和促进城市结构布局发展,提供通风与采光空间,作为上、下水道和煤气、电力、通信设施埋设通道的作用。

2. 分类

城市道路系统等级分为快速路、主干路、次干路、支路四级。

1)快速路

快速路为交通性干道,主要提供城市内长距离、快速交通及快速对外交通服务。快速路一般设置在大城市或特大城市,主要起着联系城市中各区之间的作用,在城市中有着较高的经济、政治、军事等方面的功能。

其主要要求有以下几点。

(1)每个方向至少有两条机动车道,中间设置宽度不小于 1m 的中央分隔带;

(2)大部分交叉口应采用立体交叉;

(3)车辆只能在指定地点进出,进出口采用全部控制或部分控制;

(4)原则上只准汽车行驶,禁止非机动车和行人进入;

(5)设计车速为 60km/h 或 80km/h。

2)主干路

主干路是城市道路网的骨架,连接着城市中各区间及商业网点,是城市内部的交通大动脉,主要为城市范围内较长距离出行提供服务,其通行功能优于通达功能。其主要要求有以下几点：

(1)一般设双向六车道或四车道；

(2)一般不设立体交叉；

(3)沿线不设置吸引大量车流、人流的公共建筑物出入口；

(4)一般采用分隔带进行机动车道与非机动车道的分离。

3)次干路

次干路是城市中数量最多、服务范围最广的道路，是连接主干路的辅助性干道，对主干道形成的道路网络进行加密和充实，配合主干路组成城市干道网。次干路兼具“通”和“达”的功能，服务对象的多样性决定其功能的多样性。次干路的要求为：

(1)一般设双向四车道，可不设单独非机动车道；

(2)一般不设立交，交叉口都是平面交叉；

(3)允许次干路两侧设置商业网点，并应设停车场。

4)支路

支路也称支线道路，是次干路与街区路的连接线，以服务功能为主。支路可以是商业街、文化街及生活区的道路(不包括城市中的胡同、里弄等类小道)，还包括非机动车道路和步行道路。支路的要求为：

(1)支路上不宜通行过境交通，只允许通行为本地区服务的交通；

(2)沿路以居住建筑为主；

(3)与平行于快速路的道路相接，但不得与快速路直接相接。

作为交通主要承载设施的城市道路系统，不仅要层次分明，还要功能清晰。道路功能和等级划分不仅应确定道路规划标准，而且应该考虑各类道路的优先服务对象，为制定建设标准提供依据。在道路规划和使用管理中，明确快速路为机动车服务，尤其是客运车辆服务；主干道机动车优先，但需考虑非机动车和行人穿越；次干道考虑机动车和非机动车，公共交通优先；支路除机动车通行外，充分考虑慢行交通的通行需求，甚至优先考虑其需求。

课题2　城市道路系统的规划

一、城市道路系统的规划

城市道路所组成的总体称为城市道路系统(城市道路网络)。它一般包括城市各个组成部分之间相互贯通的汽车交通干道系统和各分区内部的生活服务性道路系统。

城市道路系统的规划是否合理，将直接影响城市的交通运输、生产和人民生活等各个方面。

一般而言，城市道路系统的规划应包括城市道路网路的结构形式、道路组成与幅度及停车场的布置等内容。规划合理的道路网络应该是系统完整、功能分明、线形平顺、交通便捷通畅、布局经济合理且美观的一个完美的系统。

1. 城市道路系统规划的基本要求

我国对城市道路的规划指定了如下几项具体的规定。

(1)城市道路规划必须以城市总体规划为基础，并与城市的规模、性质相适应，使规划的道路为社会各阶层提供可达性与机动性。

(2)城市道路系统规划应满足客、货车流和人流的安全与畅通,反映城市风貌、城市历史和文化传统,为地上地下工程管线和其他市政公用设施提供空间,满足城市救灾避难和日照通风的要求。

(3)城市道路交通规划应符合人与车交通分行、机动车与非机动交通分道的要求。

(4)城市道路应分为快速道路、主干路、次干路和支路四类。

(5)城市道路用地面积应占城市建设用地面积的8% ~15%。对规划人口在200万以上的大城市,宜为15% ~20%。

(6)规划城市人口人均占有道路用地面积宜为7 ~15m^2,其中,道路用地面积宜为6.0 ~13.5m^2/人,广场面积宜为0.2 ~0.5m^2/人,公共停车场面积宜为0.8 ~1.0m^2/人。

(7)城市道路中各类道路的规划指标,在规划中要符合规定要求。

2. 城市道路网络规划的内容

1)城市道路网络发展战略内容

(1)分析交通需求发展,确定道路网络发展目标和水平;

(2)确定城市通路网络格局、城市对外通道;

(3)提出实施城市道路交通网络过程中的重要技术经济对策;

(4)提出有关交通发展政策和交通需求管理政策的建议。

2)城市道路网络近、中、远期规划内容

(1)确定各级城市道路网络形式;

(2)确定各类公共交通设施的设置位置;

(3)对网络规划方案做技术经济评价;

(4)提出分期建设与建设项目排序的建议。

二、城市道路网络形式

城市道路网络是城市交通运输的主要组成部分,它担负着各种机动车、非机动车、行人以及地面有轨交通的运行。城市道路既是交通规划的主脉,又是城市规划的骨架,其网络布局是否合理,关系城市规划和城市交通的大局。

城市道路规划中把道路网络所组成的几何图形称为道路网络形式,简称网络形式。每个城市的道路网形式都是在一定的自然、历史、现状和建设条件下形成的,并随着时间的变迁发生一定的变化。城市道路网结构形式对整个城市的规划和建设具有十分重要的意义。

城市道路网路形式按已形成的城市道路网格局,可以分为以下几种基本类型。

(1)方格形式道路网

方格形式道路网又称棋盘式,是我国城市道路网最普遍的一种布局形式。我国许多老城市采用的棋盘式道路网就属于方格式。

方格式道路网的道路系统简单,便于组织交通,具有机动性,不会形成复杂的交叉口,且房屋朝向易于处理,有利于道路两侧建筑物的布置,并在一定程度上避免城市交通拥挤。但这种形式也有如下缺点,即对角线间的交通绕行距离远,交叉道口多,行驶速度受影响。

方格式路网多在地形平坦的中小城市和大城市的中心区采用。我国的许多城市采用了方格式道路网。如20世纪50年代新兴工业城市洛阳,新市区在老城西侧布置,涧西区和洛北区道路网均为方格式。西安市以老城棋盘式路网为核心,分别向东、南、西三个方向延伸,仍基本保持了方格式道路网的特征。北京、西安、郑州等城市的老城区也是方格式道路网。

这种形式又可分为轴对称性和非对称性两种。如古老北京城就是以前门、天安门及午门等建筑物为南北轴线，整个城市道路呈左、右轴对称的形式；古老的西安市也类似这种情况；古代山西大同市也是这种近似对称性道路网结构；而像合肥市的老城区就是一个非对称性的方格网形式。

（2）放射式

放射式道路网的特点是城市有明显的市中心或广场，各条街道均通向这里。单纯的放射式只有在小城镇才能适用，因为从城市的任一点到另一点，都要绕经中心，易带来中心区用地紧张、交通拥堵等问题。

（3）环形放射式道路系统

环形放射式道路系统既保持放射街道，又加上与市中心成同心圆的环状街道，城市主干道由多条放射干线和环状干线有机结合，以避免单纯放射式的缺点。

如我国的天津市道路系统通过建设内环、中环和外环及 14 条放射干道构成环形放射式道路网。

（4）自由式道路系统

自由式道路系统没有一定的格式。这是由于城镇地区所处地形复杂，考虑了道路功能，又结合自然条件，因地制宜地加以组织而形成的道路网形式。其缺点为占地多，城市内任何两点间道路的非直线系数都较大。

城市道路根据地形特点，或依地势高低建筑而成，道路网无一定的几何形状，主要形成在山丘地带或沿海沿河的城市。如山城重庆位于嘉陵江与长江汇合处，道路主要沿等高线开辟，形成了不同高程的道路网，并以几条干道（包括隧道）将其相连。又如青岛市地形起伏，三面环绕岸线曲折的大海，道路依山傍海呈不规则的自由式网络。另如地处平原的芜湖市道路，依湖泊和残丘也呈自由式布置图形。

（5）混合式道路系统

单一道路网络形式不能满足城市发展需求时，便会出现两种或两种以上类型混合的混合式道路网络形式，常见的如方格—环形—放射混合式。其特点是城市主体地区采用方格式布局，外设方形或多边形环路，加放射对角线式直通道路。实为内方格外放射，并以环线相连的布局形式。其是我国众多棋盘式道路网向现代城市交通体系发展的主要途径之一。

如北京以老城区棋盘式路网为核心先后建设了多条环状干道。一环在市中心区内，二环环绕市中心区，三环沿着城市建成区。以二环路为起点，已形成 9 条主干放射路，14 条次要放射路，并逐步以立交取代平交路口。首都现代化道路系统已初步形成。成都市的道路网也属此类型，干道网由 8 条放射干道和 2 条环路组成。

另外，需注意我国城市发展中出现的方格—环形—放射混合式道路网与欧洲城市的环形—放射式道路网的区别在于：前者的放射干道起自环形干道（多在老市区外），而后者是起自市中心广场；前者道路多是垂直相交，后者道路却多以锐角和钝角相交。

三、城市道路横断面的主要形式

在城市道路系统规划、建设时，需要根据道路交通需求和道路等级等因素确定具体的道路横断面形式，城市道路的横断面形式是随着交通发展而演变起来的，对于城市的交通有着十分重要的作用。

道路横断面通常依据车行道的布置分为一块板、两块板、三块板和四块板等几种类型。

(1)一块板道路横断面

一块板道路横断面,也称单幅路,是指不用分隔带划分车行道的道路横断面,如图3-1所示。其具有占地小、投资省、交叉口通行效率高、道路的使用较为灵活等优点,常见于机动车专用道、自行车专用道以及大量的机动车与非机动车混合行驶的次干路和支路。这种形式存在交通混乱、交通安全性低等缺点。

图3-1 一块板道路横断面

(2)两块板道路横断面

两块板道路横断面,也称双幅路,是指用分隔带将车行道划分为两部分的道路横断面,如图3-2所示。首先,中央分隔带可以解决对向机动车流的相互干扰,适用于纯机动车行驶的车速高、交通量大的交通性干道。相关规范规定,当道路设计车速大于50km/h时,必须设置中央分隔带。其次,较宽的绿化分隔带有利于形成良好的景观绿化环境,常用于景观、绿化要求较高的生活性道路。再次,在地形起伏变化较大的地段,利用有高差的中央分隔带,可减少土方量和道路造价。但两块板式也具有不能将每个方向的机动车流与非机动车流明显地分开,使单向交通流的混合化不能有效地得到解决的缺点。

图3-2 两块板道路横断面

(3)三块板道路横断面

三块板道路横断面,也称三幅路,是指用分隔带将车行道划分为三部分的道路横断面,如图3-3所示。三块板道路有利于机动车和非机动车分道行驶,可以提高车辆的行驶速度、保障交通安全;同时,三块板断面形式,能较好地处理照明与绿化问题,可以使道路夜间路面照度比较均匀,这也是道路照明的一个主要指标;另外,三块板道路可在分隔带上布置多层次的绿化,取得较好的景观效果,同时降低道路噪声对行人和沿路居民的影响。但是,三块板道路对机动车仍存在相互干扰;在设置公共交通的停靠站时有着上下客流必须横穿非机动车道的不利因素;机动车与沿街用地之间、自行车与街道另一侧的联系不方便;道路较宽,占地大,投资高;而且车辆通过交叉口的距离加大,交叉口的通行效率受到影响。三块板横断面一般适用于机动车交通量不十分大且有一定的车速和车流畅通的要求,自行车交通量又较大的生活性道路或交通性客运干道,不适用于机动车和自行车交通量都很大的交通性干道和要求机动车车速快而畅通的城市快速干道。

(4)四块板道路横断面

四块板道路横断面,也称四幅路,是指用分隔带将车行道划分为四部分的道路横断面,即在三块板的基础上，增加一条中央分隔带，解决对向机动车相互干扰的问题，达到各类车流各行其道、互不干扰的目的，如图 3-4 所示。同时，四块板道路上可布置多排绿化带，对改善城市道路环境有很好的效果，且由于绿化带的隔离作用，机动车产生的噪声对行人和沿街居民的干扰也较小。但是，四块板同样存在公共交通的上下客流均要横穿非机动车道的缺点；同时，四块板道路的占地和投资都很大，交叉口通行能力也较低，并不经济。所以，一般在城市道路中不宜采用这种横断面类型。

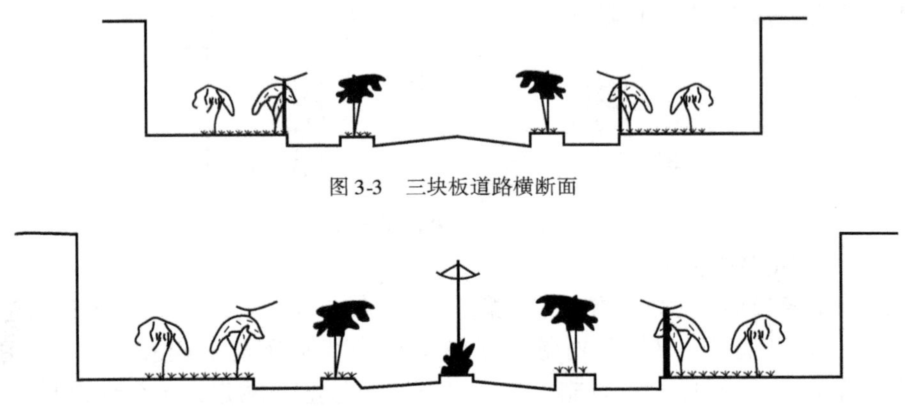

图 3-3　三块板道路横断面

图 3-4　四块板道路横断面

总体来看，以上四种断面形式各自具有一定的优点和不足（表 3-2），板块数越少，在道路照明、绿化及造价上都比较低廉，但对交通流的分流渠化和减轻交通流的混合程度，却有着一定的难度。相反，板块数的增加，在工程造价上比较高，但有利于交通分流和渠化。并从纯经济效益和社会环境效益来看，虽然工程造价高，但通车后的效益却比较好，在长远的利益上是有效的措施。

四种典型断面形式的比较　　　表 3-2

横断面	一块板	两块板	三块板	四块板
交通安全	差——	————	————	——→好
行车速度	慢——	————	————	——→快
造价	低——	————	————	——→高
照明绿化	差——	————	————	——→好
噪声	差——	————	————	——→好

目前，我国不同城市的道路横断面形式比例并不相同，在道路横断面设计时应根据实际情况具体分析。概括来说，三块板式横断面在我国多数城市道路横断面设计上具备较大的优势。

课题 3　道路通行能力

一、道路通行能力概述

道路通行能力也称道路容量，是指道路的某一断面在单位时间内所能通过的最大车辆数,通常用字母 C 表示。它是道路的一种性能,是度量道路疏导车辆能力的指标,也是道路规划、设计和运营的一项重要参数。

(一)通行能力与交通量的区别

通行能力是在已知的道路设施和规定的运行质量条件下,单位时间内所能适应的最大交通量,其数值具有相对稳定性;交通量是指单位时间内,道路上实际通过的交通实体的观测值,其数值具有动态性与随机性。在正常运行状况下道路的交通量均小于通行能力。

随着道路上车辆数的变化,交通量与通行能力之间呈现不同的关系,相应地道路上的交通流呈现不同状态。当交通量远小于通行能力时,车辆之间几乎没有相互干扰,车流为自由流,驾驶员驾驶自由度高,可以随意地加减速或者根据需要改变车道,车速较快;随着交通量的增加,车辆之间的相关干扰增大,运行状态恶化,直到交通量等于通行能力,车辆在保证安全距离的状态下排队跟踪行驶;若道路上车辆数继续增加,则车流变强制流,车速降低,驾驶员行驶自由度极低,出现交通拥挤、阻塞现象。

交通量(Q)与通行能力(C)之间的关系可以表示如下:

(1)$Q < C$,畅通;

(2)$Q = C$,跟踪行驶;

(3)$Q > C$,阻塞。

(二)通行能力的分类

1)根据道路设施和交通实体分类

(1)机动车道通行能力;

(2)非机动车道通行能力;

(3)人行道通行能力。

2)根据研究对象分类

(1)城市干道通行能力;

(2)高速公路通行能力;

(3)双车道和多车道公路干道通行能力;

(4)信号交叉口通行能力。

3)根据作用性质和使用要求分类

(1)基本通行能力

基本通行能力是指在一定的时段,理想的道路与交通环境下,一条车道(或每一条道路)或一均匀段或某一断面在单位时间内能够通过的最大交通量。这是理想状态下的通行能力,一般很难达到或很难实现。

(2)可能通行能力

可能通行能力是指在实际道路和交通条件下,单位时间通过道路一条车道或一均匀段或某一断面的最大交通量。其是根据道路和交通实际,对理想条件进行修正后得出的道路所能承担的实际最大交通量。

(3)设计通行能力

设计通行能力是指在一定时段,在具体的道路、交通、控制及环境条件下,一条车道或一均匀路段上或一断面,对应服务水平的通行能力,主要用作道路交通规划和设计的依据。

(三)通行能力的影响因素

(1)道路条件

道路条件是指道路的几何特征,包括车道数、车道宽度、路肩和中央带的宽度、侧向净宽、视距、平纵线形、设计速度和路面使用质量,以及平整度等。

(2)交通条件

交通条件是指交通特征。其包括交通流中的交通组成、交通量及交通量的车道分布和上下行交通量的方向分布。

(3)管制条件

管制条件是指交通法规、交通控制设施的形式及特定设计和管理措施等。对于信号控制交叉口,交通信号灯的设置地点、控制形式和配时参数对通行能力的影响最大。其他重要的交通控制包括"停车"和"让路"标志、车道使用限制及转弯限制等。

(4)环境条件

交通环境主要是指街道化程度、商业化程度、路边停车、横向干扰程度和交通秩序等。

(5)气候条件

气候条件主要是指雨、雪、雾、霾及台风等天气因素对特定地区道路通行能力产生较大影响。

二、服务水平概述

(一)服务水平的定义

服务水平是指道路使用者从道路状况、交通与管制条件、道路环境等方面可能得到的服务程度或服务质量。它是衡量交通流运行条件以及驾驶员和乘客所感受的服务质量的一项指标,反映了道路在某种交通条件下所提供运行服务的质量水平。

通常,根据交通量、速度、密度、行驶时间、驾驶自由度、交通间断、经济性、舒适和方便等指标确定服务水平。服务水平反映了道路在某种交通条件下所提供运行服务的质量水平。应该注意的是,安全性并不包括在服务水平的影响因素之列。

(二)服务水平分级

根据道路为驾驶员和乘客所能提供的服务质量的高低,为了说明道路交通负荷状况,以交通流状态为划分条件,服务水平可划分为不同的等级。一般我国采用四级服务水平定性地描述交通流从自由流、稳定流到饱和流和强制流的变化阶段。

1)一级服务水平

交通量小、驾驶员能自由或较自由地选择行车速度并以设计速度行驶,行驶车辆不受或基本不受交通流中其他车辆的影响,交通流处于自由流状态,超车需求远小于超车能力,被动延误少,为驾驶员和乘客提供的舒适便利程度高。

2)二级服务水平

随着交通量的增大,速度逐渐减小,行驶车辆受别的车辆或行人的干扰较大,驾驶员选择行车速度的自由度受到一定限制,交通流状态处于稳定流的中间范围,有拥挤感。到二级下限时,车辆间的相互干扰较大,开始出现车队,被动延误增加,为驾驶员提供的舒适便利程度下降,超车需求与超车能力相当。

3)三级服务水平

当交通需求超过二级服务水平对应的服务交通量后,驾驶员选择车辆运行速度的自由度受到很大限制，行驶车辆受别的车辆或行人的干扰很大，交通流处于稳定流的下半部分，并已接近不稳定流范围，流量稍有增长就会出现交通拥挤，服务水平显著下降。到三级下限时行车延误的车辆达到80%，所受的限制已达到驾驶员所允许的最低限度，超车需求超过了超车能力，但可通行的交通量尚未达到最大值。

4)四级服务水平

交通需求继续增大，行驶车辆受别的车辆或行人的干扰更加严重，交通流处于不稳定流状态。靠近下限时每小时可通行的交通量达到最大值，驾驶员已无自由选择速度的余地，交通流变成强制状态。所有车辆都以通行能力对应的、但相对均匀的速度行驶，一旦上游交通需求和来车强度稍有增加，或交通流出现小的扰动，车流就会出现走走停停的状态，此时能通过的交通量很不稳定，其变化范围从基本通行能力到零，时常发生交通阻塞。

而美国将服务水平划分为 A ~ F 六级，如图 3-5 所示。

a)A级　b)B级　c)C级　d)D级　e)E级　f)F级

图 3-5　不同等级服务水平下交通流状况

(1)A 级。车流畅通,平均车速大于 48km/h,交通量小于道路通行能力的 50%。

(2)B 级。车流稳定,稍有延迟,平均车速大于 40km/h,交通量接近道路通行能力的 60%。

(3)C 级。车流稳定,有延迟,平均车速大于 32km/h,交通量接近道路通行能力的 80%。

(4)D 级。车流不大稳定,延迟尚可忍受,平均车速大于 24km/h,交通量接近道路通行能力的 90%。

(5)E 级。车流不稳定,延迟不能忍受,平均车速降到 24km/h,交通量接近道路通行能力。

(6)F 级。交通阻塞,平均车速小于 24km/h,交通量可能超过道路通行能力,但已没有意义。

我国及美国服务水平的分级对照及相应的交通状态描述见表 3-3。

服务水平的分级 表 3-3

<table>
<tr><td rowspan="2">饱和度</td><td>中国</td><td>美国</td><td colspan="5">路段交通状态描述</td></tr>
<tr><td>分级</td><td>分级</td><td>车流</td><td>车速</td><td>交通密度</td><td>延误</td><td>评价</td></tr>
<tr><td>$V/C<0.5$</td><td>一级</td><td>A 级</td><td>自由流</td><td>高</td><td>小</td><td>几乎无延误</td><td>最佳</td></tr>
<tr><td>$V/C\approx0.5\sim0.6$</td><td>二级</td><td>B 级</td><td>稳定流</td><td>快</td><td>适中</td><td>有小量延误</td><td>好</td></tr>
<tr><td>$V/C\approx0.7\sim0.8$</td><td rowspan="2">三级</td><td>C 级</td><td>稳定流</td><td rowspan="2">稍快</td><td rowspan="2">稍大</td><td>延误可接受</td><td>好</td></tr>
<tr><td>$V/C=0.9$</td><td>D 级</td><td>接近稳定流</td><td>可忍耐的延误</td><td>较差</td></tr>
<tr><td>$V/C=1.0$</td><td rowspan="2">四级</td><td>E 级</td><td>不稳定流</td><td>低</td><td>大</td><td>延误不可忍受</td><td>饱和</td></tr>
<tr><td>$V/C>1.0$</td><td>F 级</td><td>强制流</td><td>最低</td><td>最大</td><td>延误不可忍受</td><td>最差</td></tr>
</table>

注:道路饱和度是反映道路服务水平的重要指标之一,其计算公式即为人们常说的 V/C,其中,V 为服务交通量,C 为最大通行能力。

三、平面交叉口和公共交通通行能力

平面交叉口是城市道路交通的关键点和瓶颈处,而我国城市道路交通不同交通形式对公众出行的影响又不同,公共交通作为解决居民出行的高效率、低能耗、低污染的一种交通方式,被极力推广,因此,需简要分析平面交叉口和城市公共交通的通行能力。

(一)平面交叉口的通行能力

两条或两条以上的道路在同一平面相交即道路平面交叉。

1. 平面交叉口的分类

平面交叉口的分类形式多样,根据有无信号灯控制分为有信号控制交叉口和无信号控制交叉口,有信号控制交叉口的分类在项目 4 中介绍,这里重点介绍无信号控制交叉口的分类。

不设信号机控制的交叉口通常可分为两大类,即暂时停车方式和环形方式。

1)暂时停车交叉口

暂时停车方式又可分为两向(两路)停车方式和全向(四路)停车方式,如图 3-6 所示。

两向停车方式通常用于主要道路与次要道路相交路口,主要道路上的车辆优先通行,通过路口不用停车;次要道路中的车辆,必须首先让主要道路上的车辆通行,寻找机会,穿越主要道路上车流的空当,通过路口。全向停车方式适用于相交道路相同等级,同等重要程度的交叉口,相交道路的车辆通过交叉口具有同等的优先权,都必须在交叉口处停车,然后根据交通法规的规定,选择恰当时机通过。

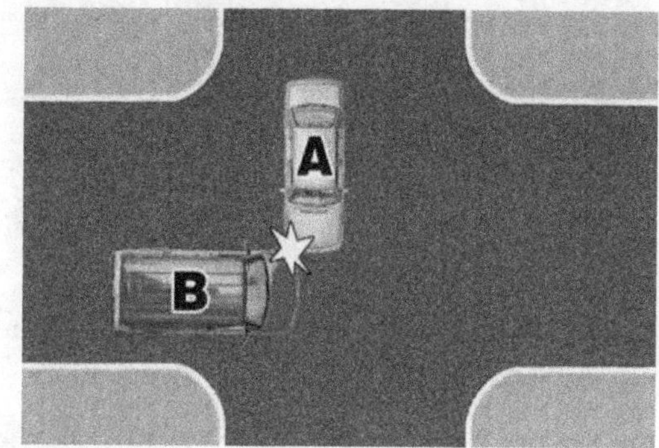

图 3-6 暂时停车交叉口

2)环形交叉口

环形交叉口是自行调节的交叉口,如图 3-7 所示。这种交叉口是在中央设置中心岛,使进入交叉口的所有车辆都沿同一方向绕岛行进,车辆行驶过程一般为合流、交织和分流,避免车辆交叉行驶形成冲突。这种交叉口的功能介于平面交叉口和立体交叉口之间,其优点是车辆连续行驶、安全,以及不需要设置管理设施。车辆在交叉口不必要停车、启动,延误小,节省燃料,减少对环境的污染。同时,通过环岛中心的绿化可起到美化城市的作用。缺点是占地大,绕行距离长。机动车交通量较大、非机动车和行人较多及有轨道交通线路时,均不宜采用。

图 3-7 环形交叉口

环形交叉口按中心岛直径大小分为三类,即常规环形交叉口、小型环形交叉口和微型环形交叉口。

(1)常规环形交叉口

常规环形交叉口中心岛直径大于 25m,交织段比较长,进口引道不拓宽成喇叭,如图 3-8 所示。我国现有的环形交叉口大都属于此类。

图 3-8　常规环形交叉口

(2)小型环形交叉口

小型环形交叉口的中心岛直径小于 25m,引道进口加宽,做成喇叭形,便于车辆进入交叉口,如图 3-9 所示。

图 3-9　小型环形交叉口

(3)微型环形交叉口

微型环形交叉口中心岛直径一般小于 4m,中心岛不一定做成圆形,也不一定做成一个,可用白漆画成圆圈,如图 3-10 所示。实际上这种环形交叉口已经变为渠化交叉口。

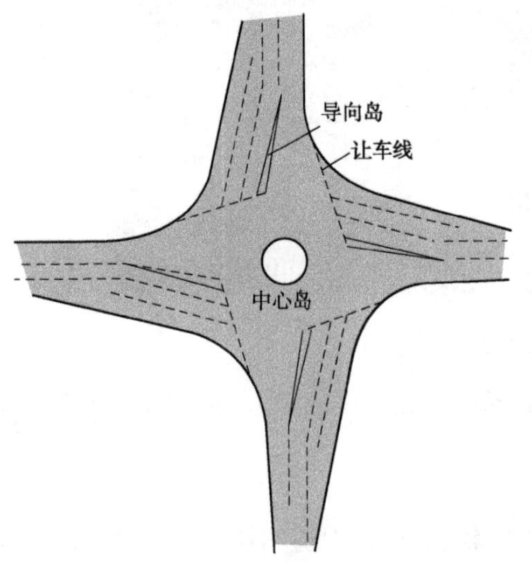

图 3-10　微型环岛交叉

2. 平面交叉口的通行能力计算思路

平面交叉口的通行能力计算较复杂，只简要介绍无信号灯控制（两路停车）的交叉口和有信号灯控制的交叉口的通行能力计算的思路。

(1)无信号灯控制（两路停车）的交叉口通行能力

无信号灯控制（两路停车）的交叉口一般采用让行方式，次要道路上的车让主要道路上的车辆先行，拐弯的车辆让直行的车先行。因此，主要道路的通行不受干扰，其通行能力按路段计算。次要道路上的车辆穿插主要道路上的车流空挡通行。路口的通行能力为两者之和，且最大等于主要道路路段通行能力。

(2)有信号灯控制的交叉口通行能力

由于信号灯管制，交通流由连续流变为间断流，各个方向的有效通行时间减少，通行能力下降。计算方法有冲突点法和停车线（或停止线）法。我国一般采用停车线法。关于其计算方法请参阅相关资料。

(二)公共交通通行能力

1. 定义

公共交通通行能力与公路通行能力概念不同，包括人和车辆两方面的行为。其中，客运能力是指在一定时间内按规定的运行条件，公共交通车辆能运送乘客通过某道路断面的人数。而车辆通行能力是指特定时间段内公交站点、公交联合站以及公交车道或公交线路所服务的公交车辆数。

2. 提高公共交通路线通行能力的途径

(1)维持好乘车秩序，缩短乘客上下车时间；

(2)增加车门个数，加大车门宽度，降低车厢底板高度，缩短乘客上下车时间；

(3)改善车辆加速性能，提高驾驶员驾驶熟练程度，缩短车辆进、出站时间；

(4)在一条很长的街道上，在同一站点将几路公共汽车沿行车方向分成几组设站，这样可以提高通行能力。

思考与练习题

一、选择题

1. 西安市老城区的道路网络属于哪种形式？(　　)

A. 方格式　　B. 放射式　　C. 环形放射式　　D. 自由式

2. 正常运行状况下，道路的交通量均(　　)通行能力？

A. 小于或等于　　B. 大于或等于　　C. 等于　　D. 没有关系

3. 在英美等国，通常把交通服务水平划分为六级，那么自由流的服务水平是(　　)。

A. A 级　　B. C 级　　C. D 级　　D. F 级

4. 下面哪一个不是提高公共交通线路通行能力的途径？(　　)

A. 提高驾驶员技能　　B. 增加车门数量

C. 增加车站个数　　D. 减少车辆进出站时间

二、填空题

1. 城市内提供长远距离、快速交通服务的道路属于城市道路的____________。

2. 道路等级不同的一个十字交叉口，若无信号灯，则可采取____________的通行方式。

三、思考题

1. 图 3-11 所示的 G319 和 G55 道路属于哪一级别？是高速还是国道？

图 3-11　G319 和 G55 道路

2. 请搜集上海道路等级划分的相关资料。
3. 请对不同道路横断面形式的优缺点进行比较说明。

项目4 交通管理

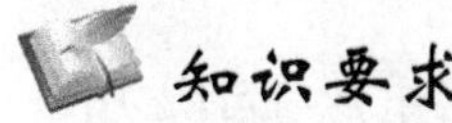

知识要求

1. 了解交通管理与控制的区别与联系,熟悉城市交通管理方法;
2. 分析常用的城市交通管理方法;
3. 理解信号控制交叉口的控制方式;
4. 掌握交通标志和标线的类别、形式和作用。

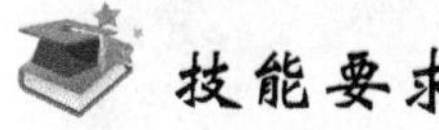

技能要求

1. 能够具体分析不同的车道管理方法与适用条件;
2. 能说出具体的交通需求管理方法的所属阶段;
3. 具有分析交通标志标线配合应用的能力。

课题1 交通管理与控制

随着生产力的发展,商品的流通和人员的流动越来越频繁,社会生活对交通的需求越来越高。特别是我国高人口密度的大型城市,交通需求和道路通行能力总是处于不平衡状态,交通需求和道路设施建设速度之间的差距越来越大。解决交通问题,仅依赖于扩大道路设施的规模是行不通的,也是不现实的。著名的当斯(Downs)定律指出:在政府对城市交通缺乏有效管理的情况下,新建的道路设施会引发新的道路需求,而交通需求总是趋于超过道路供给。也就是说,在此情况下,不管投入多大的人力财力,结果必然导致交通拥堵。

道路交通管理是提高道路效率,实现安全、迅速交通的必然要求。通过建立完善的交通法规和交通管理设施,增加所有交通参与者的秩序意识、安全意识和法规意识,规范交通行为,是综合解决交通问题的有效方法,同时也是社会文明与进步的必然要求。

道路交通管理包括的内容比较多,如交通管理的原则、措施、设备、法规等;又如根据交通条件和道路情况,如何进行交通组织优化,使交通流迅速通过,减少交通延误;再如根据车流特性,如何采取交通管理措施,保证交通安全等。概括起来,就是交通管理和交通控制,也就是常说的交通管制。

一、交通管理与控制的概念和目的

1. 交通管理

交通管理是按照交通法规的有关规则和要求,运用各种手段、方法和工具合理地引导、限制与组织交通流。通过交通管理使交通系统中的人、车能在安全、迅速、畅通的条件下运行,从而获得最好的安全性、最少的交通延误、最高的运输效率、最大的通行能力、最低的运营费用。如常见的交通需求管理、改善交通秩序、标准及法规的制定,以及交通管理信息库的建立等都属于交通管理的范畴。

2.交通控制

交通控制是用现代化的信号装置、通信设施、信息采集设备及电子计算机和网络系统设备等交通设施、设备对动态的交通准确地调度,在时间上给交通流分配通行权使其安全通畅地运行的一种交通指挥措施。通过交通控制对交通流进行合理的引导和调度,使道路上的人和物达到最高的运输效率。常见的如红绿灯信号控制机、城市交通区域控制系统、智能交通系统,以及城市快速路控制系统等都属于城市交通控制的范畴。

交通管理与交通控制构成交通的管制系统。实际上,交通管制系统的重点在于运用各种交通设施准确掌握、分析,并及时指挥交通。

二、交通管理的分类

1.技术管理

(1)各种技术规章的执行与监督;

(2)交通标志、交通标线的设置、管理与维护;

(3)信号及专用通信设施的设计、安装、管理与维护;

(4)各种专用车道与交通组织方法的应用;

(5)安全防护及照明设施的安装与管理。

2.行政管理

(1)组织单向交通;

(2)禁止某种车辆通行;

(3)实行错时上下班或组织可逆性行车;

(4)对某些交通参与者(老人、小孩、残疾人)予以特殊照顾;

(5)选择交叉口的管理或控制方式。

3.法规管理

(1)执行交通法规;

(2)建立驾驶人员管理制度;

(3)建立各种违章与事故处理规则并监督实施;

(4)采取各种临时或局部的交通管理措施。

4.交通安全教育与培训考核

(1)交通警察的培训;

(2)驾驶人员的培训考核与安全教育;

(3)公众特别是青少年的交通法制与安全教育;

(4)各种违章的教育与处罚。

三、交通信号控制分类

道路交通信号是指用于指示车辆通行或停止的专用指示灯具组合,多安置在道路交叉路口。利用交通信号进行控制是目前最常见的一种交通控制方式,它可以从时间上将不同流向的车流进行分离。如何高效地利用道路的时空资源,如信号配时优化、交通渠化、车道功能划分、绿波控制及面控制等都是交叉口交通管理与控制研究的内容。

交叉口交通信号控制按照控制范围和控制方法分为不同的类型。

1. 按照控制范围分类

(1)单点交叉口交通信号控制(点控)

单点交叉口独立运行交通信号控制简称“点控制”,即点控,它以单个交叉口为控制对象实施控制,通过灯色的变化,在保证安全的前提下尽可能多地使各方向车辆通过。点控形式在交通信号设计时只需考虑本交叉口各条道路的交通量,应用范围广,是交通信号灯控制的最基本形式。就我国交通管理现状而言,交叉口单点信号控制仍是最主要的控制手段之一。

(2)干线交通信号协调控制(线控)

干线交通信号协调控制简称“线控制”或“绿波控制”,即线控,主要运用在城市干线上。一般一条干线上有几个交叉口协调控制,使干线上交叉口的信号控制器具有相同的周期,绿灯信号开启时间相继错开,从而使干线上行驶的车辆尽可能少遇或不遇红灯,一路绿灯,形成绿波带,以减少延误,如图 4-1 所示。

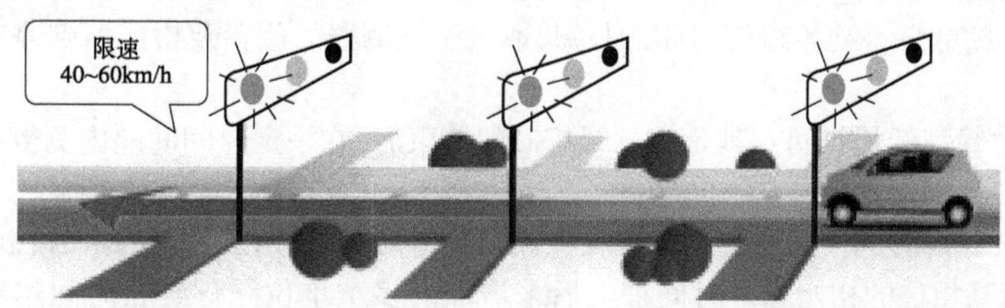

图 4-1 绿波交通

所谓绿波带,是指在指定的交通线路上,当规定好路段的车速后,要求信号控制机根据路段距离,把该车流所经过的各路口绿灯起始时间做相应的调整,以确保该车流到达每个路口时,正好遇到“绿灯”。这种控制方式要求较高,应用受到限制,如图 4-2 所示。

图 4-2 绿波路段

(3)区域交通信号控制系统(面控)

区域交通信号控制系统简称“面控”。它把整个区域中的所有信号交叉口作为协调控制的对象,控制区内各受控交通信号都受中心控制室的集中控制。对于范围较小的区域,可以整区集中控制;对于范围较大的区域,可以分区分级控制。面控是要让区域内各交叉口信号控制器协调动作,从而可以提高道路通行能力,增加交通安全,节省能源和减少污染等。这种控制方式要求最高。

2. 按照控制方法分类

1)定时控制(固定周期控制)

交叉口交通信号机均按事先设定的配时方案运行,在每个方向上通过红、绿、黄色灯循环显示,指挥交通流在时间上实施隔离,也称固定周期控制。固定周期信号控制是最基本的交叉口信号控制方式,这种控制方式设备简单、投资最省、维护方便。

定时控制又分为单段式定时控制和多段式定时控制。其中,一天 24h 内红绿灯时间都不变,只用一个配时方案的称为单段式固定周期控制;一天 24h 内,按不同时段的交通量(分平峰、高峰)采用几个配时方案的称为多段式固定周期控制。

定时控制最基本的控制方式是单个交叉口的定时控制。线控制、面控制也都可用定时控制的方式,称为静态线控系统和静态面控系统。

2)感应控制

感应式信号控制没有固定的周期长度,它的工作原理是:在感应式信号控制的交叉口进口,均设有车辆到达检测器,信号配时方案由计算机或智能化信号控制机计算,可随检测器测到的车流信息而随时改变的一种控制方式。其工作流程为:对一相位起始亮绿灯,感应信号控制器内设有一个"初始绿灯时间",到初始绿灯时间结束时,如果在一个预先设置的时间间隔内没有后续车辆到达,则变换相位;如果有车辆到达,则绿灯延长一个预设的"单位绿灯延长时间",只要不断有车到达,绿灯时间可继续延长,直到预设的"最长绿灯时间"时变换相位。

感应式信号灯的基本控制参数包括以下三个。

(1)初始绿灯时间。给每个相位预先设置的最短绿灯时间,在此时间内,不管是否有来车,本相位必须绿灯。初始绿灯时间的长短,取决于检测器的位置及检测器到停车线可停放的车辆数。

(2)单位绿灯延长时间。其是初始绿灯时间结束后,在一定时间间隔内测得后续车辆时所延长的绿灯时间。

(3)最长绿灯时间。其是为了保持交叉路口信号灯具有较佳的绿信比而设置的,一般为30~60s。当某相位的初始绿灯时间加上后来增加的多个单位绿灯延长时间达到最长绿灯时间时,信号机会强行改变相位,让另一方向的车辆通行。

感应控制方式随检测器设置方式的不同又分为半感应控制和全感应控制两类,其中,半感应控制是指在主次相交交叉口,在次干道道路路口或主干道道路路口埋设车辆感应器。全感应控制是指在所有路口下方均埋设车辆传感器。

感应控制的基本方式是单个交叉口的感应控制,简称单点感应控制。

交叉口采用感应控制方式可以根据车流调整信号配时,较为先进,应用较多。

3)自适应控制

自适应控制是将交通系统作为一个不确定系统,能够连续测量其状态,如车流量、停车次数、延误时间、排队长度等,逐渐了解和掌握对象,把它们与希望的动态特性进行比较,并利用差值以改变系统的可调参数或产生一个控制,从而保证不论环境如何变化,均可使控制效果达到最优或次优的一种控制方式(图4-3)。

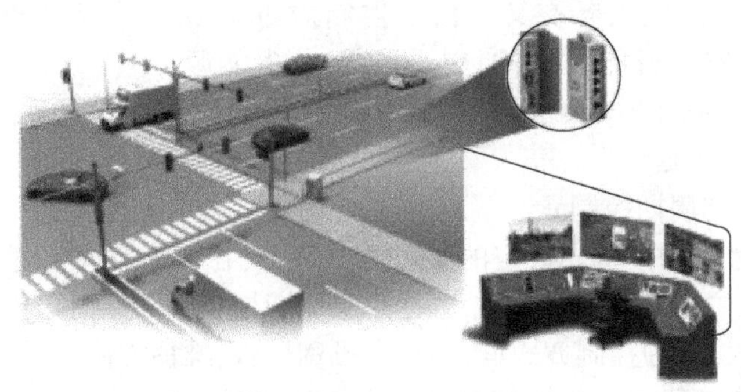

图4-3 交叉路口自适应控制

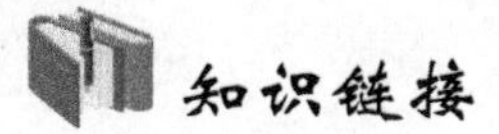

文二路文三路进行杭州治堵实验

引自:杭州网2011年3月4日6:37:17。

避开高峰出门就有望一路绿灯;

违法变道地面感应线圈即时捕捉;

杭州交警精耕细作推出10项措施,已低调运行3个月。

截至2011年2月底,杭州市区的机动车数量已超过71万辆,每天仍以500多辆的速度在增加。而市中心的道路资源有限,尽管这几年已通过修缮和改造部分道路来缓解交通,但道路总里程增加得很少。

道路资源有限,而机动车数量持续飞速增长。近年来,杭城交警持续对城市道路精耕细作,通过细节管理,疏通交通毛细血管。

近期,杭城交警正在城市道路试行"时空一体化"交通组织优化措施,以信号时间换取道路空间,以道路空间争取通行时间。

已试行三个月的文二路和文三路,交通管理部门采用了10种优化措施,初显成效。

早上提前5min出门;可早0.5h到达单位;高峰前实行绿波带;让你一路全是绿灯。

绿波带,就是在一条直行道路上,以一定时速匀速前进,经过的所有路口,都会一路绿灯。

以文二路为例,假如你在早高峰前出行,从文二路西段至东段,以50km时速前进,每到一个十字路口,前方的信号灯都是绿灯,如图4-4所示。

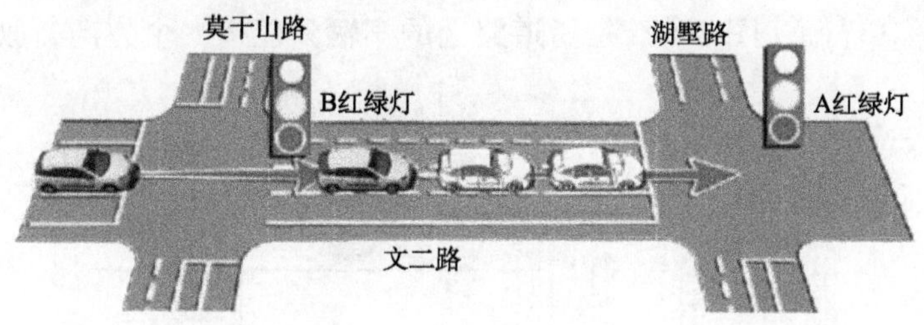

图4-4　文二路绿波带

这一点如何做到?以莫干山路至湖墅路之间的红绿灯为例说明如下。

文二路在莫干山路口至湖墅路口这段的距离为358m。假设排队等候通过湖墅南路的车队,尾部距离莫干山路为100m,起步延误为6s,绿灯后通过路口的平均速度为25km/h,理想化车辆通过莫干山路的平均速度为50km/h。最后,交警测算出,莫干山路口的绿灯和湖墅路口的绿灯,最佳时间差是17s。也就是说,莫干山路口的绿灯比湖墅南路的绿灯早亮17s。

这样的结果是,在莫干山路口的车辆起动前进一段距离后,湖墅南路口信号灯显示绿灯,在湖墅南路口等候的车辆群也启动前进。当莫干山路口的车辆行驶到前面车队的车尾时,刚好也排队通过湖墅南路口的绿灯。

每个路口都精确计算出前后路口红绿灯的最佳时间差,理想状况下,车辆通过每个路口,都会碰上绿灯,一路畅通无阻。

每天早高峰前和晚高峰前一段时间,交警都在文二路和文三路设置这样的绿波带,保证车辆畅通。

而到了交通高峰时段，则设置红波带。

红波带，也是根据通行车辆数量、相邻两个路口的距离来设置红绿灯，但与绿波带相反，此时通过直行路段，你在每个路口遇上的，可能都是红灯。

这样做的目的是，在车流缓慢、车辆排队过长的情况下，把车辆分流在每段路口之间，避免车辆在多个路口首尾相接，导致交通拥堵。

交警做了测算，如果在早高峰前，提早5min出行，从绿波带通过整个文二路，比高峰时段的红波带，可以节约20～30min。

课题2　城市交通管理的方法

城市交通系统由人、车辆、道路和环境组成，对城市内部的车道进行划分、组织，对影响安全的驾驶员和行人通过交通设施设置、证件考核、安全教育等进行管理，对车辆的购买、使用予以把关考核，以及对城市的交通需求进行引导、限制，这些都属于城市交通管理的方法。

一、车道管理

车道管理主要是通过一定的行政手段和技术措施，对城市道路路段和交叉口的通行路权进行合理分配，从而实现提高道路利用率、增加交通安全性和提升交通运输效率等目的。

（一）单向交通管理

单向交通又称单行道（图4-5），是指道路上的车辆只能按一个方向行驶的交通。

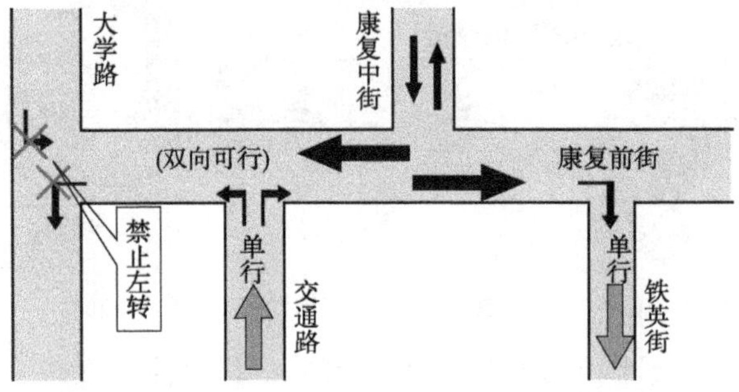

a)

b)

图4-5　单行道

1. 单向交通种类

(1)固定式单向交通

对道路上的车辆在全部时间内都实行单向交通。

(2)定时式单向交通

对道路上的车辆在部分时间内实行单向交通。当方向分布系数 $K_D>2/3$ 时,可设置定时式单向交通。

(3)可逆性单向交通

可逆性单向交通是指道路上的车辆在一部分时间内按一个方向行驶,而另一部分时间内按相反的方向行驶的交通。当方向分布系数 $K_D>3/4$ 时,可设置可逆性单向交通。

(4)车种性单向交通

车种性单向交通是指仅对某一类型的车辆实行单向交通。这种单向交通应用于具有明显的方向性及对社会秩序、居民生活影响不大的车种,如货车。

2. 单向交通的优缺点

1)优点

(1)提高了道路通行能力;

(2)减少了道路交通事故;

(3)提高了道路行车速度;

(4)有利于信号灯配置和管理;

(5)减少城市交通污染;

(6)解决停车问题;

(7)充分利用狭窄的街巷,减轻主干道的交通负荷。

2)缺点

(1)增加了车辆绕道行驶的距离和经过交叉口次数;

(2)给公共车辆乘客带来不便;

(3)容易导致迷路,特别是外地驾驶员;

(4)给道路两侧的商业活动带来一定影响;

(5)增加了为单向管制所需的道路公用设施;

(6)单向道路末端使交通组织复杂化,产生拥挤。

(二)变向交通管理

变向交通又称“潮汐交通”,是指在不同时间内变换某些车道的行车方向或行车种类的交通,如图 4-6 所示。

1. 变向交通种类

变向交通按其作用,可分为方向性变向交通和非方向性变向交通。

(1)方向性变向交通

方向性变向交通是指不同时间内变换某些车道上行车方向的交通,如图 4-7 所示。方向性变向交通可以使车流量方向分布不均匀现象得到缓和。

(2)非方向性变向交通

非方向性变向交通是指不同时间内变换某些车道上行车种类的交通。其可分为车辆与行人之间、机动车与非机动车之间变换使用的变向车道。非方向性变向交通主要缓和各种类型的交通在时间分布上的不均性。

a)

b)

c)

图 4-6 变向交通

a)

b)

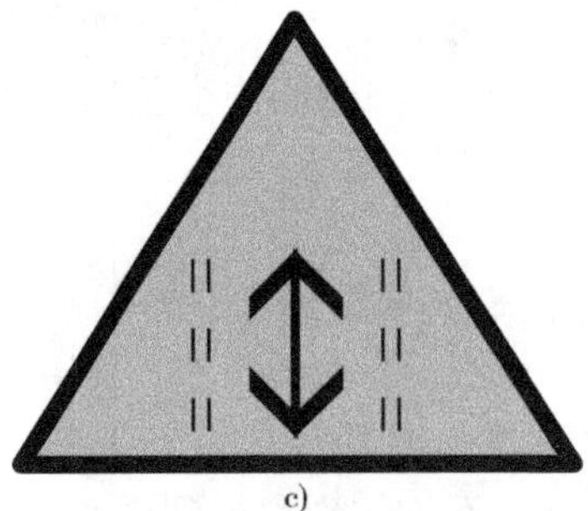

c)

图 4-7 方向性变向交通

2. 变向交通的优缺点

1)优点

(1)合理使用道路;

(2)充分提高道路利用率；

(3)提高道路的通行能力；

(4)对于解决交通流方向和各种类型的交通在时间分布上的不均匀性的矛盾，都有较好的效果。

2)缺点

(1)增加交通管制的工作量和相应设施；

(2)要求驾驶员有较好的素质，集中注意力，特别是在过渡路段。

(三)专用车道管理

按照应用场合的不同，专用车道管理分为路段上应用的车种专用道和交叉口应用的转向专用道。

1. 专用道(车种专用道)

(1)公共车辆专用车道；

(2)合乘车专用道(HOV 车道)；

(3)自行车专用车道。

2. 交叉口(转向专用道)

(1)左转专用进口道；

(2)直行专用进口道；

(3)右转专用进口道。

(四)禁行交通管理

禁行交通管理是为了减轻道路上的交通负荷，将一部分交通流量均分到其他负荷较低的道路上去，根据道路条件和交通条件，实行对机动车和非机动车的某种限制通行管理。

禁行交通管理(图 4-8)分为如下几类。

图 4-8　禁行交通管理

(1)时段禁行；

(2)错日禁行；

(3)车种禁行；

(4)转弯禁行；

(5)超限禁行。

(五)平面交叉口的交通管理

对平面交叉口的管理(图 4-9)，除了之前介绍的信号控制，还需要配合交通渠化方式，使交叉口的车流运行有序，各行其道。

图 4-9　平面交叉口交通管理

渠化是通过导流岛与路面标线相结合的方式，以分隔或控制冲突的车流，使之进入一定的路线，从而满足平面交叉口的交通基本要求。常用的渠化方法有拓宽渠化、设置导流岛及施画诱导线等。通过交叉口的渠化和信号控制，可以起到如下作用：

(1)减少冲突点；

(2)分离冲突点和减小冲突区；

(3)控制相对速度；

(4)重交通流和公共交通优先；

(5)选择最佳周期，提高绿灯利用率。

二、行人和驾驶员管理

人是交通需求之源，人在一定程度上也是导致交通危险的潜在原因。如城市内部存在的行人乱穿马路、驾驶员闯红灯、酒后驾车、无证驾驶等行为，都使交通系统的危险性提高数倍。因此，要对主要影响交通安全的驾驶员和行人予以管理。

(一)行人管理

随着人口不断增长，行人的数量也越来越多，行人对道路交通造成的影响也与日俱增。部分行人在行走时不遵守交通规则，经常导致交通拥堵，甚至引发各类交通事故。为保障行人的生命和财产安全，减少交通事故，减少行人对交通流的干扰，维持良好的道路交通秩序，提高道路通行能力，有必要对行人予以管理。

对行人实施的技术管理与设施包括常见的人行横道、行人信号灯、行人过街地道与天桥等。

(二)驾驶员管理

1. 驾驶员管理的目的

(1)明确机动车驾驶的规则；

(2)规范驾驶员的驾驶行为；

(3)保证驾驶员的驾驶技术和能力；

(4)提高驾驶员的交通安全知识和意识水平。

2. 驾驶员管理的方法

(1)驾驶证管理

驾驶证是证明驾驶员驾驶条件和技术能力的法律证件；还可作为交通违法的记录依据和管理手段。

(2)安全教育

安全教育的主要内容主要包括法制教育、技术教育和道德教育。

三、车辆管理

(一)车辆管理的目的

作为载运工具，车辆承担着人、物运输的任务，若运输过程中使用的车辆不符合要求，技术不达标，则会使危险性增加数倍；另一方面，若车辆不符合排放要求，则会带来资源的浪费和环境的污染。因此，为了使车辆经常保持良好的行驶性能，保证交通安全，保持运输车辆技术状态良好，充分发挥运输车辆的效能和降低运行消耗，要对车辆进行管理。

（二）车辆管理的方法

1. 车辆牌证管理

车辆牌证管理是车辆管理中最有效的方法之一，车牌在交通管理中起着重要作用。

（1）车辆牌证是车辆与车主或驾驶员及该车管辖地区的对照依据

车牌对于车辆就是一个汽车的“身份证”，有了这个证件，是谁的车，谁的财产一目了然，合法上路。另外，通过车牌，还可以实现车辆的分区分类管理。

（2）车辆牌证可以作为实施停车管理的依据

在各种机关单位、居住小区及社会公共停车场地，都是依据车辆牌照实施停车管理和费率收取。且随着停车管理的智能化发展，越来越多的车辆停放场所开始推行基于车牌识别的停车场管理系统。这种系统是一种现代化停车场车辆收费及设备自动化管理系统，通过在入口通道上安装车牌抓拍识别系统，自动实现无障碍通行和费率收取，提高了停车场的管理效率，有效地解决了传统停车场管理中普遍存在的各种弊病。

（3）车辆牌证可以作为交通需求管理的手段

随着我国汽车保有量的增加，城市交通拥堵问题日益严重，城市停车难、环境污染等问题也逐渐凸显，在基础设施无法无限制增长的前提下，实施交通需求管理就成为解决交通问题的有效手段。通过牌照拍卖、摇号上牌等限牌措施可以有效地减少交通需求。如我国的大城市中，上海、北京、广州、深圳、杭州、贵阳及天津等城市，都先后实行了限牌措施。

（4）通过车牌自动识别技术，实现交通违章自动管理

车牌自动识别技术是智能交通系统的组成部分，目前在城市交通管理中发挥着重要作用。车牌自动识别技术实现起来高效直观，识别结果可靠，利用车牌自动识别技术获取的车牌信息能够为交通超速违章纠正、交通事故逃逸、盗抢机动车、利用机动车犯罪和其他涉及法律问题等案件及时侦破提供重要信息和证据，因此，该技术在车辆管理、违章记录和治安管理等多个方面均有着重要应用。

2. 车辆的检验

车辆检验工作，是质量监督部门、公安交通管理部门和环保部门依据国家法律法规对机动车辆的技术安全性能和污染物排放进行的一种检查验收，以确保车辆安全运行和排放达标的一种行政管理手段，是严格控制各类机动车辆带病上路的有效措施，对保证道路交通安全和防控机动车污染物排放起到十分重要的作用。

1）车辆检验的类别

（1）初次检验（出厂检验）

汽车在全部安装完成出厂时，必须要进行一次全面检验，称为出厂检验。汽车整车出厂检验在欧洲、美国、日本等发达国家早已形成了规范统一的模式。我国相关法规也规定，机动车辆必须经“汽车安检线”检验合格后方可上路行驶。汽车出厂检验的检测内部包括汽车的四轮定位、灯光、制动、行驶性能、路试、排放及淋雨等。在我国，还额外增加了一项侧滑的检验内容。

（2）定期检验

根据有关交通法规的规定，车辆必须进行定期检验，也就是通常所说的年检，其可分为初次年检和定期年检。机动车辆为了申领行驶牌照而进行的检验称为初次年检。初次年检的目的在于审核机动车是否具备申领牌证的条件。常说的年检主要是指定期的年检，一般达到条件的车辆可每六年检验一次，两年换取一次新标，以确保车辆技术状况良好。

(3)临时检验

当出于运输需求,需要完成特殊客运任务时,要对车辆进行临时检验。如客运车辆在参加春运之前、公交车辆应对大型活动出现的大客流参加运输任务之时等,都要通过临时检验。临时检验可采用上线检测的方式进行,并对车辆制动、转向、导向轮胎、座位、行李架、安全出口、安全带、安全锤、三角警告牌、灭火器、卫星定位装置等重点把关,以达到安全技术检验标准。

(4)特殊检验

特殊检验主要是指车辆发生交通事故后,由专门的检验部门对事故车辆所做的检验和鉴定。

2)车辆检验的项目

根据汽车检验的类别和检测诊断目的的不同,检验项目也有所差异。但各种检验中包含的项目主要包括对汽车安全性、可靠性、动力性、经济性和环保性等主要性能的检测。此外,还包括与维修有关的汽车检测,其主要是指确定车辆是否需要大修以实行视情修理,诊断查找故障的确切部位和发生故障的原因,从而确定排除故障的方法。

3)车辆检验的方法

车辆检验的方法包括人工观察、试开上路以及使用专业诊断仪等设备进行检验。

人工外观检测方法是检验人员通过察看、耳听、手摸、脚踩、测量等方法来检视车辆。人工观察进行检测需要检验人员具备丰富的车辆检修经验和扎实的车辆结构知识功底,也存在一定的主观性。除了人工外观检测方法,人工试开和仪器检测也是一种有效的检测方法。如目前对车辆制动性能的好坏,检测方法常用的就有台式制动台检测和人工路试检测。

此外,汽车安全性的检测目前国内外广泛采用汽车安全性能检测线进行全自动检测。环保方面,针对汽车尾气有汽车尾气测量仪和烟度计;对于交通噪声的监测,交通部门常采用噪声监测仪进行测定。

3. 车辆的维护保养

汽车使用时,为了保持车容整洁,技术状况正常,消除隐患,预防故障发生,减缓劣化过程,延长使用周期,需要定期进行维护保养和检修。汽车保养通常采取定期保养的方法,对汽车相关部分进行检查、清洁、补给、润滑、调整或更换某些零件。保养范围涵盖发动机系统(引擎)、变速器系统、空调系统、冷却系统、燃油系统和动力转向系统等。

4. 车辆的报废管理

为了加强车辆安全管理,保障道路交通和人民群众生命财产安全,鼓励技术进步,加快建设资源节约型社会,《中华人民共和国道路交通安全法》及其实施条例规定,根据机动车辆使用和安全技术、排放状况,对机动车辆达到国家报废条件的机动车实施强制报废,对达到一定行驶里程的客运车辆因交通事故、自然灾害等原因造成车辆达不到安全技术标准要求的,鼓励其报废。

四、交通需求管理

在通常情况下,交通管理直接针对的是路面的交通存在和交通行为。然而,通常的交通管理方法,如采用设立标志、限制速度、疏导车辆和提高通行能力等措施,总是去管理已经发生和存在各种各样问题的交通,处于被动状态。交通管理要争取主动,就需要从新的角度去实施管理。换句话说,需要对产生交通的各个方面进行管理,花力气减少路上的车流(交通量),减少或合理安排好交通需求的产生,这也就是通常所说的交通需求管理(TDM)。

交通需求管理(TDM)的基本思想就是从问题产生的根源,也就是交通需求的源头着手,做好前期规划,采取合理的措施适当限制、引导需求,从而结合后期管理,一方面防止目前问题的进一步恶化,另一方面采取措施解决目前的问题,使目前的交通系统通畅运转,并使交通系统可持续化发展。总体来说,交通需求管理就是通过影响出行者的行为,而达到减少或重新分配出行对空间和时间需求的目的。

(一)交通需求管理的必要性

交通需求管理是交通可持续发展所必需的,是城市正常运行,解决交通需求与供给矛盾的有效方法。以下列出了交通需求管理的一些理由,实际上也是交通需求管理实施的先决条件。

1)城市交通设施的容量有限

城市道路(包括停车场)面积占城市用地比率称为城市道路面积率。通常用该项指标来度量城市交通空间大小。一个建设定性城市,道路用地只是城市占地面积的一部分,经验而论,城市道路面积率以20% ~25%为宜,但目前很多大城市这个值都相当高,如美国首都华盛顿达40%以上,使道路用地侵占了很多的生活、绿化、商业等其他用地。城市交通空间有了定值后,城市所能容纳的交通量也就随之而定了。当交通量等于或大于容量时,就产生交通拥挤、堵塞。交通管理者的职责就是采用交通需求管理措施,保持交通量小于交通容量,维持交通通畅。

2)交通需求持续增加

国民经济高速增长和人民生活水平的持续提高,对交通产生了更大的需求。随着居民收入的增加,居民生活丰富多彩,出行方式改变,日出行次数增加。目前我国城市化水平还不高,每年都有农村的剩余劳动力转移到城市,流动人口的日出行次数是城市居民日出行次数的三倍左右。另外,我国很多城市属于人口密集城市,人口密度大,出行量大且集中,致使很多城市的高峰期道路交通量超过道路容量,造成交通拥堵。

3)土地资源少,不能扩大道路面积率

2013年年底公布的第二次全国土地调查结果,我国耕地面积共20.3亿亩。我国虽地大物博,但可以利用的土地资源有限。由于我国人口基数大,近年来城市的数量增加很多,大城市、特大城市逐渐增多,出行的需求量也越来越大。虽然增大道路面积率可多容纳一些交通,但从可持续发展理念出发,不应增大道路面积率,而应控制交通需求的无限制膨胀。

4)净化环境的要求

汽车排放的废气、卷扬的粉尘和振动、噪声,是城市主要的污染源。汽车废气中含有CO、NO、HC等多种对人身体有害的物质。从保护环境的角度来说,应控制汽车交通的需求量。城市空气污染严重,质量差,居民深受其害,产生了不良影响。为提高市民的健康水平,总体上减少汽车的使用量无疑是交通需求管理最可走的一步棋。

(二)交通需求管理的措施

交通需求管理的措施很多,其主要措施遍布在交通行为的各个阶段。

1)出行产生阶段

在出行产生阶段,首先可以通过合理的城市规划,使出行者能就近上班,避免住西城、到东城上班,家在南城、工作单位在北城的现象。另外,合理分布商业、医疗、学校等不同类型用地,减少出行量和长远距离出行。

其次,可以通过信息化手段进行网络办公、网上购物等(图4-10),调节生活、工作活动,替代出行,减少人们的出行产生量。另外,还可以通过汽车拥有税、牌照税等方式控制私人车辆的拥有,进一步减少私人交通出行。

a)

b)

图4-10　网络办公和网上购物

2)出行分布阶段

在出行分布阶段,通过采用交通影响分析技术,如市中心区禁入(图4-11)、停车控制、就业岗位分布等,调整、控制大型人流、交通集中地的分布,使之从交通拥挤地区转向不拥挤区。

3)出行方式选择阶段

出行方式选择阶段,一方面对私人小汽车出行通过限行、禁行等措施进行控制;另一方面,通过实施公交优先政策发展轨道交通、公交系统;此外,鼓励汽车合乘、提倡停车换乘(Park and Riding,P+R,如图4-12所示),通过调节道路使用空间(公交专用道、合乘车专用道),引导出行向效率更高、更环保节约的公共交通方式转变,实现绿色出行。

图4-11　市中心区禁入

图4-12　P+R

4)路径和时间选择(交通分配)阶段

运用交通信息服务系统、路线导行系统(图4-13)、拥挤收费政策等,在路网上均衡分布汽车交通量;用改变工作时间实行错时上下班来分散高峰时段的交通量(图4-14)。

5)其他

建立物流系统(图4-15)以减少城市货运交通量;用货运车辆定时定线行驶等措施,减少交通敏感时段和路段上的货车交通量。

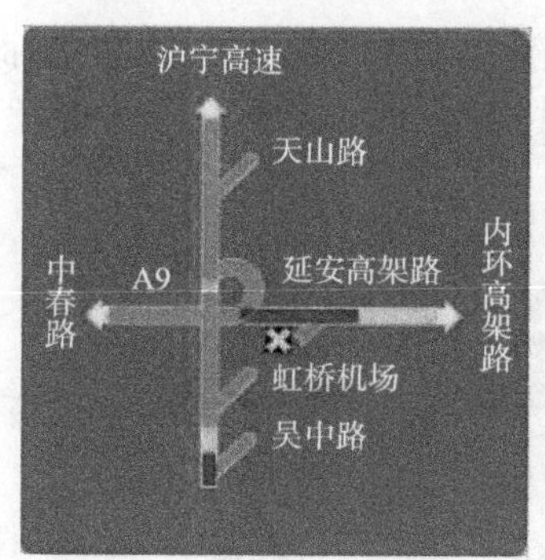

图 4-13 路径诱导

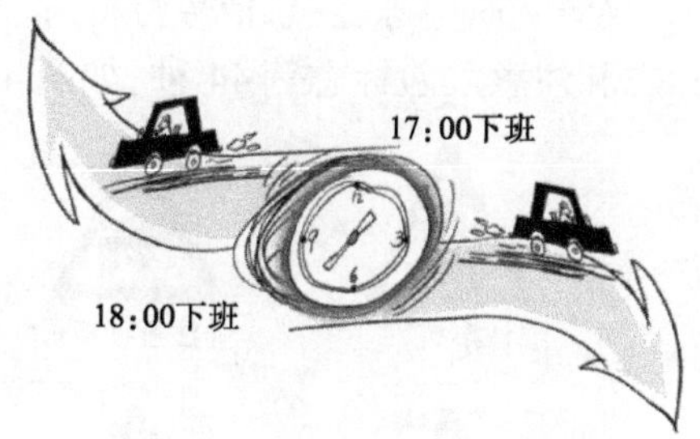

图 4-14 错峰上下班

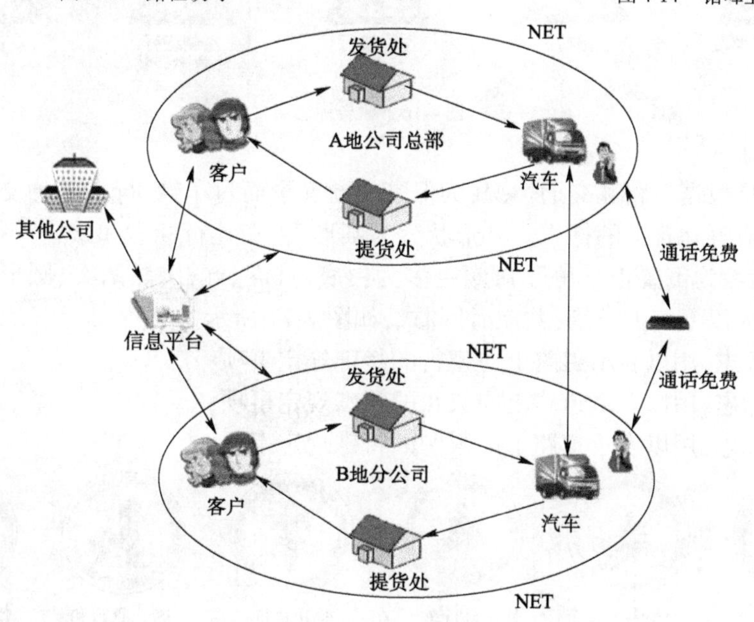

图 4-15 物流系统

五、交通标志和标线

(一)道路交通标志

道路交通标志是用颜色、图形、符号、文字向驾驶人员及行人等道路使用者传递法定信息,用以管制、警告及引导交通参与者的道路交通安全设施。合理地设置道路交通标志,可以平滑道路交通,提高通行能力,防止交通阻塞,减少交通事故,节约能源,降低公害,美化路容。

1. 道路交通标志的分类

我国新颁布实施的国家标准《道路交通标志和标线》(GB 5768—2009)中将交通标志按照作用分为主标志和辅助标志两大类,主标志又分为警告标志、禁令标志、指示标志、指路标志、旅游区标志、作业区标志和告示标志。按照版面内容显示方式,又可将交通标志分为静态标志和可变信息标志两大类。

1)警告标志

警告标志是警告车辆、行人注意危险地点及应采取措施的标志,其形状为等边三角形,顶角朝上,黄底、黑边、黑图案。“注意信号灯”标志的图形为红、黄、绿、黑四色,“叉形符号”

为白底红图形。按照其功能的不同,警告标志可分为表示道路交叉口形状标志、急弯路标志、双向交通标志、注意信号灯标志、村庄标志、路面不平标志、铁道路口标志、事故易发路段标志和注意危险标志等44种,如图4-16所示。

图4-16 警告标志

2)禁令标志

禁令标志是根据道路和交通情况,为保障交通安全而对车辆、行人某种交通行为进行禁止或限制及相应解除含义的标志。其形状分为圆形(停车让行标志和减速让行标志例外,前者为八角形,后者为倒置正三角形),颜色多为白底、红圈、红杠、黑图案、圆形压杠。禁令标志按其功能分为以下三大类别,共39种图式,如图4-17所示。

(1)遵行标志,用以表示道路上应遵行的特殊规定事项;

(2)禁止标志,用以表示道路上应禁止的特殊规定事项;

(3)限制标志,用以表示道路上应限制的特殊规定事项。

图4-17 禁令标志

3)指示标志

指示标志是指示车辆、行人按规定方向、地点行进或指示鸣喇叭以及转向的标志。其形状为圆形、长方形和正方形,除个别标志外,为蓝底、白色图案,计有18种,如图4-18所示。按其功能可分为以下三类。

(1)道路遵行方向标志,用以表示道路上应遵行的方向规定;

(2)道路通行权分配标志,用以表示道路通行优先权分配规定;

(3)专用标志,用以表示道路(或车道)上遵行的特殊规定。

直行	向左转弯	向右转弯	直行和向左转弯
表示只准一切车辆直行。此标志设在直行的路口以前适当位置	表示只准一切车辆向左转弯。此标志设在车辆必须向左转弯的路口以前适当位置	表示只准一切车辆向右转弯。此标志设在车辆必须向右转弯的路口以前适当位置	表示只准一切车辆直行和向左转弯。此标志设在车辆必须直行和向左转弯的路口以前适当位置
直行和向右转弯	向左和向右转弯	靠右侧道路行驶	靠左侧道路行驶
表示只准一切车辆直行和向右转弯。此标志设在车辆必须直行和向右转弯的路口以前适当位置	表示只准一切车辆向左和向右转弯。此标志设在车辆必须向左和向右转弯的路口以前适当位置	表示只准一切车辆靠右侧道路行驶。此标志设在车辆必须靠右侧行驶的路口以前适当位置	表示只准一切车辆靠左侧道路行驶。此标志设在车辆必须靠左侧行驶的路口以前适当位置
立交直行和左转弯行驶	立交直行和右转弯行驶	环岛行驶	步行
表示车辆在立交处可以直行和按图示路线左转弯行驶。此标志设在立交左转弯出口处适当位置	表示车辆在立交处可以直行和按图示路线右转弯行驶。此标志设在立交右转弯出口处适当位置	表示只准车辆靠右环行。此标志设在环岛面向路口来车方向适当位置	表示该街道只供步行。此标志设在步行街的两端

图 4-18　指示标志

4）指路标志

指路标志表示道路信息的指引，为驾驶员提供去往目的地所经过的道路、沿途相关城镇、重要公共设施、服务设施、地点、距离和行车方向等信息，如图 4-19 所示。除个别标志外，其形状为长方形和正方形，一般道路指路标志为蓝底、白图形、白边框和蓝色衬边；高速公路和城市快速路指路标志为绿底、白图形、白边框和绿色衬边。

一般道路指路标志按标志的功能分为路径指引标志、地点指引标志、道路沿线设施指引标志和其他道路信息指引标志，其中路径指引标志设置在一般道路交叉口前后，其他类型指路标志设置在一般道路路段上，如图 4-20 所示。

5）旅游区标志

旅游区标志是设置在通往旅游景点的交通路口，吸引和指引人们从高速公路或其他道路上前往邻近的旅游区，并使旅游者方便识别前往旅游区方向和距离信息的标志，如图 4-21 所示。旅游区标志分为指引标志和旅游符号标志两大类。旅游区标志的形状为矩形，颜色为棕底、白字（图形）、白边框、棕色衬边。

6）作业区标志（道路施工安全标志及设施）

作业区标志设在道路施工、养护等路段前适当位置，用以通告道路交通阻断、绕行等情况，如图 4-22 所示。用于作业区的标志位有警告标志、禁令标志、指示标志及指路标志，其中警告标志为橙底黑图形，指路标志位在已有的指路标志上增加橙色绕行箭头或者橙底黑图形，作业区标志应和其他作业区交通安全设施配合使用，包括路栏、锥形交通路标、施工警告灯号、道口标柱、施工标志及移动性施工标志等。

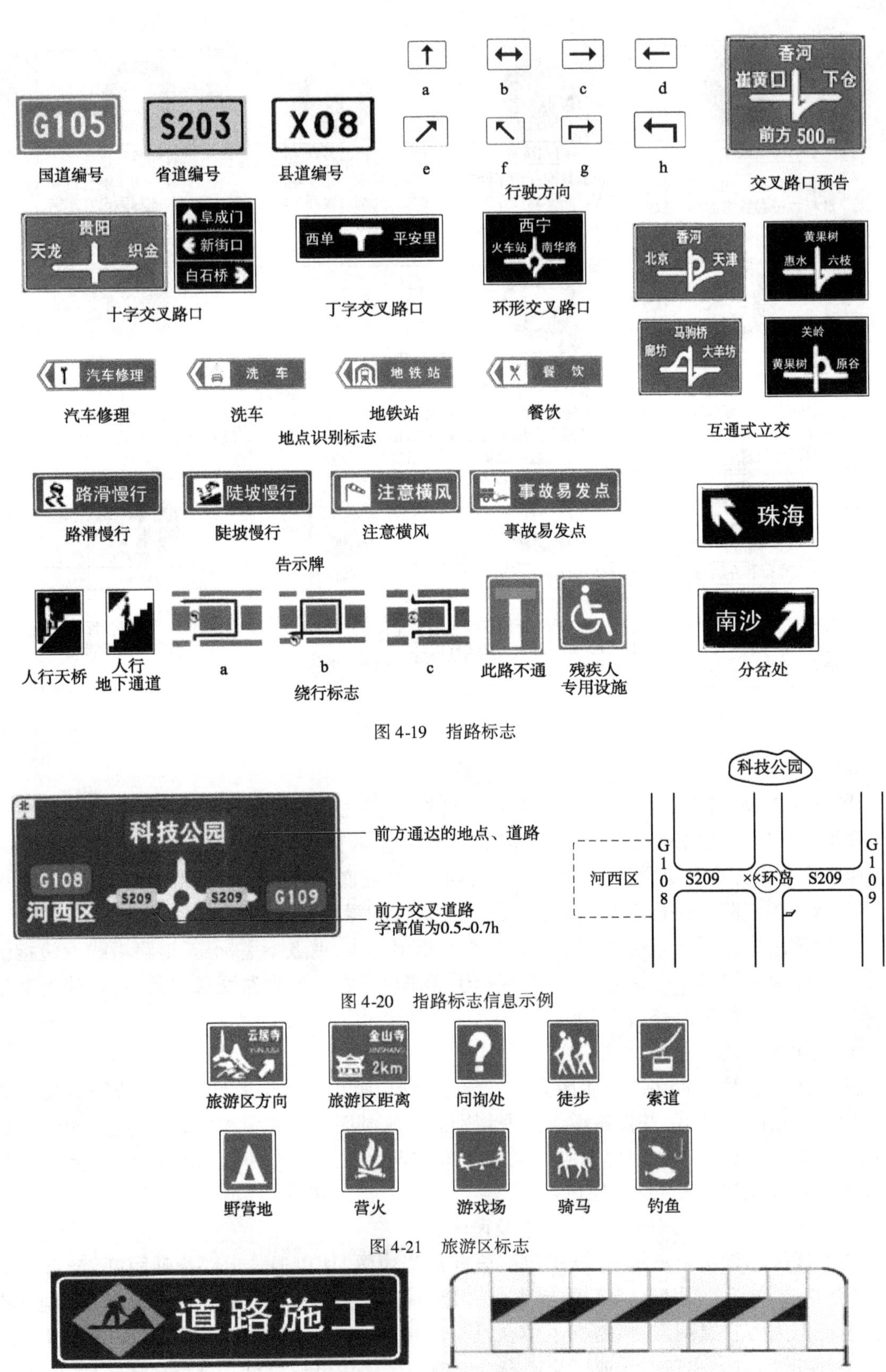

图 4-19 指路标志

图 4-20 指路标志信息示例

图 4-21 旅游区标志

图 4-22 道路施工安全标志及设施

7）告示标志（行车安全提醒、校车停靠点）

告示标志用以解释、指引道路设施、路外设施，或者告示有关道路交通安全法和道路交通安全法实施条例的内容，如图4-23所示。告示标志的设置有助于道路设施、路外设施的使用和指引，取消其设置不影响现有标志的设置和使用。告示标志一般为白底、黑字、黑图形和黑边框，版面中的图形标识如果需要可采用彩色图案。

8）辅助标志

辅助标志是附设在主标志下起辅助作用的标志。按用途不同分为表示时间、表示车辆种类或属性、表示方向、表示区域或距离、表示警告与禁令理由五种。当有需要时，还可采用在主标志下安装两块以上的辅助标志形式的组合辅助标志，其组合形式如图4-24所示，但组合图形不宜多于三种。

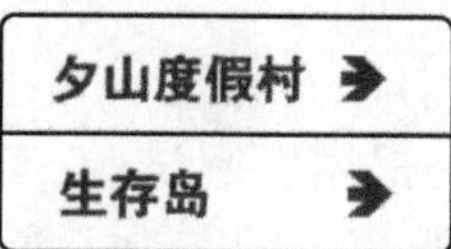

图4-23　告示标志图例

图4-24　组合辅助标志

辅助标志形状为矩形，颜色为白底黑字（黑形）、黑边框、白色衬边。凡是主标志无法完整表达或指示其规定时，为维护行车安全与交通畅通的需求，应设置辅助标志，但辅助标志不能单独设置与使用，必须配合安装在主标志下面，紧靠主标志下缘，如图4-25所示。

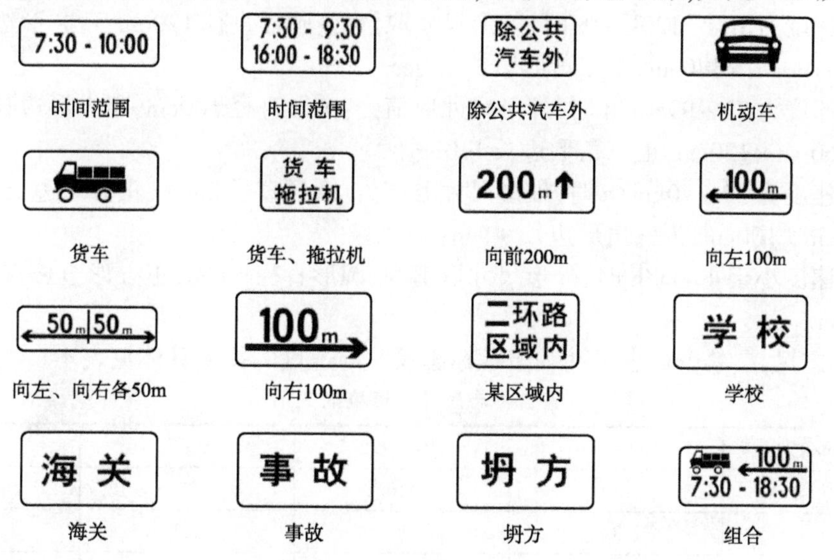

图4-25　辅助标志

9）可变信息标志

可变信息标志是一种可以根据交通、道路、气候等情况的变化而改变显示内容的标志，如图4-26所示。可变信息标志多作为高等级公路、城市快速路和干线道路上显示的车速限制、车道控制、道路状况、气象状况及其他内容等信息的显示。可变信息标志不宜显示和交通无关的信息。

2. 道路交通标志的尺寸

道路交通标志的尺寸、视认距离和标志牌的尺寸大小，应以能保证驾驶员在一定视距内能方便、清晰地识别标志上的图案、符号与文字为准。符号、文字的大小必须满足视认距离的要求。

a)

b)

图 4-26　可变信息标志

视认距离同行车速度和标志大小有关，根据实际试验，车速越高则视认距离越长，不同行车速度或不同等级的道路所要求的视认距离不同。为了能在较远的距离视认清标志的内容，就必须相应地加大标志尺寸。同时，字体的不同、笔画的多少或粗细等也会影响视认的距离。

在我国，指示、警告、禁令三种标志的外廓尺寸按设计速度分情况选取，可考虑根据运行速度或限制速度进行调整。

(1) 当速度为 100 ~ 120km/h 时，外形尺寸取值为：圆形直径 120cm，正方形边长 120cm，矩形长宽为 190cm × 140cm，正三角形边长 130cm；

(2) 当速度为 71 ~ 99km/h 时，外形尺寸取值为：圆形直径 100cm，正方形边长 100cm，矩形长宽为 160cm × 120cm，正三角形边长 110cm；

(3) 当速度为 40 ~ 70km/h 时，外形尺寸取值为：圆形直径 80cm，正方形边长 80cm，矩形长宽为 140cm × 100cm，正三角形边长 90cm；

(4) 当速度小于 40km/h 时，外形尺寸取值为：圆形直径 60cm，正方形边长 60cm，正三角形边长 70cm。

警告标志尺寸、禁令标志尺寸和指示标志尺寸与速度的关系具体见表 4-1 ~ 表 4-3。

警告标志尺寸与速度的关系　　表 4-1

速度(km/h)	100 ~ 120	71 ~ 99	40 ~ 70	<40
三角形边长(cm)	130	110	90	70
黑边宽度(cm)	9	8	6.5	5
黑边圆角半径(cm)	6	5	4	3
衬边宽度(cm)	1.0	0.8	0.6	0.4

禁令标志尺寸与速度的关系　　表 4-2

速度(km/h)		100 ~ 120	71 ~ 99	40 ~ 70	<40
圆形标志(cm)	标志外径	120	100	80	60
	红边宽度	12	10	8	6
	红杠宽度	9	7.5	6	4.5
	衬边宽度	1.0	0.8	0.6	0.4

续上表

速度(km/h)		100~120	71~99	40~70	<40
三角形标志 (减速让行标志,cm)	三角形边长			90	70
	红边宽度			9	7
	衬边宽度			0.6	0.4
八角形标志 (停车让行标志,cm)	标志外径			80	60
	白边宽度			3.0	2.0
矩形标志 (区域限制和解除标志,cm)	长度			120	90
	宽度			170	130
	黑边框宽度			3	2
	衬边宽度			0.6	0.4

指示标志尺寸与速度的关系 表4-3

速度(km/h)	100~120	71~99	40~70	<40
圆形直径(cm)	120	100	80	60
正方形边长(cm)	120	100	80	60
长方形边长(cm)	190×140	160×120	140×100	
单行线标志(长方形,cm)	120×60	100×50	80×40	60×30
会车先行标志(正方形,cm)			80	60
衬边宽度(cm)	1.0	0.8	0.6	0.4

此外,指路标志的大小除另有规定外,应根据字数、文字高度及排列情况确定;旅游指引标志尺寸由字高、字数和图形确定,旅游符号标志尺寸一般宜采用60cm×60cm;作业区标志一般为警告、禁令、指示、指路标志,以及用于作业区的临时标志,尺寸根据作业区限制速度安装相应标志尺寸的规定确定;辅助标志、告示标志的尺寸由字高及字数确定。标志尺寸及字高根据需要可增加。

3.道路交通标志的作用

通过合理设置道路交通标志,提供准确及时的信息和引导,可以有效地保护道路桥梁,保障道路畅通和交通安全,提高运输效率,道路交通标志是道路沿线设施必不可少的组成部分。

(二)道路交通标线

道路交通标线是由路面标线、箭头、文字、立面标记、突起路标和轮廓标等所构成的交通安全设施。道路交通标线常敷设或用油漆施画于路面及构造物上,作为一种交通管理设施,起引导交通与保障交通安全的作用。可与交通标志配合使用,亦可单独使用,其是道路交通法规的组成部分之一,具有强制性、服务性和诱导性的特点,在道路交通管理中占有重要地位。高速路、快速路、城市干道及一、二级公路,均须按国家规定设置交通标线。

1.道路交通标线的分类

《道路交通标志和标线》(GB 5768—2009)将道路交通标线按其功能分为以下三类。

(1)指示标线,其是指指示车行道、行车方向、路面边缘、人行道、停车位、停靠站及减速丘等设施的标线。

(2)禁止标线,其是指告示道路交通的遵行、禁止、限制等特殊规定,车辆驾驶员及行人需严格遵守的标线。

(3)警告标线,其可促使道路使用者了解道路上的特殊情况,提高警觉,准备防范或采取应变措施的标线。

道路交通标线按设置方式可分为以下三类。

(1)纵向标线,即沿道路行车方向设置的标线;

(2)横向标线,即与道路行车方向交叉设置的标线;

(3)其他标线,即字符标记或其他形式标线。

道路交通标线按形态又可分为四类,即线条、字符标记、突起路标及路边线轮廓标线。

(1)线条,即施画于路面、缘石或立面上的实线或虚线;

(2)字符,即施画于路面上的文字、数字及各种图形、符号;

(3)突起路标,其为安装于路面上用于标示车道分界、边缘、分合流、弯道、危险路段、路宽变化、路面障碍物位置等的反光或不反光体;

(4)轮廓标,其是指安装于道路两侧,用以指示道路的方向、车行道边界轮廓的反光柱(或片)。

2. 道路交通标线的施画

不同形式、不同颜色的道路交通标线通常代表不同含义,同一类别标线应用场合不同,代表的含义也不同。

(1)白色虚线

白色虚线(图4-27)画于路段中时,用以分隔同向行驶的交通流或作为行车安全距离识别线;画于路口时,用以引导车辆行进。

图4-27　白色虚线

(2)白色实线

白色实线(图4-28)画于路段中时,用以分隔同向行驶的机动车和非机动车,或指示车行道的边缘;画于路口时,可用作导向车道线或停止线,或用以引导车辆行驶轨迹;画为停车位标线时,指示收费停车位。

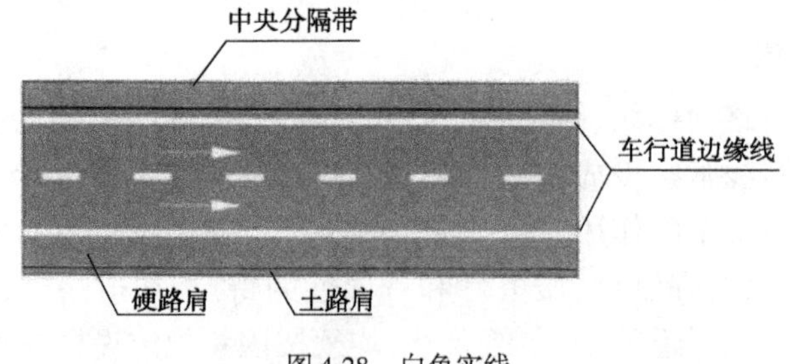

图4-28　白色实线

(3)黄色虚线

黄色虚线(图4-29)画于路段中时,用以分隔对向行驶的交通流或作为公交车专用车道线;画于交叉口时,用以告示非机动车禁止驶入的范围或用于连接相邻道路中心线的路口导向线;画于路侧或缘石上时,表示禁止路边长时停放车辆。

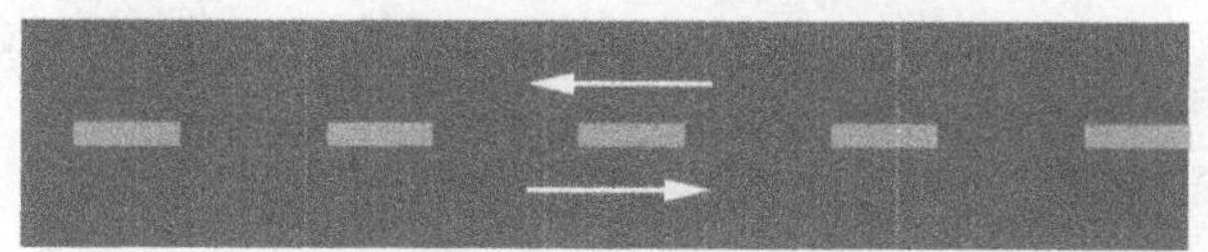

图 4-29　黄色虚线

(4)黄色实线

黄色实线(图 4-30)画于路段中时,用以分隔对向行驶的交通流或作为公交车、校车专用停靠站标线;画于路侧或缘石上时,表示禁止路边停放车辆;画为网格线时,表示禁止停车的区域;画为停车位标线时,表示专属停车位。

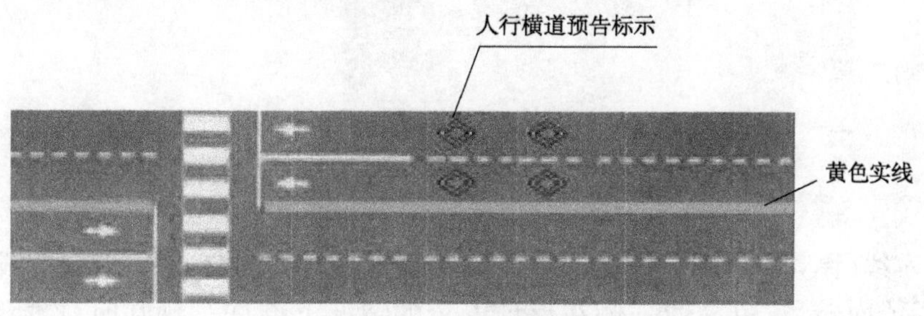

图 4-30　黄色实线

(5)双白虚线

双白虚线(图 4-31)画于路口时,作为减速让行线;画于路段中时,作为行车方向随时间改变的可变车道线。

图 4-31　双白虚线

(6)双白实线

双白实线(图 4-32)画于路口时,作为减速让行线。

图 4-32　双白实线

(7)白色虚实线

白色虚实线(图 4-33)用于指示车辆可临时跨线行驶的车行道边缘,虚线侧允许车辆临时跨越,实线侧禁止车辆跨越。

图 4-33　白色虚实线

(8)双黄实线

双黄实线(图 4-34)画于路段中时,用以分隔对向行驶的交通流。

(9)双黄虚线

双黄虚线(图 4-35)画于城市道路路段中,用于指示潮汐车道。

(10)黄色虚实线

图 4-34　双黄实线

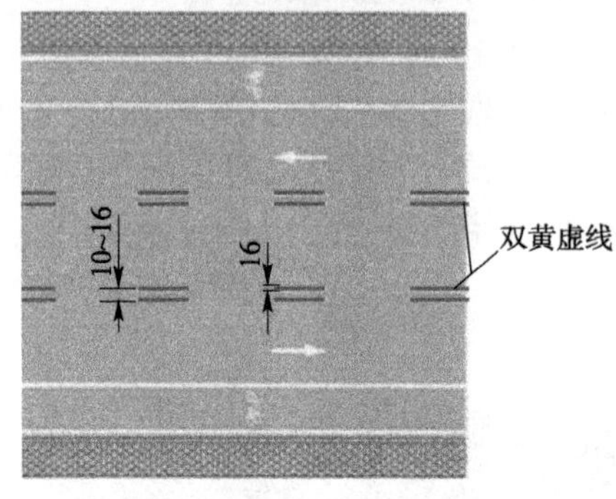

图 4-35　双黄虚线(尺寸单位:cm)

黄色虚实线(图 4-36)画于路段中时,用以分隔对向行驶的交通流;黄色实线一侧禁止车辆超车、跨越或回转,黄色虚线一侧在保证安全的情况下准许车辆临时越线超车、跨越或回转。

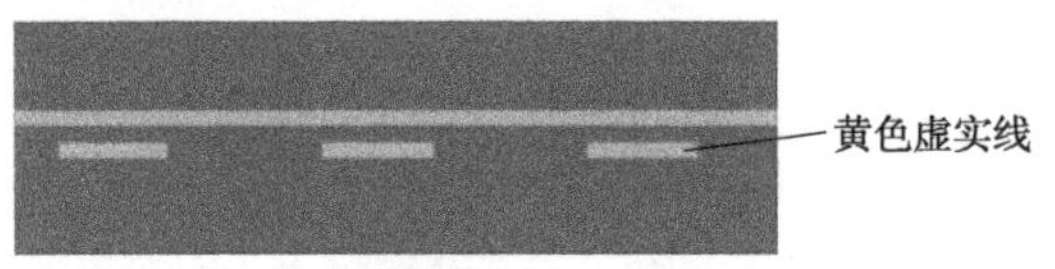

图 4-36　黄色虚实线

(11)橙色虚实线

橙色虚实线(图 4-37)用于作业区标线。

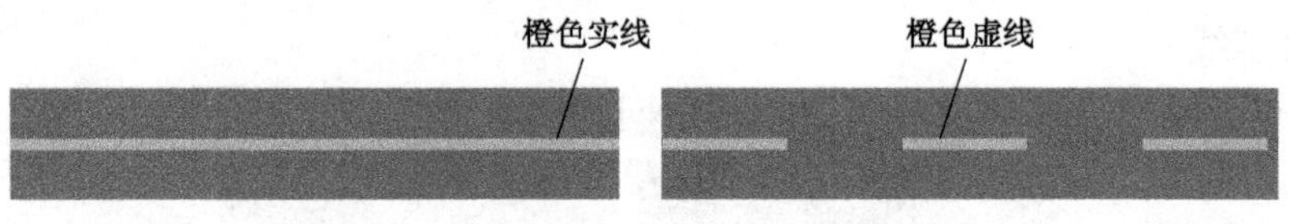

图 4-37　橙色虚实线

(12)蓝色虚实线

蓝色虚实线(图 4-38)作为非机动车专用道标线;画为停车位标线时,指示免费停车位。

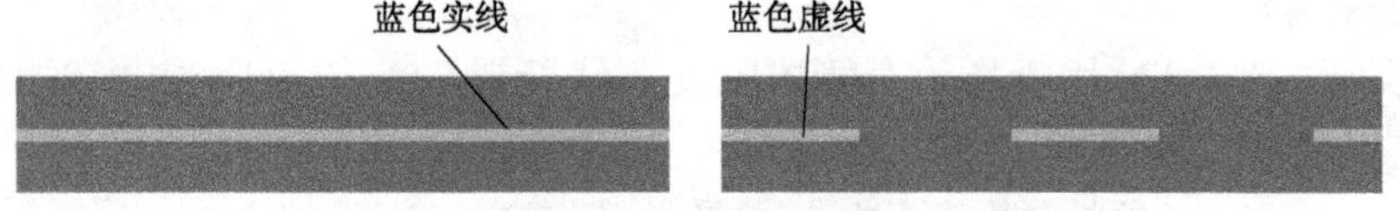

图 4-38　蓝色虚、实线

除以上 12 种标线外,道路交通标线还包括其他路面线条、图形、图案、文字、符号、凸起路标和轮廓标等。

思考与练习题

一、选择题

1. 下列哪一个属于绿波交通控制?(　　)

A. 点控　　B. 线控　　C. 面控　　D. 感应控制

2. 把整个区域内的所有信号交叉口作为协调控制的对象称为(　　)。

A. 点控　　B. 线控　　C. 面控　　D. 感应控制

3. 方向不均衡系数可以作为哪种交通管理措施的依据?(　　)

A. 专业车道　　B. 禁行交通　　C. 变向车道　　D. 专用进口道

4. 错时上下班属于哪一阶段的交通需求管理措施?(　　)

A. 出行产生　　B. 出行分布

C. 出行方式选择　　D. 交通分配(出行路径和时间选择)

5. 道路中央的双黄线的作用是(　　)。

A. 分隔同方向的机动车流和非机动车流　　B. 分隔同方向的机动车流

C. 分隔不同方向的机动车流　　D. 同方向不同方向都可以

6. 以下哪项不属于交通标志的主标志?(　　)

A. 警告标志　　B. 辅助标志　　C. 禁令标志　　D. 旅游区标志

7. 下面标志,属于警告标志的是(　　)。

A. 　　B. 　　C. 　　D.  学 校

二、填空题

1. 城市支路与次干路相交,若无信号控制,则采用暂时停车控制中的____________。

2. 按照控制范围,交叉口交通信号控制分为____________、____________和____________。

3. 某十字交叉口高峰期的配时方案为南北向绿灯 17s、红灯 17s、黄灯 3s,东西向的绿灯时间为______ s、黄灯 3s、红灯______ s。非高峰期配时方案为南北向绿灯 16s、红灯 18s、黄灯 3s,东西向的绿灯时间为______ s、黄灯 3s、红灯______ s。该交叉口的配时属于______类别。

三、思考题

1. 暂时停车分为停车让行和减速让行,对应的标志标线分别是什么?

2. 搜集你所在城市最新的限行政策,分析对应采取的禁行措施包括哪几类?

项目5　交通安全与道路交通环境保护

知识要求

1. 熟悉交通事故的基本概念和类型;
2. 会分析交通事故的原因,能找出提高交通安全的对策;
3. 熟悉交通环境污染;
4. 掌握交通污染的防治措施。

技能要求

1. 会分析交通事故案例的类型、发生原因和安全对策;
2. 理解交通对环境带来的污染,能够说出减少交通环境污染的具体措施。

课题1　交通安全

一、交通事故的概念

交通安全一般理解为在交通过程中不发生交通事故。不发生事故的概率大,交通安全度大;反之,交通安全度小。人、车、路是影响交通安全的三大因素,而人是交通安全的主体。为了防止交通事故,从理论上来说要使道路满足车辆行驶的要求;避免车与车、车与人、车与物体碰撞;减少发生碰撞时的能量;确保车辆技术性能可靠;驾驶员的工作状态保持良好。为此,应严格执行交通法规,严格执行驾驶员培训教育,也可采取适当的工程措施。

道路交通的发展和进步给人类带来无数的生活便利、经济效益以及社会的繁荣,但同时交通事故的经常性发生也给人类带来很大的灾难,交通事故已经被誉为当今社会的一大公害。2014 年,交通事故死亡人数为 3 429 234 人,比起 2013 年的 316 043 人、2012 年的 302 225人、2011 年的 29 618 人,死亡人数呈逐年小幅度上升趋势。2014 年全年的涉及人员伤亡道路交通事故在 16 万起左右,直接财产损失在 8 亿元左右。因此,交通事故被称为当今社会的"文明病""永不休止的交通战争",甚至有人说"汽车是杀人的活动工具"。交通事故不仅造成不同程度的人身伤亡,物资损失,而且给社会造成严重的不良影响。从受害者的角度来看,事故受害者及其亲属在经济上、精神上遭受巨大的损失;从社会角度来看,交通事故导致劳动力的损失,车辆、货物等物质资源的破坏,也给社会的安全带来了负面影响。于是交通事故成为当今世界的一大社会公害,成为世界各国关注的重大课题。

1. 交通事故的定义

对于交通事故的定义,各个国家有各自不同的理解。

美国国家安全委员会认为,交通事故是"在道路上所发生的意料不到的有害或危险的事件"。这些有害或危险的事件妨碍交通行为的完成,其原因常是由于不安全的行动或不安全的因素,或是两者的结合。

日本对交通事故的定义是:由于车辆在交通中所引起的人的伤亡或物品的损坏,在道路法中称为交通事故。

我国对交通事故的定义是:交通事故是指车辆在道路上因过错或者意外造成的人身伤亡或者财产损失的事件。

在我国交通事故一般是指人、车、畜行驶在道路上,至少有一方因违反交通规则而造成了人员伤、亡或车辆损失的交通事件。伤是指医生证明需要休息 1 天以上者,或有骨折,或有皮肉裂伤需要缝合者或脑震荡者;亡是指主要因交通事故而造成的在事故后 7 天内死亡者;财产损失是指直接经济损失 20 元以上者(在城市)或 50 元以上者(在公路上)。

各国在交通事故的具体定义中,对交通事故死亡时间的界定各有差别,见表 5-1。

各国对交通事故中死亡时间的规定 表 5-1

国家名称	死亡时间规定
比利时、葡萄牙、瑞士	当场死亡
日本、西班牙、印度尼西亚、菲律宾、泰国、土耳其	事故后 1 天内
波兰	事故后 2 天内
澳大利亚、希腊	事故后 3 天内
法国	事故后 6 天内
中国、意大利、孟加拉国	事故后 7 天内
新西兰	事故后 28 天内
英国、西欧国家	事故后 30 天内
美国、加拿大	事故后 1 年内

2. 交通事故的构成要素

从我国对道路交通事故的定义可以明确看出,构成交通事故应包括下列六项内容。

(1)车辆

道路交通事故所涉及的车辆,至少有一方为运动行进中的车辆,包括机动车与非机动车。因车辆是构成交通事故的重要条件,如没有车辆,仅为行人与行人相撞,则不能称为交通事故。

(2)在道路上

在国家实施行政管辖的道路上,这是构成交通事故的空间条件,这里的路是指受行政管辖的公路、城市道路和街巷、公共广场与停车场等供车辆与行人通行的地方,至于机关学校、社会公共使用的道路广场等则不属于交通事故构成要素的范围。

(3)在运动中

车辆还必须在运行中互撞或与行人、固定物相碰撞,如果行人或牲畜撞上处于静止状态的车辆,则不能称为交通事故。

(4)发生交通事态

发生交通事态即发生与道路交通有关的现象,如碰撞、碾压、刮擦、翻车、坠车、爆炸及失火等。

(5)发生事态的原因是过失

由于人为原因,而且是行为人在主观上过失造成的。如果是地震、飓风、洪水等超出人的主观意志外的情况，而造成人员、车、物损坏的则不能称为交通事故。

(6)有后果

有后果是指由于违规造成人员伤亡或财物损坏的结果，没有造成任何伤亡或损害的不能称为交通事故，但也不是所有伤亡或损害都算是交通事故，如有意用汽车撞人谋财害命就不能算交通事故，而是有意的犯罪行为。

上述六个方面为构成道路交通事故的要素，缺一就不能成为道路交通事故。

3. 交通事故形态

(1)碰撞

碰撞是指交通参与者正面部分或侧面与他方接触。或同类车正面部分或侧面部分相互接触。

(2)碾压

碾压是指作为交通参与者强势的一方如机动车，对交通参考者弱势的一方如自行车、行人等的推碾或压过。

(3)刮擦

刮擦是指相对而言的交通参与者强势一方如机动车的侧面部分与他方接触，造成自身或他方损坏。

(4)翻车

翻车是指车辆部分或全部车轮悬空、车身着地的现象。

(5)坠车

坠车是指车辆跌落到与路面有一定高差的路外。

(6)爆炸

爆炸是指由于有易爆物品带入车内，在行驶过程中由于违章行为引起突然爆炸造成事故(若无违章行为，则不算是交通事故)。

(7)失火

失火是指车辆在行驶过程中，由于人为的或技术上原因引起的火灾，如直流供油，电路系统短路、漏电。

二、交通事故的分类

1. 根据人身伤亡程度或财产损失数额分

根据人身伤亡程度或财产损失数额，道路交通事故通常划分为轻微事故、一般事故、重大事故和特大事故四类。

轻微事故是指一次造成轻伤1~2人，或者财产损失机动车事故不足1 000元，非机动车事故不足200元的事故。

一般事故是指一次造成重伤1~2人，或者轻伤3人以上，或者财产损失不足3万元的事故。

重大事故是指一次造成死亡1~2人，或者重伤3人以上10人以下，或者财产损失3万元以上不足6万元的事故。

特大事故是指一次造成死亡3人以上，或者重伤11人以上，或者死亡1人，同时重伤8人以上，或者死亡2人，同时重伤5人以上，或者财产损失6万元以上的事故。

我国对下列事故不列入道路交通事故统计范围：

(1)轻微事故；

(2)农田机耕、工矿施工等行动中所发生的事故，以及机关单位、场站港口等的内部道路上发生的事故不应称为道路交通事故；

(3)参加军事演习、汽车野营、体育竞赛等行动中所发生的事故，不应称为道路交通事故交通；

(4)在铁路道口和渡口发生的事故；

(5)蓄意驾车行凶杀人，开车自杀，精神病患者、醉酒者自己碰撞车辆发生的事故；

(6)车辆尚未开动，发生的人员挤伤、摔伤亡事故；

(7)由于不可抗力的自然灾害造成的事故。

2. 根据事故的原因分

人、车、路是影响交通安全的三大因素，因此根据道路交通事故发生的主要原因是人、车还是道路，将其分为责任事故、机械事故和道路事故。

3. 根据事故地点分

根据道路交通事故发生场所，将其分为平直路段事故、交叉口事故、弯道事故和坡道事故等。

4. 根据人员伤害分

根据道路交通事故造成的人员伤害程度，将其分为死亡事故、重伤事故和轻伤事故。

死亡：以事故发生后 7 日内死亡为限；

重伤：按司法部、最高人民法院、最高人民检察院、公安部、国家安全部发布的《人体损伤程度鉴定标准》执行；

轻伤：按司法部、最高人民法院、最高人民检察院、公安部、国家安全部发布的《人体损伤程度鉴定标准》执行。

其中死亡时间是根据公安部《交通事故统计暂行规定》第八条：交通事故受伤人员于事故发生 7 天以后死亡的，不列入死亡人数统计范围。而重伤和轻伤根据我国自 2014 年 1 月 1 日起施行的《人体损伤程度鉴定标准》，重伤是指使人肢体残废、毁人容貌、丧失听觉、丧失视觉、丧失其他器官功能或者其他对于人身健康有重大伤害的损伤，包括重伤一级和重伤二级；轻伤是指使人肢体或者容貌损害，听觉、视觉或者其他器官功能部分障碍或者其他对于人身健康有中度伤害的损伤，包括轻伤一级和轻伤二级；轻微伤是指各种致伤因素所致的原发性损伤，造成组织器官结构轻微损害或者轻微功能障碍。

表 5-2 所列为我国交通事故受伤种类分类。

我国交通事故受伤种类分类 表 5-2

受伤种类	定 义
死亡	因交通事故而当场死亡和伤后 7 天内抢救无效死亡
重伤	使人体肢体残废、毁人容貌、丧失听觉、丧失其他器官功能或者其他对人身健康有重大伤害的损伤
轻伤	使人肢体或者容貌损害，听觉、视觉或者其他器官功能部分障碍或者其他对于人身健康有中度伤害的损伤
轻微伤	各种致伤因素所致的原发性损伤，造成组织器官结构轻微损害或者轻微功能障碍

三、道路交通事故调查

交通事故调查是指发生事故后,由公安部的交通警察,或由交通部门的交通监理及时赶到肇事现场,进行必要的量测拍照、填写调查表格、分析原因、明确责任。

交通事故调查是为了查清事故原因,确定违规责任,是必不可少的政策性很强的严肃工作。必须认真负责、公正严明,以法规与事实为根据,以科学分析为手段,仔细察看现场,听取当事人的汇报、目击者的说明,弄清事实、辨明原因、分清责任,提出处理原则的建议和应吸取的教训,为今后防止和减少交通事故应采取的措施提供有实践经验的依据;为优化道路线形设计指标在环境条件的改善,为交叉口规划、设计、管理方法的改进,为鉴别与确认交通事故多发路段及其改善与防护提供依据;为总结各类安全防护措施、标志、标线、信号配时、法规执行的效果及其改进提出措施和办法,以达到预防和降低交通事故率的目的。

1.道路交通事故现场

道路交通事故现场是指发生事故的地点及有关的空间场所,按现场的完整真实程度分为如下三类。

1)原始现场

原始现场是指事故发生后至现场勘查前,没有被改变或破坏的现场。这种现场能较为清楚地、真实地反映事故演变过程,对事故处理的价值最大。强调保护现场的重要性,其目的在于争取将现场保护在原始状态,为现场勘查提供有利条件。

2)变动现场

变动现场是指交通事故发生后至勘查前,由于人为的或自然的原因,现场的原始状态发生了部分或全部变动。

这种类型的现场给调查工作带来种种不利因素,会使现场勘验失去某些本来可以获得的痕迹物证,导致分析判断案情上的困难。但是每起交通事故要完全避免现场变动,几乎是不可能的,这是由现场的特殊性决定的。其主要原因有:

(1)为抢救伤者或排除险情而移动了当事车辆,变动了伤者倒卧的位置和现场上的散落物;

(2)在交通干线或城市繁华街道上发生交通事故后,造成交通堵塞,妨碍过往车辆通行,需立即排除,移动了当事车辆及其他物体;

(3)执行任务的消防车、救护车、警备车、工程救险车,以及首长、外宾、外交使节乘坐的汽车,在发生事故后为完成任务先行驶离了现场;

(4)过往车辆、行人及现场围观群众,出于好奇心或不慎,车轮碾轧或摸扶、攀登事故车物,造成痕迹物证的变动;

(5)气象变化,如刮风、雨淋、雪盖、水冲、日晒等自然条件的影响导致现场痕迹物证的消失或破坏。

凡属上述原因变动的现场,在勘查现场时,均应尽力找到当事人和目击者见证,并作好现场见证记录。

3)破坏伪造现场

破坏现场是指交通事故发生之后,肇事人故意将现场的痕迹、物证加以破坏,以逃避勘查的现场。

故意破坏的现场,会给勘查工作造成极大的困难,但是由于发生事故后,肇事者心理状态极度紧张,一般只能破坏比较明显的痕迹和物证,不可能破坏全部痕迹和物证;而且交通事故有其固有的规律,这是任何人也破坏不了的,只要认真勘查,遵循事故发生的规律,仍能获取有价值的痕迹与线索。

根据现场破坏的情节,破坏现场又可分为逃逸现场和伪造现场。

(1)逃逸现场

逃逸现场是指肇事人为了逃避责任,在明知发生交通事故后,故意驾车逃逸而造成的破坏现场。如果当事人不知道发生事故而驾车驶离现场、造成现场变动的,不视为逃逸现场,而应为变动现场。

(2)伪造现场

与一般变动现场不同,伪造现场属当事人为了逃避责任、毁灭证据或达到嫁祸于人的目的,有意改变或布置假现场,即在原始现场的基础上加以伪造或肇事逃逸驶离现场,另行伪造假现场。伪造现场的特点是:现场中事故事态悖于常理,不符合发生事故的客观规律。

2. 现场调查

现场调查就是对交通事故现场的情况,包括所有人员、车辆、道路交通环境等用科学的方法进行时间、空间、心理和后果的细致严密检查观看,实地验证和查询,包括查看痕迹,收集物证,查询在事故前后的车辆运行情况,听取证词,摄影测量等工作,并将所得结果详细、完整、准确地记录下来。

道路交通事故发生后,交通警察或其他管理、调查人员应尽快赶赴事故现场,采取紧急措施保护现场,确定事故当事人,询问当事人和调查证人,现场勘查测绘,绘制现场图,处理现场遗留物,疏导、恢复交通。

3. 道路交通事故调查的方法和程序

1)现场勘查测绘

现场勘查测绘包括确定方位、选定坐标进行现场定位,道路丈量,测量主要物体及痕迹、肇事接触部位的确定及记录。现场丈量完成要进行绘制现场图,包括现场草图和平面图的绘制,如图 5-1 ~ 图 5-5 所示。

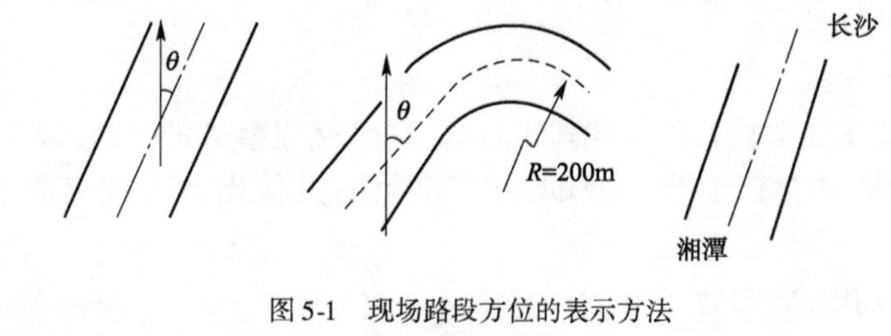

图 5-1　现场路段方位的表示方法

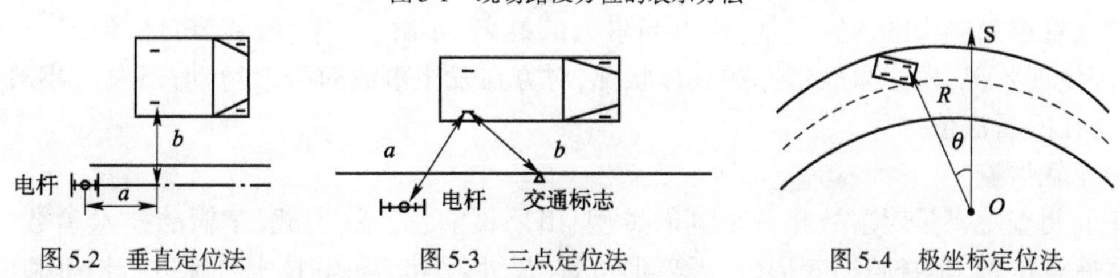

图 5-2　垂直定位法　　图 5-3　三点定位法　　图 5-4　极坐标定位法

现场勘查测绘工作必须对以下各点做明确清晰的勘查、测绘与现场拍照、录像。

(1)车与车(或车撞人、撞物)开始接触的接触点、接触痕迹的部位高低、长宽、深浅,是摩擦还是撞击,并注意在接触部位上是否有血迹、头发、布丝等物证。

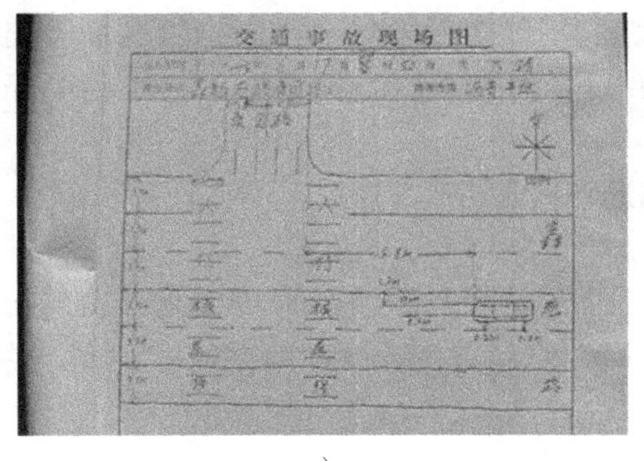

a)

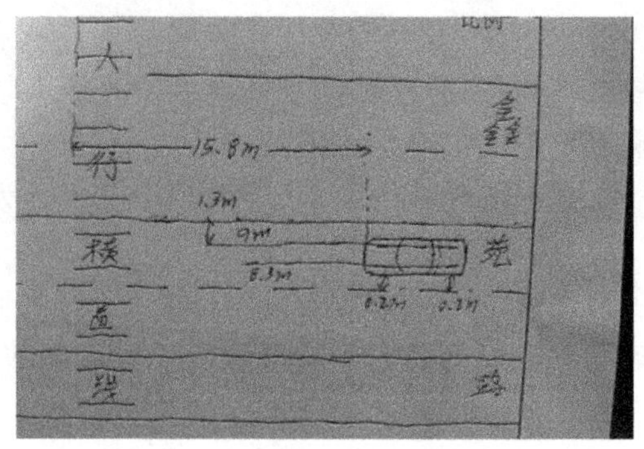

b)

图5-5　某路口事故现场草图

(2)车辆停放的位置、方向、人体躺卧的位置、形状、车与人之间的距离，车与人离道路两侧的距离。

(3)车与车(或人、物)从开始接触到停车的总距离，测量应从开始接触到停车后的车前部最突出部位计算。

(4)测量汽车的制动痕迹时，应区别其重制动和轻制动车印，并注意每只轮胎的制动痕迹是否相同。

(5)测量车辆的高度、长度、宽度以及轴距和前后轮距等。测量轮距和轴距前应先把汽车的前轮调正，测量轮距应以轮胎面之中心线为基准，若后轮是双轮时，应以其外侧之轮胎中心线为基准。

(6)与现场有关的道路、交通设施以及影响视线的障碍物等。

(7)其他与当时情况有关的天气、地物地形等。现场草图绘成后，应要求肇事人或其家属的单位负责人在图上签字。

2)当事人及目击者调查

(1)确定并监护事故当事人

交通事故当事人是指车辆驾驶人员、受伤(死亡)人员和其他相关人员。事故发生后需要尽快确定并监护当事人。

(2)当事人陈述

当事人陈述包括车辆驾驶人员陈述驾车过程、发生交通事故的经过，以及对事故原因、责任的认识；受伤人员陈述自己发生事故的经过和看法；其他当事人就交通事故发生情况作陈述。

(3)调查重点当事人的内容

调查重点当事人的内容包括：重点当事人的姓名、年龄、工作、驾龄等自然情况，车辆状况，心理生理状况，发生事故形态的具体状况，对方在发生事故时采取行动，以及对事故发生原因、责任的看法依据等。

3)车辆调查

车辆调查主要是对事故相关车辆的类型、出厂日期、荷载、实载、车辆的技术参数、车身上的碰撞点位置、车身破损变形(损毁变形位置、尺寸、形状等)等技术状况进行检查和鉴定，对与交通事故有直接关系的乘员、装载情况进行了解和认定。

4)道路调查

道路调查包括：道路的线形、几何尺寸、路面(沥青、水泥、图、砂石等材料状况，雨雪等湿滑状况)、路基、桥涵质量、道路边坡、弯道、超高和视距等。

5)检验和鉴定

为了查明交通事故的原因以及确定当事人的事故责任,有可能需要对机动车的安全技术性能、事故相关的物品证据、驾驶人和受害人的伤亡进行检验、鉴定。

6)交通事故认定书

《中华人民共和国道路交通安全法》第七十三条规定,公安机关交通管理部门应当根据交通事故现场勘查、检查、调查情况和有关的检验、鉴定结论,及时制作交通事故认定书,作为处理交通事故的证据。交通事故认定书就是公安交通管理部门通过对交通事故现场勘察、技术分析和有关检验、鉴定结论,分析查明交通事故的基本事实、成因和当事人责任后所作的技术性结论。

四、道路交通事故的原因分析

交通事故原因分析就是分析人、车、路、环境对交通事故形成的影响,以便拟定防治措施,减少事故发生的频率和严重程度。

1.人的因素

统计交通事故发生的原因,绝大多数交通事故都与交通参与者有关,机动车和非机动车驾驶员、行人、乘客都是道路使用者(用路者),但驾驶员尤其是机动车驾驶员驾驶过程中的不当行为更易导致交通事故发生。引起交通事故的人的因素包括多种原因。

(1)自身生理、心理状况等不符合交通安全要求;

(2)自身违章行走、违章操作、违章装载或违章行驶等酿成事故;

(3)对他人的交通动态及道路变化、气候变化、车况变化观察疏忽或措施不当引起的交通事故。

驾驶员是道路交通事故的主要因素,由驾驶员引起事故的原因可以分为直接因素和间接因素,引起交通事故的直接因素有感知不准、反应不当、判断失误;间接因素包括生理、心理状况异常、违章行驶、驾驶经验不足等。

(1)感知不准

驾驶员置身于交通环境中,面对的交通条件极为复杂,且时刻都在变化,驾驶员需要及时收集各种交通信息,并且随时做出反应。现代汽车行驶速度快,驾驶员对交通信息的感知,有可能是因1/10s的误差,便酿成车损人亡的祸端。

(2)反应不当

驾驶员在行车过程中,不仅要及时地感知交通条件的变化,而且需要对交通信息作出及时、准确的反应。因大意或注意力不集中等造成的反应迟缓都可能酿成交通事故。

(3)判断失误

驾驶员行车过程即便能够正确感知交通信息,并且及时作出反应,但如果判断不当也会造成交通事故。根据日本统计,由于驾驶员判断错误引起的交通事故约占交通事故总数的35%。因判断失误造成的事故主要是驾驶员对过街行人如对儿童或老人行动的方向、速度判断失误以及看错了前方的道路线形,或是对对方车速以及与对方车辆的距离判断失误,或凭自己的想象判断对方的行动引起的。

(4)生理、心理状况异常

生理、心理状况异常是指驾驶员带病服药后驾驶,或是疲劳驾驶,酒后驾驶,或情绪急剧波动时的非正常驾驶状态从而导致的交通事故。

(5)违章行驶

违章行驶是指驾驶员的不良驾驶行为与习惯、驾驶员违章装载、操作引起的交通事故。对道路交通法规意识淡薄,对交通标志、标线视而不见;放松车辆的日常检查和维护。其也包括骑乘者或行人违章行驶或行走。

(6)驾驶经验不足

驾驶经验不足是指驾驶员技术生疏、经验不足,对车辆道路情况不熟悉,遇到突发情况时惊慌失措,发生操作错误从而造成交通事故。

2. 车辆因素

根据相关文献资料,依据连霍高速公路连续三年事故统计资料的分析,由于汽车机械故障如制动失效,转向失灵,爆胎等所致事故占所有交通事故的12.63%。这类事故的起因通常是制动失灵、机件失灵、车辆装载超高、超宽、超载;也可能是车辆各种机件出现疲劳损坏而酿成交通事故。

汽车的性能、新旧、维修保养的好坏等都会影响事故的多少。车辆种类的差异使行驶在路上的车辆尺寸不一、载重相差悬殊,性能差别很大,而驾驶员并不完全熟悉各种车辆的性能与特点,这些都给交通安全造成隐患。因此,对车辆应定期检验,悉心保养。

3. 道路因素

道路上交通事故的生成,其表象与直接的诱因多为驾车者的违章或过失,而潜在与间接的因素涉及道路的线形设计。线形设计通过对驾车者行为的客观干扰,如降低驾车者的行车环境质量、对于驾车者过失的放大等,与行车安全产生了互动的关联。

以下分别从道路的道路类型、平面线形、纵断面线形以及道路的横断面构成、道路路面、交叉口六个方面进行说明。

1)道路类型

道路类型对交通事故的影响取决于车道数、车道宽度、道路路肩、中央分隔带等设置情况。

道路类型不同,交通事故率也不相同。表5-3为英国各种类型道路上受伤事故率。

英国各种类型道路上受伤事故率 表5-3

道路类型	事故率(次/万车 km)	道路类型	事故率(次/万车 km)
商业中心道路	5~8.1	两块板式道路——乡村	1
居住区道路	2.5~4.4	两块板式道路——城市	3
乡区道路	0.9~1.6	高速公路	0.4
三车道道路	1.3		

2)道路平面线形

(1)长直线

道路平面线形分为直线段、曲线段和缓和曲线段。

直线是平面线形设计最常采用的一种线形。但直线段的长度选择影响交通安全。若直线段过长,汽车沿长直线行驶,如果道路环境缺乏变化,驾驶行为单一,持续时间过长,将使驾车者兴奋度降低,造成精神的抑制状态,反应时间过长,甚至达到半睡眠程度,对突然出现的交通状况处理不当,导致交通事故发生。

长直线(图5-6)造成驾车者的趋驶心理,即趋向于尽快通过该区段,从而易引发高速行驶。

长直线区段在白天易产生长时间的阳光造成的眩光,夜间易造成车辆之间的相互灯光干扰,从而影响正常驾驶行为。

这些作用的综合效果,造成长直线对行车安全极为不利。

根据统计资料,在交通环境单调的情况下,直线长度超过1 500m,直线段上事故开始增多,超过2 000m时,统计显示的事故增多现象将较为明显,当直线长度超过3 000m时,形成了典型的事故多发区段,且随着直线长度的继续增加,事故累积将以超过线性规律的速度提高。

为了提高直线段的安全性,有些国家分别制定标准来限制长直线的长度。德国的道路技术标准规定直线段长度不宜超过车辆以计算行车速度行驶70s。苏联规定限制的直线最大长度为8km,美国为180s的行程。当路线不可避免地采用长直线时,必须进行路旁装饰性的绿化,或采用人工构造物,或沿线设置交通安全设施以提高驾驶员的注意力,消除长直线的单调性,避免驾驶疲劳。

(2)短直线

平曲线间以直线过渡,当直线过短时,发生交通事故的潜在危险也将增高。短直线又具体划分为反向曲线间的直线段与同向曲线间的直线段,如图5-7所示。

图5-6 长直线

图5-7 短直线

反向曲线间的直线段过短,将不能提供足够的时间使驾车者调整方向盘,驾车者在进入下一个反向曲线时不能及时把握车辆方向,从而产生反应不及时、车辆轨迹突变等现象,危及车辆安全。

同向曲线间连以短直线,形成了俗称的"断背曲线",用路者在行经这种线形时,视觉上通常将直线段看成是向两端曲线相反方向弯曲,线形不连续。同向曲线间的直线区段过短可能造成驾车者对直线的忽略。这样,当车辆驶入不同半径的下一同向曲线时,驾车者错误地认为还行驶在先前的曲线上,而不采取相应的措施,造成反应不及时。

(3)平曲线

对于交通安全产生负面影响的是半径过小的平曲线(图5-8)。在半径较小的曲线段,若驾驶员以高于设计车速的速度行驶,将会导致车辆在转弯时的横向系数过高,车辆发生侧向滑移或翻覆的倾向性增大。

同时,从驾车者与道路的互动影响分析,车辆在弯道上的安全行驶速度小于直线,驾车者应根据弯道的半径降低车辆速度,而速度降低的幅度并不一定能够正确地把握,尤其当半径过小时,易引发车速相对于该点设计车速过快的现象。因而,一部分的超速交通事故,也与弯道半径有着潜在的关联。

3)纵断面线形

纵断面线形对行车安全的影响主要反映在纵坡坡度、坡长对车辆的影响及竖曲线对驾驶员视距的影响两个方面,如图5-9所示。

图5-8 平曲线

图5-9 纵断面线形

(1)纵坡坡度

纵坡的坡度、坡长对行车安全都有显著影响。纵坡过陡,坡长过大,载货汽车的爬坡能力有限,会产生小汽车与载货汽车上坡时的速度差太大,诱发车辆追尾事故;在冰雪条件下,或是寒冷地区,严重的可能产生倒滑现象。在下坡时,过陡的纵坡,对于重心偏高的车辆,可能会造成车辆翻覆;过长、过陡的下坡,不利于车辆的制动。因此,纵坡坡度过大、坡长过长将使得道路的安全特性下降。

(2)竖曲线

道路的竖曲线半径过小时,易造成驾驶员视野变小,视距变短,导致事故发生。在凸型竖曲线上行驶,当凸型竖曲线半径过小时,会影响驾驶员的视距,使其视野变小,易酿成交通事故;在凹形竖曲线上行驶,由于汽车下坡行驶,车速变快,引起车辆左右摆动,若汽车在夜间行驶,车灯照距过短,影响视距,也易酿成交通事故。

4)道路横断面

道路红线宽度、车道数、车道宽度、分隔带宽度、道路侧向净空等横断面设计要素对行车安全有着直接或间接的影响,如图5-10所示。

调查表明,随着车道宽度、路肩宽度和分隔带宽度及侧向净空的增加,事故率降低。

5)路面

道路路面对交通事故的影响取决于路面和车轮之间的附着性。车轮和路面之间的附着系数与道路路面材料、路面表面的粗糙程度、干湿程度以及路面的完好程度相关,见表5-4。附着系数越大,交通事故的发生率越低,交通事故的恶性程度越低。

附着系数与事故率系数关系 表5-4

附着系数	0.3	0.4	0.5	0.6	0.7	0.8
事故率系数	8	3	2	1.5	1	0.5

因路面光滑发生事故有两种情况:一是发生在制动前,因路面滑使驾驶员控制不了车;另一种是发生在制动后,在预定的距离内不能减速或停车。

a)

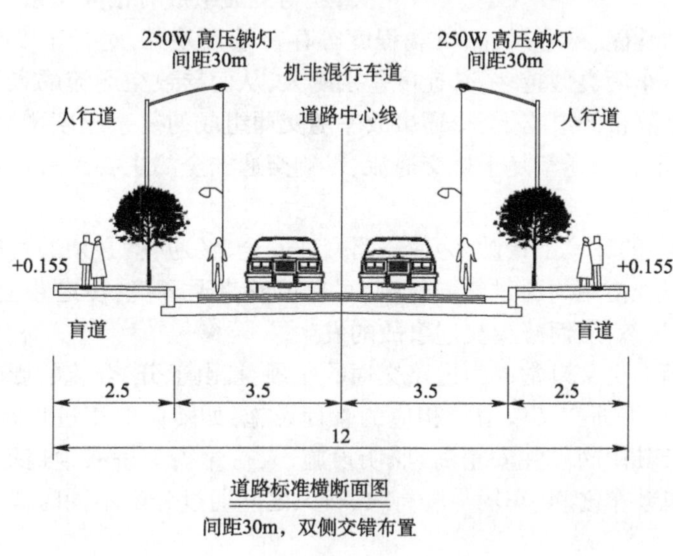

b)

图 5-10　道路横断面(尺寸单位:m)

6)道路交叉口

因驾驶员在交叉口处要选择自己的行车路线,从而与其他车辆交织或冲突,因而交叉口通常是交通事故的高发点,如图 5-11 所示。

据美国、英国、日本等国的调查,对交叉口发生事故影响较大的因素有五个,即交通量、有无信号灯控制、冲突点数、交叉口长度、车行道宽度。

立体交叉范围内的平曲线或竖曲线处都容易发生交通事故,此外,立体交叉的类型也影响交通事故。根据英国、美国的调查,菱形立体交叉比其他形式好,不仅工程费用省,而且事故率也低。

图 5-11　道路交叉口

4. 交通环境

道路上交通量的大小、交通组成及交通通行的有序状态等交通环境均会影响行车的安全性,如图 5-12 所示。

图 5-12　交通流量较大的道路

(1)交通量的影响

当道路线形、路面等因素和交通管制条件基本相同时,交通事故发生概率取决于交通量大小。当交通量较小时,总体交通事故率较小,随着交通量的增加,交通事故率在一定范围内波动增大,而当交通量接近道路通行能力时,由于速度的降低,事故率反而下降。

(2)交通组成

道路交通事故发生的概率不仅与交通量有关,还与交通组成有很大关系。由于不同车型车辆的动力特性、制动性能、外形尺寸、负载程度等存在较大差异,对行车安全产生较大影响。在交通流特征方面,车辆类型越多,其速度差别越大,从而导致交通流的紊乱,增加了超车要求,尤其在无中央分隔带的道路上,交通事故率随交通组成的复杂程度增大而增大。在城市道路上,大型车、货车和摩托车是干扰交通流、影响交通安全的主要因素。

(3)道路交通管理

车辆在错综复杂的环境中行驶,为使道路交通安全、畅通,就必须通过交通管理调整人、车对道路的时、空合理使用。通过交通管理,可以改善交通环境,使道路上各运动的交通元素间保持更有序的状态,从而减少交通事故的发生。

城市交通中,因为交叉口常成为道路交通的瓶颈,且由于分、合流的影响,交叉口冲突点数量较多,所以,应在平面交叉口增加相应的管理设施,如转向专用进口车道、信号灯、车辆停车线、人行横道及其中间停驻安全岛、照明设施、人行过街天桥或地道等。采用各种交通管理装置,可以使机动车之间、车辆与骑行人、行人之间通过分配不同时段上的通行权,从而减少交通事故。

此外,道路使用者对道路交通信息感知的及时、正确与否,关系道路的交通安全,也反映出交通管理水平与交通事故之间的关系。

5. 自然环境

除了以上几个影响交通安全的主要因素外,自然环境尤其是恶劣天气(雪、雨、雾、冰等,图 5-13)也会影响交通安全。恶劣天气一方面,改变路面的状态,破坏轮胎与路面的正常接触状态,易诱发交通事故;另一方面,雨雪、雾霾天气影响驾驶员的视距,诱发交通事故。

如雨天行车,路面摩擦系数降低,车轮易打滑。另外,在干燥路面上,车辆加速,附着系数几乎没有变化,而在潮湿路面上,摩擦系数随速度增加而急剧减小,在高速公路中行驶时,因轮胎与路面间的积水不能排除水的阻力,会使轮胎上浮,严重时将产生“水漂”现象。

此外,雨天行车,雨水影响前视视线;前车或超车车辆溅起的水花,经常会弄脏风窗玻璃,两眼能看清的范围仅限刮水器滑动范围,因而视野变窄;后视镜上的薄雾会雨水严重影响后视效果;潮湿路面的反射作用,致使路面上的车道线难以看清,整体视野降低。

若为雾霾天行车,则会使视线严重受限,极易引发恶性追尾。因此,雾霾天气时,要充分利用可变信息板或广播系统向驾驶员传递有关注意事项,提醒驾驶员减低车速、开启雾灯或近光灯,并对开灯采取强制性措施。

冬季我国北方的很多地方,由于降雪结冰,使路面状态恶化,车祸连发。冬季冰雪路面行车,要及时清除积雪、融雪或使用轮胎防滑链和限制汽车行驶速度。

图 5-13　恶劣天气

五、道路交通安全对策

交通事故涉及道路使用者、车辆、道路、环境等多个因素。单起交通事故的发生看似是一种偶然的事件，似乎是不可避免的，然而一切事故有其产生原因，且统计多起交通事故的发生，通常有规律可查，如在设置交通信号灯的交叉口易发生冲撞事故，在交会点上易发生侧擦撞事故，若驾驶员不注意，必然会产生与之对应的某种类型的交通事故，因此偶然性中存在必然性及规律性。

如前所述，产生事故的原因属于驾驶员的有性别、年龄、技能、气质、心理生理状态、情绪、疲劳及饮酒等因素；属于车辆的有转向、制动、轮胎磨耗情况、油路、电路、灯光及安全设备等因素；属于道路环境的有线形设计标准、交叉路口、道路类型、路面状况及气候形成的环境等因素。概括地说，全世界交通事故的原因中，有 85% ~90% 的原因是驾驶员，有 5% 左右的原因属于车辆，有 10% 左右的原因属于道路交通环境。

为了提高道路交通的安全性，减少道路交通事故出现的次数，减轻事故的后果，应严格驾驶员筛选、改进车辆设计、改善道路质量和环境，加强管理、法制、宣传、教育等，如图 5-14 所示。具体来说，提高道路交通安全性，预防交通事故的方法包括健全交通法制、加强交通安全教育、提高车辆安全性能和加强道路及其交通安全设施建设四种。

1. 健全交通法制

交通法规是规范道路交通行为，明确权利义务关系，保护道路交通参与人的合法权益，提高道路交通管理水平，保证道路交通有序、安全和畅通的重要依据。我国国务院在 1988 年 3 月颁发了 1949 年以来第一部全国统一的交通法规《中华人民共和国道路交通管理条例》。2003 年 10 月 28 日，第十届全国人民代表大会常务委员会第五次会议通过《中华人民共和国道路交通安全法》。2011 年 4 月 22 日,第十一届全国人民代表大会常务委员会第二十次会议通过《全国人民代表大会常务委员会关于修改〈中华人民共和国道路交通安全法〉的决定》,并于同年 5 月 1 日起施行。2004 年 4 月 28 日国务院第 49 次常务会议根据《中华人民共和国道路交通安全法》,又制定了《中华人民共和国道路交通安全法实施条例》,并于 2004 年 5 月 1 日起施行。这两部法规是我国重要的全局性道路交通法规,如图 5-15 所示。

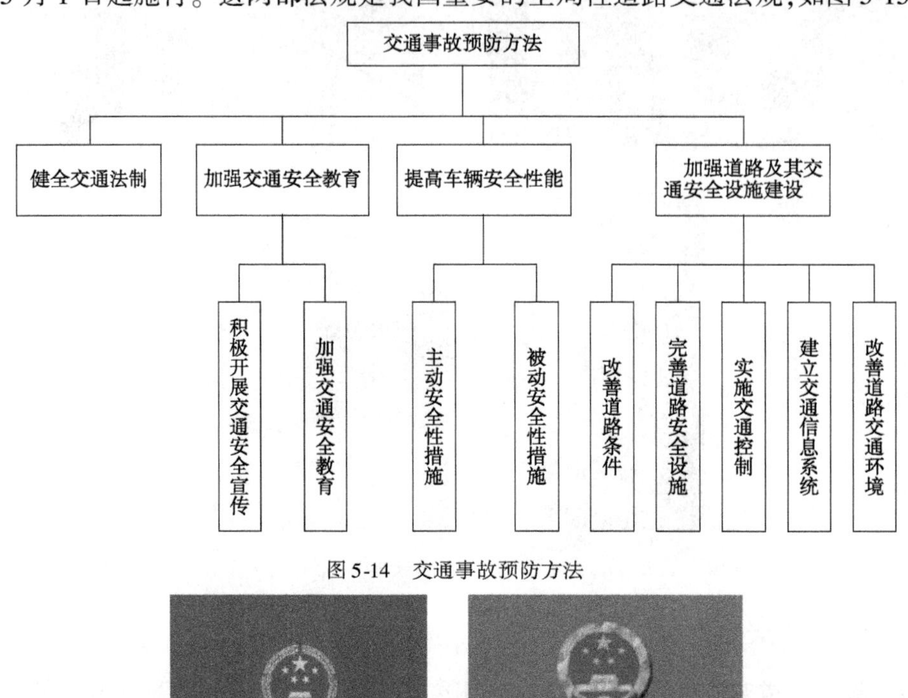

图 5-14　交通事故预防方法

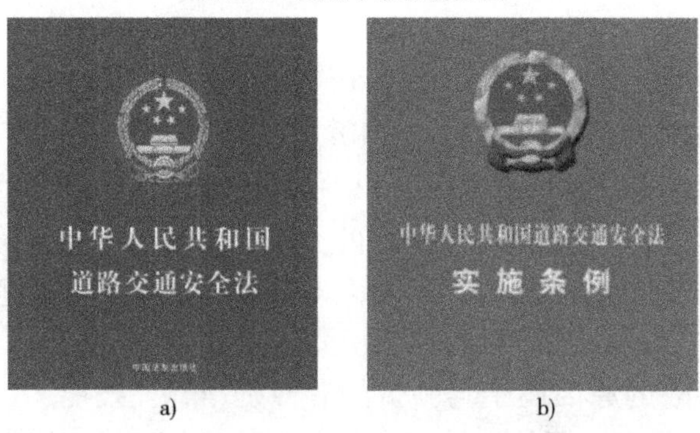

a)　　b)

图 5-15　交通法规

国际上的交通法规更加详细,其包括以交通安全系统为主的交通安全法,以道路管理为主的道路法,以停车场管理为主的停车法,以车辆检验与管理为主的车辆轮胎法,以及以交通运输为主的道路运输法等。交通法规是交通参与者的行动指南,它体现了国家和地区的交通政策。

(1)加强交通管理法制建设

首先是加强立法,完善交通管理法规,新颁布实施的《中华人民共和国道路交通安全法》是交通管理的大法,也是各项业务工作的立法基础。要重视对地方立法的指导和研究,收集执法过程中出现的问题,适时做出法律解释和修改;同时要建立健全交通管理行政监督制度。

(2)严格实施交通法规

建立一套比较严格的措施和手段来保证交通法规的实际效力,着重加强路面巡逻,交通警察要严格执法,违章必纠,当罚则罚,提高执法水平。严格执行驾驶员行车违章记分制度,同样要装备车辆检验、违章监测和标志标线,以及交通、通信工具等设施。

2. 加强交通安全教育

国内外对交通安全的教育都非常关注,目前主要通过学校教育与社会教育两种形式进行交通安全教育。

美国十分重视交通安全宣传教育,把交通安全教育看作执法之外的另一有效的交通管理措施。早在 20 世纪 20 年代,美国就在中小学试行了交通安全教育试点工作。从 1936 年起,将交通安全教育作为高中的一门必修课,内容包括驾驶模拟器训练、实地驾驶和课堂教学。课堂教学中不仅传授有关交通信号、交通标志和交通法规知识,而且还讲授交通和运输的一般常识,以及汽车维修保养等。接着又开展了成年人的交通安全宣传教育。实验证明取得了良好效果,交通事故率大幅度下降。继美国之后,交通安全宣传教育在世界各国普遍开展。日本自 1961 年开始,开展全国性的交通安全活动,每年召开一次交通安全国民总奋起运动中央大会,每年春秋两季各举行一次全国性交通安全运动。经过多年的发展,目前,交通安全宣传已成为各国广泛关注的社会性事业。

我国常采用交通安全宣传、交通安全知识讲座、交通安全月、举行驾驶员学习班、交通民警到学校讲课、交通安全标语口号和名言警句宣传等方式进行交通安全教育,如图 5-16 所示。采取多种形式宣传交通法规,创新宣传模式,对不同人群做到分方式进行宣传和教育,加强对交通参与者的安全训练,特别是对驾驶员险情的训练,以提高社会安全防范能力。交通安全教育要从儿童抓起,谋求把交通安全常识列入学校正规教学内容的方法途径。

a)

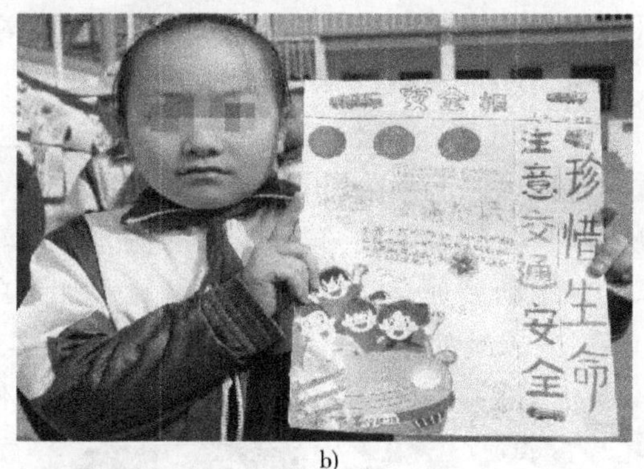

b)

c)

图 5-16　交通安全宣传

(1)对驾驶员的教育

对驾驶员进行安全教育,职业驾驶员注重职业道德教育。

驾驶员安全教育可以通过驾驶证考试手段强制教育，强化交通规则对保障交通安全、畅通的意义和作用。后续跟进学习安全行车常识，开展多形式的讨论交流，分享安全行车经验和安全行车规律。要求驾驶员熟悉车辆构造性能，练习维修保养，排除故障，对复杂交通情况有较强的应变能力，判断正确，措施得当，保证行车安全。

驾驶员职业道德教育主要针对驾驶员的职业情况，要不断提高驾驶员对安全行车的认识，提高交通道德水平、礼貌行车、保护交通弱者，树立安全质量第一的思想，增强遵章守法、安全行车的自觉性。

(2)对骑行者的教育

我国城镇的自行车、电动自行车数量很大，对交通安全的影响也很大。据局部统计，骑行人因交通事故死亡的人数占总死亡人数的40%左右，他们虽然是交通弱者，但是在实际交通中常有横冲直撞、乱穿乱跑现象，所以对骑行人的安全教育是很重要的一方面。

(3)加强道路交通安全管理

加强道路交通管理要做到牢固树立长远观念，不只注重短期效益，从上至下提高对交通管理工作的认识，狠抓基础建设，通过完善道路交通安全设施、改善道路交通环境、建立交通信息系统等手段综合治理，严格管理，最大限度地预防和减少交通事故。

3. 提高车辆安全性能

汽车安全性是指汽车在行驶中避免事故，保障行人和乘员安全的性能，汽车的安全性主要分为主动安全性和被动安全性两大类。在道路交通事故中，汽车本身的安全性能也是不可忽视的因素。汽车安全性能好，可以避免事故的发生或降低伤亡的程度。

(1)主动安全性

汽车的主动安全性，俗称积极安全性，之所以称为主动安全，其意思就是在车辆有撞击危险之前可以起到防患于未然，车辆能够提供主动的避免危险的能力的系统。其目的是提高汽车行驶的稳定性，减少操控的偏差。汽车的主动安全系统主要包括以下几方面：首先是车辆的制动装置；其次是在制动装置上加装的安全装置，它们分别是防抱死制动系统（俗称ABS）、电子制动力分配系统（俗称EBD）；再有就是在车辆行驶中的稳定车辆的安全系统，它们分别是牵引力控制系统（俗称TRC）、电子稳定装置（俗称ESP）和车辆稳定控制系统（俗称VSC）。

图5-17 安全气囊

(2)被动安全性

汽车的被动安全性又称消极安全性，是指事故发生时减少乘员伤亡的能力。汽车的结构吸能性、内饰软化、安全防护装置及安全玻璃等都属于被动安全。汽车的被动安全系统主要包括安全带、安全气囊（图5-17）、智能安全带及安全气囊系统、吸能式车体结构等。

4. 加强道路及其交通安全设施建设

基于道路对交通安全的影响，提供道路交通安全性，就需要提高道路技术标准和路面质量，有条件的道路上尽可能地实行分离措施。另一方面，拓宽投融资渠道和建设方式，增加交通安全设施。在有条件的地区，通过标志、标线与信号管制等配套设施实行人车的时间和空间分离，并且为事故多发地点增设安全设施，如防撞消能桶、防眩设施、提醒驾驶员注意的警告标志等,为驾驶员提供实时道路交通运行状态、道路状况、行车指导、道路交通阻塞情况、天气情况、前方道路施工或临时的交通管制的交通信息,以便驾驶员及时改变对策,给交通参与者提供安全、通畅、舒适的交通环境,如图 5-18 所示。

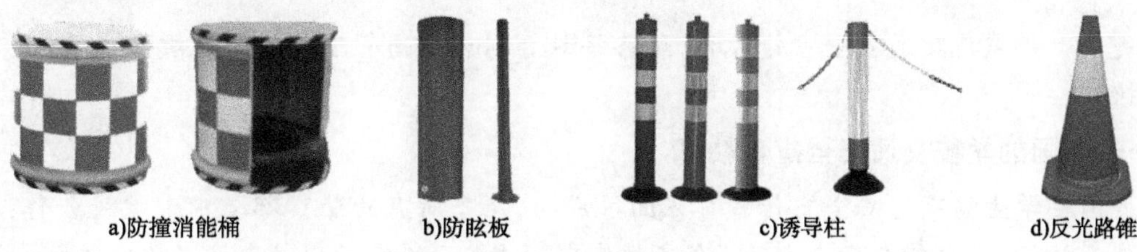

图 5-18　交通安全设施

注:可分解成三半圆体、上、下盖,现场拼装,内置废轮胎,灌泥沙,具弹性、抗冲击性能。

交通事故的发生是由一系列原因引起的,因此也就必须采取一系列的措施来降低事故率。整体来说,应充分利用各种交通运输设施,最大限度地进行疏导,避免或减少在某路段或某时刻出现高峰拥挤现象,力求使交通保持平衡稳定和协调。下面简单介绍一些切实可行的安全措施。

(1)设置分隔带

机动车与非机动车分隔带对于防止由于混合行驶所造成的一系列的交通事故是非常有效的,此外还能够提高通行能力。如宽度不足,一般可采用划线或采用隔离栏杆将机动车与非机动车道分隔。新建道路则争取修建成有分隔带的断面。

(2)设置导流岛渠化交通

在交叉口拓宽右转车道,或利用缩进分隔带或导流岛来组成左转车道,以及在狭窄街道利用对向车道组成左转弯车道实行分道行驶来渠化交通。在一些路口应设置交通岛和导流岛等构造物来渠化车流。

(3)设置道路标志标线

设置道路标志、标线可使驾驶员熟悉路况,注意可能发生危险的地段,及早采取措施,避免事故发生。正确地设置标志、标线,对预防事故发生能够起到很大的作用。

(4)交通信号

随着车流的增大,多数平面交叉口必须用信号指挥交通,这样就可以减少交叉口事故的发生。

(5)车道管理

在早晚高峰小时车流流向有明显变化的次要路段,可按时间规定往复变向,将若干条车道在一定时间内专供某一方向行驶,这将提高道路通行能力和减少拥挤,提高安全性。在合适的城市道路上实行单向交通,可以减少交叉口的冲突点,减少事故,提高区间车速和通行能力。

(6)防护栅栏

在危险地带为防止汽车滑撞或某些意外,均设有防护栅栏,一般为硬质材料,如混凝土或铜护栏等。随着交通量和车速的提高,汽车由于运行失误、路面滑溜而引起的飞离车道、翻车、刹车失灵而跑偏等均会造成重大事故。所以,在危险地带和高等级公路须设置防护栅栏并在材料上加以改进,如采用柔性材料钢丝绳做成防护栅栏,既能防止车辆冲出路外,又能对车辆起缓冲作用。

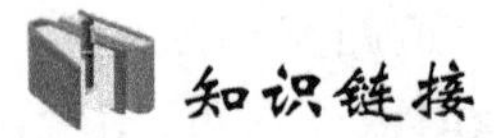

知识链接

美国的交通安全宣传教育

美国十分重视交通安全宣传教育，始终将教育列为交通管理的两大主要工作之一，即教育和执法。

一、美国的学校交通安全宣传教育

美国在学生的交通安全宣传教育方面很成功，几乎所有的警察都与中小学校合作，从一年级就开始行人、自行车安全教育，除在教室教育外，还到实际现场教驾车（需达到一定年龄），同时提倡中学生鼓励父母积极参加安全驾驶项目。

在硅谷圣塔克鲁兹警察局有11名交通警察，其中9名上路执勤，另外2名专门从事交通安全宣传教育工作。因为该局管辖区域有加州著名学府加州大学圣塔克鲁兹总校，在校学生5.5万人，大学生驾车现象很普遍，所以警察局与学校建立了密切的联系，经常派员到学校开展宣传教育活动。

二、美国的社区交通安全宣传教育

美国的社区是交通安全宣传教育的又一大阵地，每个社区都有相对固定的警察关心交通安全宣传教育，根据不同的种族社区，安排对应的警察负责，使警察对居民更具亲和力；听取居民对交通管理的意见，宣传行人安全项目、自行车安全项目、禁止酒后驾车项目等；争取主动配合，争取使交通执法活动转为居民关心内容。交通安全宣传的形式多样，利用专用资金制作宣传图板、招贴画，发放各种各样的宣传品，有的是艺术纪念品，有的是实用物品，但都标注与交通安全有关的图案或文字。

加州公路巡警部门十分重视交通宣传教育工作，他们根据不同时期、特点开展宣传教育活动，例如近15年来，讲西班牙语系的移民逐年增多，但这部分人交通法制观念较为淡薄，因而交通伤亡事故较多，于是巡警部门深入到社区开展宣传教育。某个时期老年人事故较多，他们又设立了老年教育项目。

三、美国公民良好的交通法规意识

(1)严格各行其道。如果遇到红灯，无论多么拥挤的街道，车辆均很自觉地按照划分的车道整齐地排队，没有抢道争道的现象，更不会挤成一团堵在路口，因此一旦信号灯变换，整齐的车流通畅无阻。

(2)互相礼让。美国人似乎都明白欲速则不达的道理，也知道礼让可以加快车速。如遇到并道，特别是高峰时某个车道关闭而必须并道时，美国人约定俗成的规矩是：并道处两个车道轮流依次各走一辆车，秩序很好。

(3)路口不畅时，即使是绿灯信号车辆也不进路口。这一良好意识不但与严格的交通管理有关，而且在于公民的文明素质。如在华盛顿高峰时期主次干道，由于交通压力大，车流不畅，绿灯时车辆仍停在停车线以内而空出路口的情况到处可见。

课题2　道路交通环境保护

通常我们所说的环境是指人类生活的环境，按环境的属性分为自然环境和人文环境。

自然环境是指客观存在的各种自然因素的总和,未经过人的加工改造而天然存在。人文环境是指人类创造的物质的和非物质的成果的总和。《中华人民共和国环境保护法》明确指出:"所谓环境,是指影响人类生存和发展的各种天然的和经过人工改造的自然因素的总体,包括大气、水、土地、矿藏、森林、草原、野生生物、自然遗迹、人文遗迹、自然保护区、风景名胜区、城市和乡村等。"

对人类来说,环境是人类赖以生存和发展的基础。环境提供人类活动不可缺少的各种自然资源,是人类从事生产的物质基础,也是各种生物生存的基本条件。环境资源的多少决定着经济活动的规模。优美清洁的环境不仅能够为经济活动提供物质资源,还能满足人们健康生活的基本需求,使人们心情愉快,更能有效地工作。

人类活动对环境有一定的影响,人类经济活动产生的废物和废能量排向环境,若这些废物和废能量在一定的限度内,环境可以通过各种各样的物理、化学、生物反应来进行消化和同化,即达到自净。但若这些废物和废能量的量超过了环境自净功能的限度,就会导致环境中的大气、水、土或者气温等发生异常,影响一些动植物的组成与生存,使生态失去平衡,并对人类的健康和生存产生不良影响。

环境问题的实质就在于人类经济活动索取资源的速度超过了资源本身及其替代品的再生速度和向环境排放废弃物的数量超过了环境本身的自净能力。所谓环境保护,就是防止自然界和人类对环境生态的破坏。《中华人民共和国环境保护法》明确指出,保护环境是国家的基本国策,一切单位和个人都有保护环境的义务。

交通运输活动是破坏环境的因素之一,因此研究交通对环境产生不良影响的原因,寻找减少以至消除这些影响的措施,是道路交通可持续发展的重要课题之一。

一、交通运输对环境的影响

总体来说,交通危害包括能源和土地资源的大量消耗,噪声、振动和交通工具排出的有害气体对环境的破坏,环境破坏对人类的伤害以及交通事故对人类的影响等,从两个方面分析交通运输产生的危害和影响:一是交通运输行为所引起的对周围环境和资源的影响和危害;二是交通运输行为对人类自身的影响。

1. 对周围环境和资源的影响

交通运输对环境和资源的危害可以从交通运输工具和交通运输线路两个方面进行分析:一个是污染环境、消耗能源的"点"源,另一个是占用耕地、破坏生态的"线"源。

(1)交通运输工具产生的影响

交通运输工具产生的影响包括大气污染、噪声、振动、妨碍日照和电磁波干扰以及对非可再生自然资源的消耗。

(2)交通运输干线的影响

交通运输线路产生的影响主要包括对耕地的占用、对道路沿线文化、历史和古建筑等风景名胜造成不利影响及对自然生态的破坏,如移山筑路、改造河道等会破坏几千年形成的地形、地貌,自然景观和植物分布,影响生物群落、种群的数目以及动物迁徙等(图5-19)。

图5-19 交通运输干线对野生动物的影响

2. 对人类自身的影响

交通运输对人类本身的影响主要由两个方面组成:一方面是指交通事故对人体的伤害;另一方面是指环境污染和生态破坏产生的间接的影响,如空气污染、噪声、振动等对人类健康、生活质量和环境质量等产生的影响。

二、汽车尾气污染的危害与防治

1. 汽车尾气污染物的危害

科学分析表明,汽车尾气中含有上百种不同的化合物,其中,污染物有一氧化碳、氮氧化合物、非甲烷碳氢化合物、固体悬浮微粒、硫氧化合物等。一辆轿车一年排出的有害废气比自身质量大三倍。英国空气洁净和环境保护协会曾发表研究报告称,与交通事故遇难者相比,英国每年死于空气污染的人要大于10倍。下面主要分析汽车尾气中的主要有害物质。

(1)一氧化碳(CO)

一氧化碳是无色、无刺激的有毒气体。它与血液中的血红蛋白结合的速度比氧气快250倍。一氧化碳经呼吸道进入血液循环,与血红蛋白亲和后生成碳氧血红蛋白,从而削弱血液向各组织输送氧的功能,危害中枢神经系统,造成人的感觉、反应、理解、记忆力等机能障碍,重者危害血液循环系统,导致生命危险。所以,即使是微量吸入一氧化碳,也可能给人造成可怕的缺氧性伤害。

(2)氮氧化物

氮氧化物主要是指一氧化氮、二氧化氮,它们都是对人体有害的气体,特别是对呼吸系统有危害。二氧化氮(NO_2)是一种红棕色、有毒的恶臭气体,含量达0.1ppm(ppm为百万分比浓度)就可嗅到,1~4ppm恶臭难闻。它能降低远方物体的亮度和反差,是形成光化学烟雾的主要原因,所以也是人们十分注意的一种污染物。在二氧化氮浓度为9.4mg/m^3 的空气中暴露10min,即可造成人的呼吸系统功能失调。

(3)碳氢化合物

机动车辆排气中所含的非甲烷碳氢化合物有百余种,且成分极其复杂,虽大部分对人体健康的直接影响并不明显,但其中的多环芳香烃有毒,为致癌物质;此外,碳氢化合物是产生光化学烟雾的主要物质,它与氮氧化物在太阳紫外线的作用下,会产生光化学烟雾。

(4)二氧化硫(SO_2)

二氧化硫主要是由含硫的煤和油燃烧时产生的,是一种无色、有恶臭、刺激性很强的气体,在大气中分布很广,影响很大,故常以其含量作为大气污染的一项主要指标。SO_2在近地面气层中聚集,氧化为SO_3并形成硫酸烟雾。SO_3的毒性比SO_2大7倍,如SO_2浓度为8ppm时,人开始感到难受,而SO_3烟雾不到0.8ppm时人就会感到受不住了。

二氧化硫(SO_2)的腐蚀性较大,它能使空气中的动力线硬化和拉索钢使用寿命缩短,它还能使皮革失去强度,建筑材料变色破坏,塑像及艺术品毁坏。它能损害植物的叶片,影响其生长并降低其产量。它能刺激人的呼吸系统,尤以有肺部慢性病和心脏病的老年人最易受害。此外,二氧化硫还有促进癌变的作用,空气中有二氧化硫存在时,其危害可增大3~4倍。

(5)悬浮颗粒物

汽车尾气中的固体悬浮颗粒的成分很复杂,有些是燃料燃烧直接排放的颗粒物,如炭黑等物质,直接形成颗粒物,称为一次颗粒物;还有燃烧后产生的气态污染物,如HC,NO_x 等,在大气中通过反映生产新的粒子，然后其他气态污染物冷凝在上面形成新的颗粒物，称为二次颗粒物；这些悬浮颗粒物具有较强的吸附能力，可以吸附各种金属粉尘、强致癌物苯并芘和病原微生物等。固体悬浮颗粒随呼吸进入人体肺部，以碰撞、扩散、沉积等方式滞留在呼吸道的不同部位，引起呼吸系统疾病。当悬浮颗粒积累到临界浓度时，便会激发形成恶性肿瘤。此外，悬浮颗粒物还能直接接触皮肤和眼睛，阻塞皮肤的毛囊和汗腺，引起皮肤炎和眼结膜炎，甚至造成角膜损伤。

(6)光化学烟雾

氮氧化物和碳氢化合物在太阳紫外线的作用下，会产生一种具有刺激性的浅蓝色烟雾，其中包含有臭氧、醛类、硝酸酯类等多种复杂化合物。这种光化学烟雾对人体最突出的危害是刺激眼睛和上呼吸道黏膜，引起眼睛红肿和喉炎。1952 年 12 月，伦敦发生光化学烟雾，4d 中死亡人数较常年同期多 4 000 人，45 岁以上的死亡最多，约为平时的三倍；1 岁以下的约为平时的两倍。

此外，由于传统的内燃机汽车采用石油为原料，化石燃料的使用增加了空气中二氧化碳的含量，而二氧化碳被认为是加剧温室效应的主要来源。因为二氧化碳具有保温的作用，会逐渐使地球表面温度升高。近百年，全球气温升高 0.6℃，照这样下去，预计到 21 世纪中叶，全球气温将升高 1.5～4.5℃。近百年来，气候变暖已成为人类的一大祸患。由温室效应所引起的冰川融化、海平面升高、水位上涨、厄尔尼诺现象、拉尼娜现象等都对人类的生存环境和野生动物带来了严峻的挑战。而二氧化碳则是地球变暖的罪魁祸首。

二氧化碳密度较空气大，当二氧化碳少时对人体无危害，但其超过一定量时会影响人(其他生物)的呼吸，原因是血液中的碳酸浓度增大，酸性增强，并产生酸中毒。空气中二氧化碳的体积分数为 1% 时，感到气闷，头昏，心悸；4%～5% 时，感到眩晕；6% 以上时，使人神志不清、呼吸逐渐停止以致死亡。

2. 汽车尾气污染的防治

防治大气污染是改善自然环境特别是城市环境，保护人民健康的重要工作。目前国内外都十分重视环境污染的治理，但由于汽车产业的发展，汽车排出的废气量大而分散，随之产生的大量氮氧化合物及其他污染物无法集中起来进行处理，导致近年来光化学烟雾有所发展，美、日、德等国家光化学烟雾的关键性污染物——氮的氧化物仍有增加的趋势。由此可见，防治汽车废气对道路周围环境的污染治理显得十分的重要和迫切。防治汽车尾气污染的一些具体措施如下：

(1)规定严格的排放标准和制定环境法

20 世纪 60～70 年代，许多国家开始在刑法中列入“公害罪法”，对违反环境保护法，排放大量污染物，危及人类生命健康者绳之以法。这些国家还相应制订了容许的污染标准。我国在 2014 年 4 月 24 日的第十二届全国人民代表大会常务委员会第八次会议上修订通过《中华人民共和国环境保护法》，自 2015 年 1 月 1 日起施行。为贯彻《中华人民共和国环境保护法》和《中华人民共和国大气污染防治法》，保护环境，保障人体健康，防治大气污染，又批准《环境空气质量标准》为国家环境质量标准，以此作为检查大气的环境质量的依据，也是检查交通排放是否造成污染、是否需要进行控制的依据。

(2)建立空气监测系统

空气监测是大气质量控制和对大气质量进行合理评价的基础，是指对存在于空气中的污染物质进行定点、连续或定时的采样和测量。通常是在需要控制的道路和地区设立若干个空气监测点,安装自动监测的仪器做连续自动监测,将监测结果派人定期取回,记录1h内的污染物浓度,亦可根据长期监测结果加以分析并得到相关的数据。空气监测的项目主要包括二氧化硫、一氧化氮、碳氢化合物、浮尘等。

道路空气监测系统可与交通自动控制系统联系起来,作为交通自动控制的一个组成部分。道路空气监测站所得空气质量情报可及时传到中央控制室,当空气污染浓度超过规定标准时,控制室可调整交通流、控制车速或采取其他措施予以解决。

实际上,道路空气监视系统又是环境综合监测系统的一个组成部分,所以它又可与综合监测系统联系起来,为综合系统提供道路环境的空气质量情报,接受综合系统的指令。

(3)控制汽车排污量,发展无公害汽车

除加强固定污染源的处理外,近年来国内外还大力对汽车进行改进,如美国在汽车上加装净化装置,日本则采取延迟点火时间的方法,使氮氧化合物的排放量减少约30% ~40%。不少国家还积极研制无公害的新能源汽车(图5-20)代替汽油、柴油车。目前,从经济上、技术上发展相对成熟的主要是电动汽车、油电混合动力汽车、醇类燃料汽车以及液化石油气汽车、天然气汽车等。

a)

b)

c)

图5-20 新能源汽车

另外,加强车辆的维护保养和排放监测,也可有效降低污染物排放。

(4)发展公共交通,控制私人小汽车

私人小汽车与公共交通工具相比较,按照客运量(人公里)计算,小汽车的社会费用要比公共汽车高6~8倍,能耗高3~4倍,空间占有量高9倍。因此,引导大城市交通向大容量交通转化,是减少交通污染的有效途径。

(5)城市绿化

绿化对防治大气污染相当重要,是城市规划中的重要内容之一。近年来,各个国家都竞相提高城市的绿化定额,通过多植树绿化,达到改善环境质量的目的。

(6)城市布局

为减少空气污染,城市规模宜控制为中小城市。大城市通过城市规划,使各种不同类型的城市用地合理布局,减少长远距离出行,也能减少尾气的排放。另外,城市城址应选择在地形开阔,烟气易于扩散的地方。我国属季风气候区,冬夏风向有显著变化,市内布局是值得研究的课题。我国丘陵山地面积很广,山区工业和城镇的布局也很重要。

(7)加强交通管理,减少交通拥挤

交通拥挤时车速降低,车辆处于走走停停的状态,汽车发动机长时间怠速运转,不仅增加燃料消耗,而且容易造成燃料的不完全燃烧,导致废气排放量迅速上升。加强交通管理,开发智能交通系统,减少交通拥挤及各种干扰,使汽车尽可能以匀速行驶,既可减少排放的污染物.又可节约能源,提高道路的通行能力。

(8)发展高速公路和城市快速路

由于高速公路和快速路具有技术等级高、车辆运行速度快、安全、通行能力大和道路间干扰小等特点,车辆能保持恒速前进,从而有效减轻了交通大气污染。

(9)净化排气

汽车的排放已成为城市的一个主要污染源。为减少环境污染,重要的是净化排气。

现在世界各国普遍采用的机动车排放法规是欧洲标准。欧洲标准是由欧洲经济委员会(ECE)的排放法规和欧共体(EEC)的排放指令共同加以实现的,欧共体(EEC)即是现在的欧盟(EU)。排放法规由 ECE 参与国自愿认可,排放指令是 EEC 或 EU 参与国强制实施的。汽车排放的欧洲法规(指令)标准 1992 年前已实施若干阶段,欧洲从 1992 年起开始实施欧Ⅰ(欧Ⅰ型式认证排放限值)、1996 年起开始实施欧Ⅱ(欧Ⅱ型式认证和生产一致性排放限值)、2000 年起开始实施欧Ⅲ(欧Ⅲ型式认证和生产一致性排放限值)、2005 年起开始实施欧Ⅳ(欧Ⅳ型式认证和生产一致性排放限值)。

与国外先进国家相比,我国汽车尾气排放法规起步较晚、水平较低。根据我国的实际情况,制定了国家标准,也就是常说的国Ⅰ、国Ⅱ、国Ⅲ、国Ⅳ等标准。2015 年 3 月 1 日珠江三角地区就正式开始实施轻型汽车(汽油)国Ⅴ标准,我国环保部联合工信部发布公告,要求 2017 年 7 月 1 日起,所有进口、销售和注册登记的轻型汽油车(乘用车)、轻型柴油客车和重型柴油车均需满足国Ⅴ排放标准。

三、交通噪声污染的危害与控制

1. 概念

噪声是指发声体做无规则振动时发出的声音。从生理学观点来看,凡是干扰人们休息、学习和工作以及对所要听的声音产生干扰的声音,即不需要的声音,统称为噪声。当噪声对人及周围环境造成不良影响时,就形成噪声污染。噪声来源很多,根据来源的不同,分为交通噪声、工业噪声、建筑噪声和社会噪声。其中,交通噪声包括机动车辆、船舶、地铁、火车、飞机等的噪声。由于机动车辆数目的迅速增加,道路交通噪声成为城市的主要噪声源。道路交通噪声就是在道路上行驶的各种车辆所产生的噪声。

噪声不但对人们的生活工作有所干扰,会对听力造成损伤,还能诱发多种致癌致命的疾病。

2. 交通噪声的特点

(1)不稳定

交通噪声是一种不稳定的流动噪声。随着时间、空间的变化,交通噪声都会发生变化。这是因为交通噪声与车辆类型、交通量、运行状态、道路结构、路面状态、交通状态、交通管理、交叉路口建筑物以及气候等因素都有很大关系。交通噪声呈现随机变动的特性。

(2)有规律

虽说交通噪声受很多因素的影响,但也存在一定的规律。一般噪声的大小和交通量的时空分布规律有一定相关性,在交通量大的时段和路段上,交通噪声较大,如一般在上下班高峰及拥挤路段、交叉口噪声较大。此外,道路交通噪声的大小还与车辆保有量有密切关系,如随着我国车辆保有量的翻倍,交通噪声也上升了几倍之多。

(3)来源广

交通噪声来源范围广泛,是多种噪声的混杂。五大运输方式都会产生相应的噪声,仅对于道路交通噪声,就是一个包括多种声源的综合噪声源,其包括驱动系统噪声(包括进、排气噪声、燃烧噪声、冷却风扇噪声和发动机结构噪声等)、鸣笛噪声和运行系统噪声(包括轮胎、轮辋和传动齿轮等机械噪声),且这些噪声难以控制。

(4)种类多

噪声源的种类多,既有点源,又有面源和线源。如一个个交通工具就是交通噪声的点源,运输干线就是典型的线噪声源,而交通繁忙区域和交通枢纽就形成典型的面源。

(5)持续时间长

随着车辆保有量的增加及城市生活节奏的加快,大城市交通噪声从早到晚不断,火车噪声更是不分昼夜。

3. 道路交通噪声的控制

1)制定环境噪声法规及噪声标准

从法律的层面控制环境噪声,我国制订了切实可行的环境噪声法令条例,包括《中华人民共和国环境保护法》、《中华人民共和国环境噪声污染防治法》和《中华人民共和国城市区域环境噪声标准》等。针对道路交通噪声,我国在2002年发布了《汽车加速行驶车外噪声限值和测量方法》。同时,许多国家还对各种车辆的鸣笛、排气用的消声器及车速等作了相应的规定,以降低交通噪声的影响。

2)合理的城市及道路规划

(1)城市规划

在城市规划中要进行合理的功能区划分,控制道路沿线距环境敏感点的距离,交通干道距住宅应有足够的距离,一般不应小于30m,并在其间种植林带,使噪声在传播途中得到一定的衰减。尽量避免学校、疗养院、医院、宾馆和居民住宅区与工商业区、交通干道等吵闹区混合,最大程度避免道路交通噪声扰民。同时应根据不同的使用目的和建筑物的噪声标准来选择建筑物的场所和位置。因交通噪声随人口密度增大而增加,大城市可通过建立卫星城来降低中心区的人口密度,从而有效降低噪声污染。

(2)道路规划

在进行道路网规划时,应重视不同功能的道路之间的配合,道路设计时快、慢车和行人各行其道,噪声污染严重的车辆宜辟专用道,以便集中采取隔离措施。对于噪声敏感地区以及医院和学校等地,宜采用路堑或高架道路,以减少噪声。

3)合理利用障碍物对噪声传播的附加衰减

噪声传播是波的传播，遇到声障会发生反射、吸收和绕射现象，出现附加衰减，因此应尽量通过合理利用土丘、山坡等地貌、地物，路堑边坡，隔音墙，建筑物或围墙、土墙构造物等来防治噪声。

隔音墙(声屏障，图5-21)是有效的降低噪声危害的方法之一，主要用于高速公路、高架复合道路、城市轻轨地铁等交通市政设施中的隔声降噪、控制交通噪声对附近城市区域的影响，也可用于工厂和其他噪声源的隔声降噪。

图5-21 声屏障

4)利用绿化林带降低噪声

利用绿化带的散射和吸声作用以及地面吸声，也是达到降低噪声的一种有效方法。为防止道路噪声，可在干道或主要街道路两侧各留出一段非建筑区进行绿化。一般来说，街道两侧的观赏遮阴绿林，降噪效果并不大，只有种植灌木丛或者多层林带构成绿林实体才能有效降噪。

四、交通振动污染的危害与防治

1.交通振动的产生及危害

道路交通振动是由于在凸凹不平的路面上，车辆将上下、左右或前后颠簸、摇动，这种方向不断变化的冲击力量作用于车体各部、乘客及路面，路面又将这巨大的外力传递给路基，路基土壤又传给道路两侧的房屋设施，从而在道路沿线一带产生不同程度的振动。当振动超过某种限度时，会给人体、建筑、精密设备和文物等产生影响，形成公害。

2.振动的控制

道路交通振动的产生通常与噪声的产生同步，故大多仿照噪声处理。其主要防治措施如下：

(1)控制道路与敏感点的距离

由于振动在传播过程中随传播距离衰减很快，将一些敏感点如天文台、文物古迹、精密仪器实验室等放置于距离道路较远位置是切实可行的办法。

(2)多措施控制振动的产生

可以通过多种控制措施主动控制振动的产生，减少其危害。其主要包括：①通过安装减振设施控制汽车的振动；②提高道路质量，严格规定道路的平整度并加强检测，及时平整道路，研究采用有橡胶树脂的沥青混凝土防振路面，根据国外经验，对损坏的水泥混凝土路面采用沥青罩面可减少振动15～25Hz；③加强交通管理，使汽车能匀速流畅的通行；④对车种、车速、质量和交通量进行限制。

(3)设置缓冲地带

加宽道路两侧的用地，或在道路两旁设置绿化等环境设施带，使两旁房屋远离道路，依靠土壤吸收能量起到自然减振作用，从而减轻振动对两旁居民及建筑物的影响。

(4)挖掘防振沟

通过在振动源与保护目标之间挖一道沟(防振沟/隔振沟)的形式隔离地面振动的传播。为了有效隔离道路交通振动，防振沟的长度应大于保护目标沿道路方向的长度，有时需要在保护目标的周围挖一圈防振沟。防振沟内可以填充砂砾、矿渣或其他松散的材料。

思考与练习题

一、填空题

1. 交通事故现场按照现场的完整真实程度分为__________、__________和伪造现场。

2. 根据人身伤亡程度或财产损失数额，道路交通事故分为__________、__________、__________和__________四类，造成3人及以上死亡，或重伤大于10人，或财产损失大于6万元的交通事故属于__________。

二、思考题

1. 分析甘肃庆阳正宁县榆林子镇“11·16”校车交通事故（图5-22）的类型、事故形态、原因和如何避免类似事故的发生。

图5-22 “11·16”校车交通事故

材料:2011 年 11 月 16 日 9 时 15 分,甘肃省庆阳市正宁县榆林子镇西街道班门口,一辆向东行驶的陕 D-×××××大翻斗运煤货车,与一辆向西行驶的幼儿园核载 9 人,但实际载有 64 人的校车迎面相撞,造成 21 人死亡,43 人受伤。出事校车隶属一家农村幼儿园,事发时严重超载且逆向行驶。另外,事发时当地有雾,能见度低。

2. 讨论低碳生活、绿色出行的方法和意义。

项目 6　智能交通系统

知识要求

1. 掌握智能交通系统的概念和构成；
2. 熟悉智能交通系统的应用；
3. 熟悉先进的公共交通系统。

技能要求

1. 能够说出智能交通系统的实际生活应用；
2. 会分析互联网 + 交通的业态形式和给人们生活带来的相应变化。

课题 1　智能交通系统

一、智能交通系统的概念

智能交通系统(Intelligent Transport System 或者 Intelligent Transportation System,简称 ITS)是将先进的信息技术、通信技术、计算机技术、传感技术、电子控制技术以及系统集成技术等有效地运用于整个交通运输管理体系,而建立起的一种在大范围内、全方位发挥作用的,实时、准确、高效的、综合的运输和管理系统,如图 6-1 所示。

通过智能交通系统,使人、车、路密切地配合、和谐地统一,极大地提高交通运输效率、保障交通安全、改善环境质量和提高能源利用率。

二、智能交通系统(ITS)的构成

(1)先进的交通管理系统

先进的交通管理系统(Advanced Traffic Management Systems,简称 ATMS)主要是指先进的监测、控制、信息处理和信息提供系统。该类系统具有向交通管理部门和驾驶员提供对道路交通流进行实时疏导、控制和对突发事件应急反应的功能。它包括城市集成交通控制系统、高速公路管理系统、应急管理系统、公共交通优先系统、不停车自动收费系统、交通公害减轻系统和需求管理系统等。

(2)先进的出行者信息系统

先进的出行者信息系统(Advanced Traveler Information Systems,简称 ATIS)是为出行者提供准确实时的地铁、轻轨和公共汽车等公共交通的服务信息。系统的核心是通过电子出行指南来收集各种公共交通设施的静态和动态服务信息,并向出行者提供当前的公共交通和道路状况等,以帮助出行者选择出行方式、出行时间和出行路线。该系统又分为出行前和出行途中的信息系统两部分。

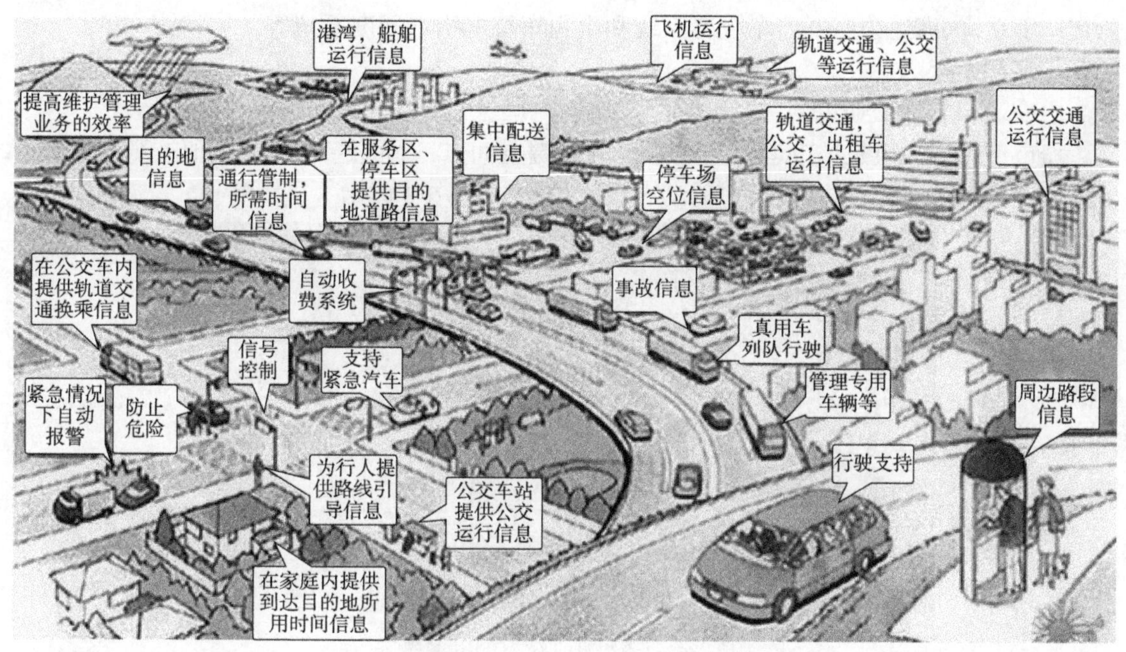

图6-1　智能交通系统

(3)先进的公共交通系统

先进的公共交通系统(Advanced Public Transportation Systems,简称APTS)包括公共车辆定位系统、客运量自动检测系统、行驶信息服务系统、自动调度系统和电子车票系统等。

(4)先进的车辆控制(和安全)系统

先进的车辆控制系统(Advanced Vehicle Control & Safety Systems,简称AVCSS)主要是指智能汽车的研制。其包括事故规避系统和监测调控系统等。智能汽车具有道路障碍自动识别、自动报警、自动转向、自动制动、自动保持安全车距、车速和巡航控制功能。

(5)商用车辆运营系统

商用车辆运营系统(Commercial Vehicle Operation,简称CVO)是专为运输企业(主要是经营大型货运卡车和远程客运汽车的企业)提高盈利而开发的智能型运营管理技术,其目的在于提高商业车辆的运营效率和安全性。

(6)自动公路系统

自动公路系统(Automated Highway Systems,简称AHS)也称汽车自动驾驶系统,由路面设施和车辆上的特殊装备组成。如路面设施是在车道中心按一定间隔距离埋设磁铁,车载装置包括磁传感器、障碍物检测雷达、车道白线识别装置、电子导向仪、电子自控油门、电子刹车装置等。

三、智能交通系统(ITS)的应用

智能交通系统(ITS)可以应用于机场、车站客流疏导系统,城市交通智能调度,高速公路监管,运营车辆调度管理,以及机动车自动控制等方面。在交通系统的不同方面应用智能交通系统,通过人、车、路的和谐、密切配合提高交通运输效率,缓解交通阻塞,提高路网通过能力,减少交通事故,降低能源消耗和减轻环境污染。

1.应用实例

我国智能交通系统在公路和城市道路都有许多应用,如电视监控系统、电子警察、智能公交调度系统、高速公路不停车收费系统和出租车智能指挥调度系统等。

2. 案例分析

1)交叉口智能交通控制

城市道路交叉口是城市道路交通管理的关键空间点,通过交叉口渠化和信号配时设计等控制方法,可以有效实现交叉口的动态最优控制,如图6-2所示。

图6-2 交叉口智能交通控制示意图

当交叉口处于欠饱和状态及饱和状态时,动态最优交通控制策略根据检测得到的瞬时交通需求状态,调整交叉口交通控制方案及参数,使交叉口每个进口的交通延误达到最小,或是交叉口总交通延误达到最小。

当交叉口处于过饱和状态时,交叉口智能控制使交叉口在一定时间段实现最大通行能力,或使交叉口的总排队长度达到最小,或使交叉口进口交通流方向的排队长度达到最小。

2)智能收费系统

高速公路不停车收费系统(Electronic Toll Collection System,简称ETC),是指每辆车在指定银行预存一定数量的钱款,通过收费站时,由收费员发一张通行卡和一个电子标签,只要持有用户通行卡并安装电子标签,车辆进出高速公路只需一扫而过再不用停车缴现金,通行效率将提高3~5倍,如图6-3所示。

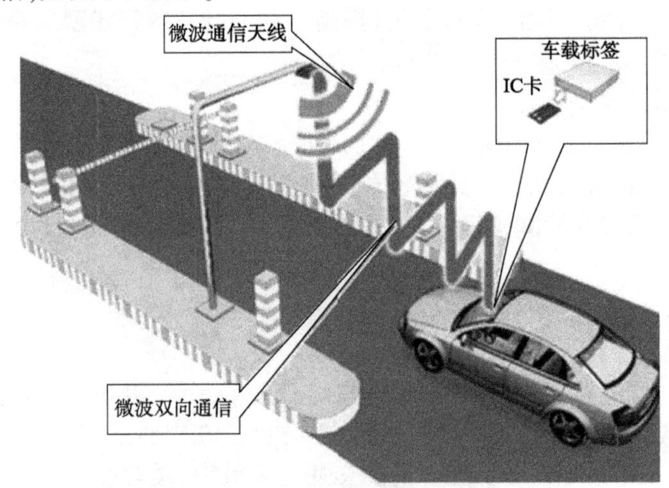

图6-3 智能收费系统示意图

在联网电子不停车收费系统中,涉及路侧设备的PSAM卡、车载标签中的ESAM模块以及在高速公路上实现全国联网缴费的用户通行卡。

路侧设备与车载设备之间的安全认证以及路侧设备与通行卡之间的安全认证和消费交易占有非常重要的地位。

3)信息发布

(1)上海世博“P+R”换乘诱导示范工程

上海停车换乘(P+R)停车诱导示范工程是上海市科委的科研项目,如图6-4所示。该项目是上海世博会为解决行车换乘而立项的示范工程,是中国首例停车换乘(P+R)诱导项目。

图6-4　上海世博“P+R”换乘信息发布牌

该工程由中央控制子系统、停车场(库)数据采集子系统(图6-5)、信息发布子系统及无线公用通信网络四个部分组成。

a)

b)

图6-5　停车场入口诱导牌

(2)静安区动静结合诱导系统

上海静安区动静结合诱导系统,把静安区道路周围的停车空位等静态交通信息和实时路况等动态交通信息,同时显示在诱导屏上,既节约了路牌的占地,又提供了丰富的路况(交通)信息(图6-6)。上海2012年实施的动静结合交通诱导系统的试点尝试,是静安区在上海乃至全国的首创。

该系统将通过公共信息发布平台,对车辆进行诱导,引导驾车者有目的行车、停车,进而顺利地进行商业活动。系统包括前端交通数据采集系统(外部数据提供)、无线通信子系统、中央控制系统,以及前端信息发布系统(动静态交通诱导屏)。

4)上海世博智能交通系统

世博智能交通系统是指直接服务于世博会的所有的智能交通应用与服务系统的总称,直接为世博会特定用户服务的,集出行服务、交通监控、智能公交、决策支持、电子收费、应急救援等功能于一体的智能交通集成应用与服务系统。这样定义区别于世博园区或世博园区内的智能交通应用与服务系统。用户包括世博会游客、交通管理部门、交通运输企业、世博组织者、园区工作人员及参展商等;涉及的空间范围包括世博园区、周边交通管制区、世博快速通道、综合交通换乘枢纽、轨道交通网络、世博公交专线通道及世博园区游船航道等直接相关的范围,还包括上海市域、长三角、国内其他省市及国外与世博会有关的空间范围;涉及的开发领域包括出行信息、交通管理、公交运营、决策支持、电子收费和应急救援等领域;涉及的出行过程有出行前、出行中和返程交通服务等;涉及的服务层次有基本服务和特色服务。

a)

b)

图 6-6 上海静安区不同级别停车诱导牌

上海世博智能交通系统由“一个中心,六个应用系统”组成。

(1)一个中心

上海世博会 ITS 中心是各应用系统的总控制和相互之间的协调中心,实现各应用系统互通互联、数据交换和共享,与上海市交通综合信息平台以及其他的 ITS 系统进行数据交换和连接,是保障世博交通有效管理和信息服务的神经中枢。

(2)六个系统

①世博出行交通综合信息服务系统,简称“出行信息”

出行综合信息服务系统是指为广大游客提供覆盖所有交通方式的交通综合信息,能为不同出行方式、不同地方、不同偏好的游客全面了解世博会的交通状况,在游客出行前、出行中和园区内全过程中均能获得全面的综合的交通信息,并以“一个网站、一个电话”等简易方式提供服务。出行综合信息服务系统是世博会举办方为游客提供的最基本的交通信息服务。世博会出行综合信息服务系统由下列子系统组成。

a. 世博交通网站;

b. 手机用户交通信息服务;

c. 世博热线电话;

d. 交通电台专用频道、电视台等交通信息服务方式。

②世博交通监控系统,简称“交通监控”

智能交通监控系统作为智能交通系统的一个组成部分,在保证城市交通安全、畅通方面发挥着巨大的作用。其可以作为了解交通状况和治安状况的一个窗口,是公安交通指挥系统不可缺少的子系统。建立视频图像监控系统目的就是及时准确地掌握所监视路口、路段周围的车辆、行人的流量、交通治安情况等。交通视频监控的区域主要是城区主要道路,重点是交通流量大的路口、路段和事故多发点,所有监控视频信息全部送往监控中心,这一特点决定了交通视频监控网络为点对多点分散型网络结构，各点距离监控中心的距离有近有远，远点长达十几公里到几十公里。该系统由三级监控系统组成的具有高性能、多方面的检测手段，直观的数字检测显示、图像监视，完善的紧急电话报警功能，以及能及时、动态地发布警示、诱导信息的监控系统。

③世博智能公共交通系统，简称“智能公交”

公共交通承载85%以上的世博会直达客流，是世博会的最主要的交通出行方式。公共交通信息服务系统是在公共交通运营调度信息系统的基础上，为广大使用公共交通的游客提供方便快捷、完善周到、互动透明的换乘衔接信息服务、到站预告和预计行程时间信息服务等，力争公共交通快速准时，便捷舒适，尽量减少晚点延误和因信息不畅造成的拥挤。世博公共交通信息服务系统包括轨道交通信息服务系统、世博公交专线信息服务系统、水上巴士信息服务系统和出租汽车信息服务四个子系统。世博会公共交通在交通组织与信息服务上应尽可能与常态下的公共交通相分离，将两股客流在时间和空间上适当分离，实行差别化引导服务，将会极大地提高运行效率，保障世博游客运输的便捷和畅达。为了有效地组织和管理公共交通，有序快速地引导世博会的公共交通客流，必须将这些为世博游客提供特定服务的公共交通信息系统，统一规划建设，纳入世博会交通信息服务系统框架的规划和建设范围。

④世博交通决策支持系统，简称“决策支持”

根据上海世博会需求分析，交通决策系统将解决以下交通问题：进行交通流量调查，预测交通流量，拥挤属性分析，对交通拥挤进行疏导决策，对突发事件进行指挥决策，以及根据交通情况提供缓解交通压力的世博会策略等。其中，流量监测、疏导决策决策主要由人机交互子系统调用模型库中的模型来实现，模型库管理、预案库管理、策略库管理由各个子系统来实现。

⑤世博交通电子收费系统，简称“电子收费”

电子收费系统通过采用灵活多样的票务管理机制、实现和预留多种收费模式和优惠方案，能够更好地配置城市公共交通资源；通过先进的、独特的系统安全技术，确保系统交易和数据的安全性、完整性；通过交易/收益对账模式，解决各级运营机构之间的交易对账问题；通过灵活的、全面的管理卡模式，提供准确的、全面的运营基础资料，为交通运营公司提供全新的辅助决策手段。

⑥世博交通紧急事件管理系统，简称“应急救援”

紧急事件管理系统（Emergency Manager System，简称EMS）是智能交通系统重要的组成部分。EMS可以改善道路的安全性如减少次事故，提高相关管理机构的运行效率，有效地利用现有的人力和物力，增大信息的发布范围和渠道，减少延误，减少事故反应时间，加快处理事件的速度，加快清理道路的速度，降低对环境的影响，降低运行成本，以及改善事件当事人、事件处理人员和其他道路使用者的安全程度。

课题2　先进的公共交通系统

一、先进的公共交通系统（APTS）的概念及基本思路

1）概念

先进的公共交通系统（Advanced Public Transportation System，简称APTS）就是在公交网

络分配、公交调度等关键基础理论研究的前提下，利用系统工程的理论方法，将现代通信、信息、电子、控制、计算机、GPS及GIS等高新科技集成于公共交通系统，并通过建立公共交通智能化调度系统、公共交通信息服务系统、公交电子收费系统等，实现公共交通调度、运营、管理的信息化、现代化和智能化，为出行者提供更加安全、舒适、便捷的公共交通服务。

APTS的主要目的是采用各种智能技术促进公共运输业的发展，使公交系统实现安全便捷、经济、运量大的目标。

2)APTS的基本思路

APTS的基本思路是通过公共交通领域的智能化、信息化，一方面为乘客(潜在乘客)提供适应于各种场合的、完善、及时的信息服务，使公交车辆运行准点率提高，同时让乘客有效利用候车时间，提高公交出行的方便性；另一方面，对于运营者，通过乘客动态的实时监控、动态调度，优化运营管理，并加强运营者之间、跨行业间的运行管理交流。

二、APTS服务功能

通过先进的公共交通管理系统(APTS)，可以实现如下功能：

(1)运用车载数据采集技术实现对运营车辆的监视；

(2)线路网规划与时刻表管理；

(3)车辆维修计划与计划编制；

(4)车辆维护运营安全；

(5)司售人员配班安排；

(6)车载收费管理；

(7)乘客信息服务。

三、APTS关键技术

1)自动车辆定位(Automatic Vehicle Location，简称AVL)

(1)双向无线信息信号杆。

通过信号杆和里程表来定位，信号以5in为间隔布置；车上装有无线双向通信设备和驾驶员信息使用设备；其一是把车辆位置传给控制中心，其二是在中心和系统中公共汽车车间进行信息交换。

(2)使用了GPS的技术及DR技术。

2)车载设备

车载设备可实现定位、车载外围设备的控制以及交通灯控制等；车辆可实现自主操作(图6-7)。

通过车载设备，可实现如下功能：计划与实际数据比较、根据计划数据保证车辆的连续性、显示落后与超前的时间、出发时间的可视化和语音信息、车站的乘客信息系统控制。中心站对车队进行管理，可在电子地图上显示车辆，调整车距，保证车辆连续性，可选择语音通信，监视报警，控制动态乘客信息系统以及统计数据等。

3)电子站牌

通过电子站牌，可以向乘客提供实时信息。电子站牌显示的信息来源是公交运营控制中心。为降低电子站牌成本和提高可用性和可靠性，电子站牌设备要尽量简化；同时注重站牌造型简洁、美观、实用，便于安装维护(图6-8)。

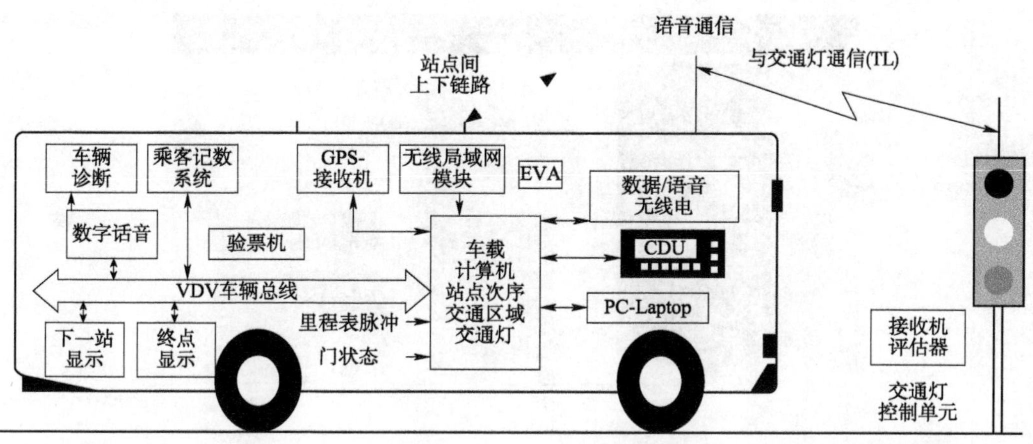

图 6-7　公共交通车载设备

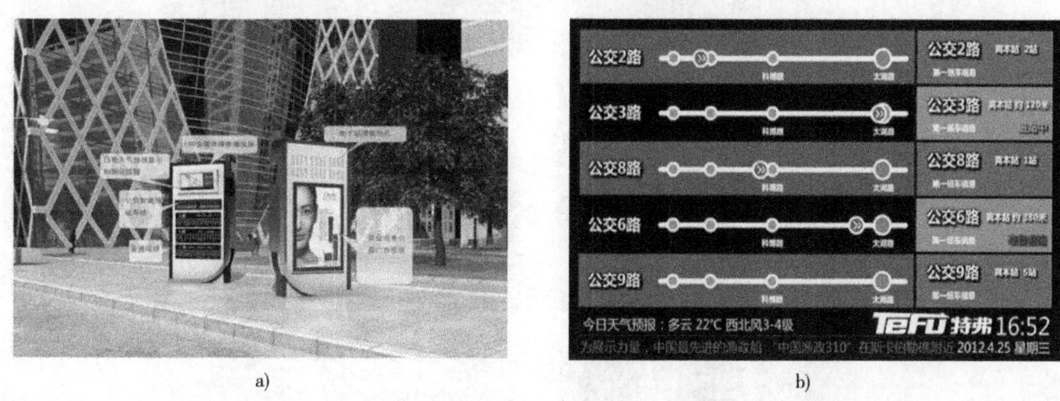

a)　　　　　　　　　　　　　　　　b)

图 6-8　电子站牌

4）手机 APP

随着智能手机的普及，通过在智能手机上安装公交 APP，通过手机 APP 就可以进行实时公交查询，如公交线路的首末班车时间、途经站点信息，以及实时在线车辆的行驶位置和预计到站时间等（图 6-9）。

图　6-9

图 6-9　公交 APP

课题 3　互联网 + 城市交通

随着科学技术的发展和信息技术在城市交通中的应用，城市交通的形式和内涵都发生了很大的变化。

国内"互联网 +"理念的提出，最早可以追溯到 2012 年 11 月易观国际董事长兼首席执行官于扬在易观第五届移动互联网博览会的发言。他认为，在未来，"互联网 +"公式应该是我们所在的行业的产品和服务，在与我们未来看到的多屏全网跨平台用户场景结合之后产生的这样一种化学公式。2015 年 3 月 5 日，李克强总理在政府工作报告中首次提出"互联网 +"行动计划。城市"互联网 +"是创新 2.0 下的互联网发展的新业态，是知识社会创新 2.0 推动下的互联网形态演进及其催生的经济社会发展新形态。"互联网 +"是互联网思维的进一步实践成果，推动经济形态不断地发生演变，从而带动社会经济实体的生命力，为改革、创新、发展提供广阔的网络平台。通俗来说，"互联网 +"就是"互联网 + 各个传统行业"，但并不是简单的两者相加，而是利用信息通信技术以及互联网平台，让互联网与传统行业进行深度融合，创造新的发展生态。互联网与传统行业的融合发展将全流程改造传统行业，从而产生新的业态。

互联网与交通的碰撞也形成了“线上资源合理分配、线下高效优质运行”的新格局。“互联网＋交通”在交通领域应用产生了不少形态，如定制公交、互联网拼车平台、互联网打车平台、网上购买火车和飞机票和出行导航系统等。

互联网＋交通的众多业态覆盖了出行前的预判选择、出行中的调整更改、再到出行后的分析总结，为出行全程提供服务。出行前，实时交通路况查询，通过对不同路段、不同时段交通量的分析，避开拥堵，选择最有效的出行路径和时间；出行方式选择上也可以通过相关软件如国外的 Uber、Lyft，国内的滴滴打车、快的打车等打车、拼车、专车软件预约、叫车，方便出行。出行过程中，可以通过导航系统、停车诱导系统、停车软件、ETC、换乘收费系统和公交 APP 等快速选择最佳路线、最佳出行方式，实现最高通行效率。出行后，通过相关的分析软件，如百度迁徙数据、重大事件反映、KEEP 运动，总结出行的行为习惯、区域之间的联系强度、事件发生的规律，为后续交通设施的改进、交通事件的预防提供参考依据。

总体来说，通过把移动互联网和传统的交通出行相结合，改善了人们出行的方式，增加了车辆的使用率，推动了互联网共享经济的发展，提高了效率、减少了排放，对环境保护也做出了贡献。

一、定制公交

定制公交是借鉴新型电子商务模式，利用现代互联网技术，为旅客提供可根据出行需求进行适当调整，满足乘客多样化、个性化的定制需求的线路。很多城市定制公交是从小区到单位，从单位到小区的一站直达式班车。市民可以通过专门的网站提出自己的需求，公交集团根据需求和客流情况规划定制设计出公交线路、开行时间、确定票价、车型等，然后再通过网站、手机 APP、短信等发布相关信息。定制公交班车旨在倡导绿色出行，节能减排，具有社会公共服务的性质。全国已有北京、沈阳、天津、济南、成都、武汉、哈尔滨、福州、徐州等多个城市陆续开通了定制公交服务。

二、专车

专车主要指由打车平台、政府共同认证，用于运送乘客的，主要通过手机等移动设备完成订单预约及支付的具有合法运营牌照的营运车辆，如神州专车、滴滴出行、一号专车等。2015 年 1 月 8 日，交通运输部明确表态：“专车”服务对满足运输市场高品质、多样化、差异性需求具有积极作用。专业服务也是交通出行需求多样化催生的产物（图 6-10）。

图 6-10　滴滴专车

三、拼车

拼车是指相同出行路线的几个人以车费平均分摊的形式乘坐同一辆车上下班、上下学、长途出行、旅游等。有些是车主在自己出行时顺路带一些同路人，从而节省养车钱，同时给他人带来方便。

随着互联网的发展，很多出行者通过社交平台、拼车网站和拼车 APP 等途径寻找路友进行拼车，如北、上、广等大城市很多上班族都愿意通过拼车上下班、出门旅行，因此拼车在各个城市逐渐流行起来。“互联网 +”催生的拼车软件有嘀嗒拼车和 AA 拼车(图 6-11)等。

图 6-11　拼车 APP

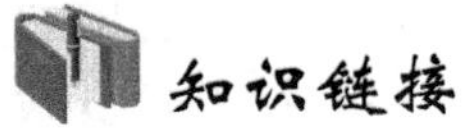

“互联网 + 交通”：大数据时代下的智能交通

[导读] 早上 10 点，张先生准备从位于城南的公司出发去城北的咖啡厅见客户。出发之前，他打开手机导航 APP，选择了一条车流量最少、交通状况最好的出行线路。20min 后，张先生顺利抵达目的地。令他感到舒心的是，咖啡厅附近新建了停车场，以往他曾因为有急事却找不到停车位吃了好几次罚单。和客户寒暄的过程中，张先生得知客户这次没开车，而是选择了打车软件，原本 40 元的车程，他只花了十几元。

如今，越来越多的人和张先生一样感受着智能交通带来的便利。但是他们可能并不知道，经常遇到的摄像头、电子卡口和电子警察等系统，在保障城市安全、维持交通秩序的同时，也在不断产生大量数据信息，不仅能够节约时间，也能大大提高交通工具和道路的使用效率，减少能耗。

在“互联网 +”背景下，智能交通大数据技术的应用，不仅将“先知”逐渐变成现实，更建立起车、路、人之间的网络，通过整合信息，最终为人(车内的人和关注车内人的人)提供服务，使得交通更加智能、精细和人性；对管理者而言，则大大提高获取数据的能力，提高他们的决策能力和管理交通的能力。

一、“互联网 + 交通”的表现形式

2015 年 3 月 5 日，李克强总理在政府工作报告中首次提出“互联网 +”行动计划。互联网与传统行业的融合发展将从全流程上改造传统行业，从而产生新的业态。互联网与交通的碰撞也形成了“线上资源合理分配、线下高效优质运行”的新格局。

早在 2011 年年底，“互联网 + 交通”已初见端倪。铁路推出了网络订购火车票的新举措，让百姓利用电脑和手机，通过网络，足不出户就能买到火车票；民航行动更快，很早就实现了网络订票，基于大数据分析，通过手机 APP 可实现手机购票值机、查看航班动态等功能；而大力推进高速公路 ETC 联网发展，则是公路方面推进网络化的措施。此外，人们平日出行开车也越来越离不开导航系统和打车软件。

1. 事前预判

我们在生活中,总会有感觉到交通不方便的地方,如飞机晚点、延误,超级大堵车等。如此这些已经成为我们生活中习以为常的事情。交通永远不会有发展到最完美的时候,人类会不断提出新的要求以改善舒适度。

以出行高峰时段的交通拥堵为例,智能交通能够提高人们出行的计划性,通过他人的出行数据,预备出行者可以提早知晓不久后的某时段交通预计的流量情况,以此妥善安排自身的出行。其次,智能交通可以提高出行的可靠性,例如甲要从A地去B地,必经路线的堵车已经无法避免,提高出行可靠性就在于可以通过智能交通的技术手段,根据以往同一时段该路线的交通状况,预估同样出行方式下将可能多耗费的时间。再者,智能交通应用在汽车上的自动避让和制动等功能可以在一定程度上提高出行的安全性。

总而言之,以智能交通的技术手段提高信息采集强度及采集量,并提高其数据处理水平,继而把所得信息通过各种不同渠道传送给每个有需要的人,智能交通正在提高整个交通系统的应变性和个人出行的应变性。

几年前,海康威视已经布局大数据和云计算,并在武汉市成立了大数据和云计算研发中心。目前,海康威视已推出了大数据的初步应用,主要包括三个方面:人脸数据的大库检索、海量卡口数据的高效检索分析和案(事)件数据的分析。

大数据的魅力在于我们可以从数据中找规律,它能使原来的"事后检索"变成"事前预判"。海康威视大数据库检索,可以做到将犯罪分子人脸、作案车辆等特征图片放进视频图像库里进行搜索比对,寻找犯罪嫌疑人的踪迹。

例如,在南方某座特大城市,针对某系列案件,警方运用海康威视的大数据技术,通过大量信息的检索、比对和分析,发现嫌疑人每次作案前均会到某个地方落脚的规律。当地警方提前在落脚点布防,成功抓获了准备再次作案的嫌疑人。基于大数据的云计算搜索,就像百度搜索关键词一样迅速找到想要的东西,不需要像从前一样由多名警察一帧一帧盯着事发地点的监控录像,寻找作案嫌疑人。

大数据还必须做到"秒级响应",反应迟缓的话,大数据也就失去了价值。海康威视在多个城市的电子卡口系统中应用了大数据技术,在上百亿条车辆记录中快速搜索,几秒钟甚至零点几秒锁定结果。在此基础上,可以更好地实现如套牌车辆研判、跟车关联分析、违法多发时间和地点研判、交通流量分析和交通诱导等应用。

2. 调整更改

在传统的规划过程中,设计部门根据对现状的判断和经验的积累,容易对交通项目进行个人意志和团队意志的主观操作,更有某些小型设计单位采用闭门造车的方式进行拿来主义的设计,这与规划的本质形成严重对峙,更不符合互联网+时代下对大数据应用的渴求。

对于城市管理者或是城市交通管理者、公路交通管理者,智能交通是帮助提高其管理的技术手段,大大提高管理者获取数据的能力,提高他们的决策能力和管理交通的能力。

例如,道路的渠化由交通设计院规划设计,然后施工建设。然而道路及其周边区域的情况不是一成不变的。随着城市的发展,道路起初的设计可能无法满足市民的实际需求。如城北新建了一个工业园区,那早高峰往北面上班的车会明显增多,同时晚高峰从城北返城的车会增多。这时之前设计的道路显然不足以满足市民的需求,道路再次设计成潮汐车道或者是可变车道均可提升道路的通行能力,满足市民的需求。但是两者如何选择,抑或两个方案一起实施,一直是困扰交通管理者的一件事情。这时,道路上安装的电子警察、卡口和视频检测器所采集的过车信息和车流量数据可以为道路的渠化提供有用的信息。

再如，城市交通中，大家最熟悉的是红绿灯。有些城市的红绿灯装有信号控制系统，在所有道路资源都充分使用的条件下，红绿灯的转换频率只能按时间分配，不可能让路上的车辆变少，然而合理的红绿灯配时可以让道路的通行率大大提升。前端信号机配备有车检板，支持地埋线圈的接入，同时也可以通过视频检测器，实现控制区域内车流量、占有率、车速、排队长度等交通参数的采集、处理和存储。交通信号控制系统可根据前端独立的车辆信息来直接调整对应信号灯的绿信比，也可根据区域整体的车流状况对信号灯配时方案进行针对性的区域协调。同时这部分交通参数信息也可提供到其他相关联的交通管理系统使用。比如通过大数据采集分析和交通仿真，进行区域的信号协调控制。

3. 分析应用

对交通出行的大数据进行分析总结可以得出不同城市的相互联系强度、城市流动人口的来源，指导城市对外交通建设；能够分析出城市交通现象与重要事件之间的关系，有效预防下次突发事件造成的交通压力；大数据能够形象地反映居民的出行路径、偏好，总结出居民的出行习惯，从而为第三方服务平台提供参考，加快推进交通运输由传统产业向现代服务业转型升级。

智能交通综合管控平台存储了大量的交通数据信息，如何有效充分地利用这些信息将非常重要。通过对平台存储的数据进行智能研判分析，获得一些潜在有价值的数据和信息，为交通管理、刑侦稽查提供重要的线索和数据信息。

比如案件刑侦分析时，某些车辆行驶轨迹可能会成为重要线索。平台行车轨迹分析功能可以输入关注车辆号牌，选定关注的时间段，进行分析。分析结果会以列表的方式呈现，在列表中按照时间先后顺序显示该车辆在此时间段内的所有过车信息。如果平台部署了电子地图模块。可在电子地图模块展现车辆行车轨迹分析结果展示，并在地图按照车辆行驶的时间和空间顺序，在地图中描绘车辆行驶轨迹。

同时，目前机动车数量的激增，机动车牌照无法凭借肉眼观察直接判定真伪、套牌与否。出现部分车主为了逃避交通违法处罚，甚至进行其他不法活动时为了躲避刑侦缉查，而使用假牌和套牌的手段。智能交通综合管控平台使用车牌识别技术，采集经过监测点车辆的信息，如车牌号码、车身颜色、车辆类型、出现时间，根据创建的套牌分析模型，实时自动完成套牌嫌疑车辆的检测和报警，可有效打击使用套牌车辆的行为。

而在治安监控中，外来车辆初次入城信息将会成为外地车辆流窜作案的重要线索。可利用卡口、电子警察对车辆采集进行数据信息，可在指定时间段内，对首次经过指定路口的车辆进行查询展示，此功能配合城市卡口包围圈、城际卡口、电子警察采集的数据信息将发挥更大的作用。

现在，在很多一、二线城市，由于出租车在高峰时期供不应求，催生出了很多非法营运车辆。这些车辆虽然在一定程度内可以方便大众的出行，但是由于其无监管部门，对民众的生命和财产有一定的安全隐患，而此类车辆很难从常规车辆中分辨出来。针对这类情况，可引入车辆积分制度，对符合积分细则的车辆进行积分，例如在本地案件多发地区的车辆进行高积分规则，每抓拍捕获一次积三分，对相对涉案车辆较少地区的车辆，每次抓拍捕获积一分。在研判中可按一定时段检索分值排列靠前的车辆，纳入视线，进行重点管控，并从中发现相关线索。积分细则可由相关部门的业务实际应用进行设定，积分细则后期可进行添加和修改，积分实行累加制，不设上限。同时可以对重点监控区域，如学校、银行、医院、广场、娱乐场所(广场、KTV 等),有针对性地对卡口/路口某些时段内的车辆进行分析和观察,分析出这些区域内频繁出入的车辆、按照次数从高到低排行显示车辆的详细抓拍识别信息。对频繁出入车辆进行关注,从而起到预警作用。

交通管理部门如何保证交通安全、交通秩序是一个重要的任务。在有限警力的条件下如何达到管理交通安全的目标,警力有的放矢地调动安排将非常重要。智能交通综合管控平台对交通数据进行研判分析,可将违法多发地点按照违法次数从高到低的次序显示排名靠前的违法多发地点,为交通管理部门的警力调动安排提供参考信息。为了在有限警力的条件下达到管理交通安全的目标,保证警力在最合适的时间出勤,智能交通综合管控平台对交通数据时间特点进行分析研判,可将违法多发时段分析出来,并按照违法多发时段的违法次数排序,显示违法多发时间段,为交通管理部门警力调度提供参考。

二、"互联网 + 交通"在国内的应用

杭州市建立了"一个中心、三个系统"即交通指挥中心、交通管理信息系统、交通控制系统和交通工程类信息系统。杭州市交警支队还实行了集中调度指挥和交通信息预报制度,在市区主干路、主要交叉路口实行分级预警和干预机制,重点解决早晚高峰、节假日重要时段的路面交通问题。

各城市交管部门一直在探索优秀的勤务模式,以最少的警力、最小的行政成本,获得最好的交通管理效果和最大的社会效益。杭州市改变交警的传统路面巡逻执勤模式,通过交警支队视频作战室、交警大队分指挥室和交警中队数字勤务室三级指挥系统的网络巡逻执勤模式,结合路边重点巡逻,实施"上下联动"机制,实现"桌面就是路面",使科技应用直达基层,提升了交通管控效能,扩大了路面管理的覆盖面,加大了路面管理的密度和力度,提高了应对交通拥堵、交通事故等交通突发事件的快速反应能力,减少了道路交通事故和交通违法行为,提高了道路通行能力,缓解了交通拥堵,确保了城市道路交通的安全、畅通和有序。

三、"互联网 + 交通"的发展趋势

首先,要大力发展绿色、便捷、高效、经济的公共交通。通过智能交通技术提高公共交通系统的服务水平,引导城市居民出行方式的转变。

其次,以智能交通技术提升道路交通管理水平,提高城市道路体系的综合利用效率。

再次,优化区域交通组织,以先进的交通管理手段如先进的交通信号系统、交通诱导系统和交通违法自动考量系统,减少路口延误、排队等候,使得道路通畅、规范停车场管理等。

当前我国城市交通发展处于挑战和机遇并存的关键历史阶段。一方面,随着城镇化、机动化的持续快速发展,城市交通拥堵加剧、污染严重、事故频发,面临严峻挑战;另一方面,我国处在老城改造、新城建设的城市大发展时期,是实现生态城市、绿色交通的最佳时机,可以通过"互联网 + 交通"的融合发展,通过智能交通实现我国城市绿色交通系统建设的跨越式发展。

思考与练习题

1. 请举例说明智能交通在公交上的应用。
2. 小组作业:请搜集互联网 + 交通的实际应用案例,并制作课件进行讲解。

参考文献

[1] 王炜. 交通工程学[M]. 南京:东南大学出版社,2000.

[2] 夏天放. 亚洲大城市公共交通现状及启示(上)[J]. 城市公用事业,2007.

[3] 夏天放. 亚洲大城市公共交通现状及启示(下)[J]. 城市公用事业,2007.

[4] 沈飞. 国内外大城市交通结构演变及其与北京的对比研究[D]. 北京:北京交通大学,2007.

[5] 凤凰周刊. 新型城镇化需向汽车宣战[EB/OL]. 凤凰周刊的博客,2013.

[6] 建标 104—2008 城市轨道交通工程项目建设标准[S]. 北京:中国计划出版社,2008.

[7] 中华人民共和国国家标准. GB 50157—2013 地铁设计规范[S]. 北京:中国建筑工业出版社,2014.

[8] 谢仁德. 轻轨交通的线路选择和设计标准[J]. 都市快轨交通,1988.

[9] 经销商供稿. 行车安全解读影响行车安全的五大错觉[EB/OL]. 汽车之家,2014.

[10] 天津日报. 回家过年慎防疲劳驾驶[EB/OL]. 新华网,2015.

[11] 主动预防疲劳驾驶的办法[EB/OL]. 百度经验,2014

[12] 代在波. 车辆运行速度影响因素分析[J]. 有色金属文摘,2015.

[13] Krammes R A, Brakett R Q, Shaffer M A, et al. Horizontal Alignment Design Consistency for Rural Two-lane Highways: Final Report[R]. US: Department of Transportation, 1995.

[14] Wen H, Donnell E T. Models of acceleration and deceleration rates on a complex two-lane rural highway: results from a nighttime driving experiment[J]. Transportation Research Part F, 2010, 13(6): 397-608.

[15] Yagar V A. Geometric and environmental effects on speeds on two-lane rural roads[J]. Transportation Research Part A: Policy and Practice, 1983, 17(4): 315-325.

[16] Brenac. Speed, safety and highway design[J]. Recherche Transports Sécurité, 1989, 5: 69-74.

[17] 历史文化之旅－西安游·陕博篇[EB/OL]. NODDY 的博客,2015.

[18] 嘉善版. “水乡明珠”交叉口将迎来改造[EB/OL]. 爱嘉善,2016.

[19] 陈峻,等. 交通管理与控制[M]. 北京:人民交通出版社,2012.

[20] 蒋桂艳,丁同强. 交通工程学[M]. 北京:国防工业出版社,2007.

[21] 王树盛. “机动性 VS 可达性”的思与辩[J]. 江苏城市规划,2013.

[22] 中华人民共和国国家标准. GB 5678—2009 道路交通标志和标线[S]. 北京:中国标准出版社,2009.

[23] 中华人民共和国道路交通安全法[S]. 北京:法律出版社,2008.

[24] 中华人民共和国道路交通安全法实施条例[S]. 北京:法律出版社,2008.

[25] 交通部. 交通事故统计暂行规定[EB/OL]. 司法库,2004.

[26] 中华人民共和国国家标准. 人体损伤程度鉴定标准[S]. 北京:法律出版社,2013.

[27] 李磊,张红. 道路运输安全问题分析及对策研究[J]. 科技经济市场,2010.

[28] 郏红雯. 谈交通安全宣传社会化[J]. 江苏警官学院学报,2006.

[29] 裴玉龙. 道路交通安全[M]. 北京:人民交通出版社,2004.
[30] 刘焰,杨亚芬. 交通工程学[M]. 北京:机械工业出版社,2004.
[31] 张楠. 美国的交通安全宣传教育[N]. 中国警察网-交通安全周刊,2005.
[32] 中华人民共和国环境保护法[S]. 北京:中国法制出版社,2014.
[33] 中华人民共和国大气污染防治法[S]. 北京:法律出版社,2000.
[34] 杨兆升. 智能运输系统概论[M]. 北京:人民交通出版社,2003.
[35] 程世东. 创新"互联网 + "交通运输发展模式与监管方式[J/OL]. 中国交通报官方微博,2015.
[36] 古振宇. "互联网 + 交通":大数据时代下的智能交通[J/OL]. 中国科技网,2015.
[37] 泉州晚报. 泉州首套停车诱导系统试运行[EB/OL]. 安徽交通信息服务网,2011.
[38] 媒体:交通部肯定"专车模式"地方政府措手不及[J/OL]. 网易,2015.